Um einen Staat zu beurteilen,
muss man sich seine Gefängnisse von innen ansehen.

Leo Tolstoi

Verloren sei uns der Tag, wo nicht ein Mal getanzt wurde! Und
falsch heiße uns jede Wahrheit, bei der es nicht ein Gelächter gab!

Friedrich Nietzsche

Inhalt

REINER LAUX

Seele auf Eis

EIN BANKRÄUBER
RECHNET AB

solibro

KLAR SCHIFF

1. Guido Eckert: *Zickensklaven. Wenn Männer zu sehr lieben*
   Solibro 2009; ISBN 978-3-932927-43-0; (eBook:) 978-3-932927-59-1
2. Peter Wiesmeier: *Ich war Günther Jauchs Punching-Ball!*
   Ein Quizshow-Tourist packt aus. Solibro 2010 (vgl. Nr. 7)
3. Guido Eckert: *Der Verstand ist ein durchtriebener Schuft. Wie Sie garantiert weise werden.* Solibro 2010;
   ISBN 978-3-932927-47-8 (Druck) 978-3-932927-60-7 (eBook)
4. Maternus Millett: *Das Schlechte am Guten. Weshalb die politische Korrektheit scheitern muss.* Solibro 2011
   ISBN 978-3-932927-46-1 (Druck) 978-3-932927-61-4 (eBook)
5. Frank Jöricke: *Jäger des verlorenen Zeitgeists. Frank Jöricke erklärt die Welt.*
   Solibro 2013; ISBN 978-3-932927-55-3 (Druck) 978-3-932927-62-1 (eBook)
6. Burkhard Voß: *Deutschland auf dem Weg in die Anstalt. Wie wir uns kaputtpsychologisieren.* Solibro 2015
   ISBN 978-3-932927-90-4 (Druck) 978-3-932927-91-1 (eBook)
7. Peter Wiesmeier: *Steh bei Jauch nicht auf dem Schlauch! Survival-Tipps eines Quizshow-Touristen.* Solibro 2016 (überarb. Aufl. des Reihentitels Nr. 2)
   ISBN 978-3-932927-09-6 (Druck) 978-3-932927-99-7 (eBook)
8. Ralf Lisch: *Inkompetenzkompensationskompetenz*
   Wie Manager wirklich ticken. Geschichten. Solibro 2016
   ISBN 978-3-96079-013-6 (Druck) 978-3-96079-014-3 (eBook)
9. Yvonne de Bark: *Mamas wissen mehr. Das geheime Wissen cooler Mütter.*
   Solibro 2017; ISBN 978-3-932927-00-3 (Druck) 978-3-96079-000-6 (eBook)
10. Rob Kenius: *Neustart mit Direkter Digitaler Demokratie*
    Wie wir die Demokratie doch noch retten können. Solibro 2017
    ISBN 978-3-96079-011-2 (Druck) 978-3-96079-012-9 (eBook)
11. Burkhard Voß: *Albtraum Grenzenlosigkeit. Vom Urknall bis zur Flüchtlingskrise.* Solibro 2017; ISBN 978-3-96079-031-0 (Druck) 978-3-96079-032-7 (eBook)
12. Florian Willet: *Mir nach, ich folge Euch! Wie uns die Parteien über den Tisch ziehen.* Solibro 2018; ISBN 978-3-96079-045-7 (Druck) 978-3-96079-046-4 (eBook)
13. Reiner Laux: *Seele auf Eis. Ein Bankräuber rechnet ab*
    Solibro 2018; ISBN 978-3-96079-053-2 (Druck) 978-3-96079-054-9 (eBook)

ISBN 978-3-96079-053-2 / 1. Auflage 2018 / Originalausgabe
© SOLIBRO® Verlag, Münster 2018 / Alle Rechte vorbehalten.

Umschlaggestaltung: *Michael Rühle*
Umschlagbild (Cover): © *Dabarti - Fotolia.com*
Autorenfoto (S. 2): *Michael Schäfer/Mischko Photograhy Cologne*

Druck & Bindung: *CPI Books GmbH, Leck*

FSC
www.fsc.org
MIX
Papier aus verantwortungsvollen Quellen
FSC® C083411

verlegt. gefunden. gelesen. **www.solibro.de**

Prolog

Menschen haben nicht nur im Gefängnis, aber gerade dort vielerlei Gesichter. Das wahre Gesicht des Gefangenen und der Gefangenschaft entblößt sich jedoch nur selten: Es blitzt beim Hofgang oder auf dem Gefängnisgang auf, offenbart sich letztlich aber vollständig nur in der Einzel-, in den Mehrfach- oder der Massenzelle. Es ist sichtbar nur für die Gefangenen, nicht für die Anstaltsoffiziellen. Die im Knast arbeitenden Menschen (Anstaltsleiter, Abteilungsleiter, Wärter, Sozialarbeiter, Psychologen) sind zwar Teil des Biotops Gefängnis, doch sie stehen am Ufer und schauen auf das Äußere dieses organischen Systems wie auf die Oberfläche eines modrigen Tümpels. Sie sehen die glatte Spiegelung auf dem Tümpel, die leichten Kräuselungen und manchmal auch stürmischen Strudel. Doch es bleibt ihnen naturgemäß verwehrt, das wahrzunehmen, was in den trüben Tiefen dieses Biotops Knast vor sich geht. Wie bei einem Eisberg, von dem auch nur ein Siebtel über der Oberfläche sichtbar ist, wird auch den Anstaltsoffiziellen (und der Öffentlichkeit) nur dann etwas davon bekannt, was in den trüben Tiefen vor sich geht, wenn es zu einem extremen Ausschlag kommt und zum Beispiel ein Foltermord innerhalb der Gefangenenschaft, der sich über Monate unbemerkt hinzieht, von der Gefangenensubkultur nicht vertuscht werden kann.

Es gibt viele, manchmal gute Knastbücher von Anstalts-leitern, Knastlehrern, Knastsozialarbeitern und Knastpsy-chologen. Ich schreibe jedoch nicht als außenstehender Be-obachter, sondern als vormaliger Gefangener direkt aus dem Herzen der Häftlingsfinsternis. Nur ein Häftling weiß, was Knastgefangenschaft wirklich bedeutet, nur er erlebt all die toten Winkel einer Haft, die einem Offiziellen auf der an-deren Seite des Schlüssels immer unzugänglich sein wer-den. Aus eigener Erfahrung schildere ich die totale Aus-lieferung an den gefräßigen Organismus Knast und was es mit den Menschen macht, die nicht nur ihrer Lebensfreiheit genommen, sondern auch unentrinnbar in dem Spannungs-feld zwischen einer repressiven Anstaltskultur und einer zer-störerischen Gefangenensubkultur gefangen sind.

Ich beschreibe aus der Sicht eines Gefangenen die inneren und äußeren Abläufe einer Gefängnisgefangenschaft, ver-suche die Abgründe und das schwelende Grauen, aber auch aufglimmende Hoffnungsschimmer und die Freiheitslücken in diesem geschlossenen, albtraumhaft surrealen Biotop Ge-fängnis fassbar zu machen, welches von dem die Gefäng-nisfestung umbrandenden freiheitlichen Lebensstrom völlig abgetrennt ist.

Ich schildere erlebte Knastgeschichten, die ich mit Ana-lysen, Einsichten und daraus folgenden Verbesserungsideen zu einem aktuellen Gesamtbild der Wirklichkeit Gefängnis verwebe.

Was hat nun mich selbst an diesen unseligen Ort Gefäng-nis gebracht? – Praktisch eine Denunziation, grundsätzlich aber ich mich selbst. Ich fühlte mich einst von einer Bank so sehr bedrängt, dass ich mich gezwungen sah sie zu überfallen. Was ich eher spontan, dürftig geplant und ohne das Bankobjekt je von innen gesehen zu haben, tat. Infolge entschied ich, gezielt Banken, und damit in meinem Verständnis die legalen Großbankräuber, anzugreifen, wobei es keine Bedeutung hatte, dass mein älterer Bruder Außenhandelsdirektor einer großen deutschen Bank war. Wohl vorbereitet überfiel ich als sogenannter „Zorro-Gentleman-Bankräuber" elf Jahre lang eine Reihe von Banken in Deutschland erfolgreich, wobei ich sie gewöhnlich zweimal hintereinander aufsuchte. Ich wurde nie auf sogenannter frischer Tat ertappt. Einen Teil der Beute spendete ich an soziale Organisationen und zahlte sie bei einer anderen Filiale einer überfallenen Bank ein. Mein Credo damals war: Wenn das Gesetz das Unrecht, die Ausplünderung durch die Banken schützt, muss man selbst zum Gesetzlosen werden, um die Dinge wenigstens im privaten Rahmen ein wenig zurechtzurücken.

Nachdem ich, durch die Liebe geläutert, mit meinem letzten Banküberfall in Köln meine Bankräuberkarriere nach 11 Jahren und 13 Banküberfällen an den Nagel gehängt hatte, wurde ich sieben Tage danach in Lissabon/Portugal verhaftet. Ich lebte seit einigen Jahren in der dortigen Bohème und reiste nur zu den Banküberfällen kurzzeitig nach Deutschland.

Wie sich herausstellen sollte, war ich schon 1 1/2 Jahre vor meiner Verhaftung von einem Geliebten meiner besten deutschen Freundin denunziert worden − für fünf Jahre Straferlass und 20.000 DM Kopfgeld von einer der überfallenen Banken. Seitdem liefen Ermittlungen gegen mich. Im Amtshilfeersuchen über Interpol war schon 1 1/2 Jahre vor der Festnahme mein Lissabonner Pensionszimmer — von mir unbemerkt — illegal durchsucht und jede Einzelheit, wie mein Adressbuch, akribisch abfotografiert worden. Es war eine portugiesische Sondereinheit auf mich angesetzt und ich war die letzten 1 1/2 Jahre in Portugal beschattet worden. Das Ziel war es, mich bei einem Banküberfall „auf frischer Tat" zu ertappen, da man weder Spuren noch sonstige Indizien hatte, die eine Festnahme gerechtfertigt hätten. Instinktiv entwischte ich — in Portugal, in Brasilien, in Deutschland — immer wieder ihrer Zielüberwachung und überfiel weiterhin Banken in Deutschland. Nach meinem letzten Banküberfall, den sie im Nachhinein richtigerweise mir zuschrieben, hatten sie sich entschlossen, mich festzunehmen, auch auf die Gefahr hin, kein ausreichendes Beweisgerüst aufbauen zu können.

Nachdem ich in Lissabon im Dezember 1995 auf Ersuchen Interpols verhaftet worden war und 4 1/3 Monate im Lissabonner Polizeigefängnis in Auslieferungshaft verbracht hatte, wurde ich ausgeliefert und in Deutschland in das Gießener Gefängnis verbracht.

Nach einem mehrmonatigen Indizienprozess wurde ich im Frühling 1997 in Gießen von den vier mir zur Last gelegten Banküberfällen freigesprochen. Da der Kölner Haftbefehl, wie von meinem Gießener Anwalt großspurig versichert, nicht aufgehoben wurde, wurde ich in das Kölner Gefängnis überstellt.

Am Ende des mehrmonatigen Kölner Prozesses, in dem wir nicht nur wieder die vorgetragenen Gutachten des Gießener Prozesses, sondern auch ein neues zerpflückt hatten, forderte der Staatsanwalt fünf Jahre Gefängnis für zwei der sechs mir zur Last gelegten Kölner Banküberfälle in minderschwerem Fall. Wir forderten den Freispruch. Der Richter sprach eine Freiheitsstrafe von zehn Jahren für alle sechs mir zur Last gelegten Banküberfälle im schweren Fall aus. Die Monate Lissabonner Auslieferungshaft wurden doppelt angerechnet.

Die Verurteilung gründete sich nicht auf irgendwelche Gutachten oder konkrete Zeugenaussagen, sondern ausschließlich auf die Denunziation des Informanten Gaumeier, der für seine Aussage nachweislich fünf Jahre Straferlass und 20.000 DM Kopfgeld von einer der überfallenen Banken erhalten hatte. Hatte das Gießener Gericht in seiner Freispruchbegründung festgestellt, dass Gaumeier (der Informant) „nur Fantasiewissen, aber kein originäres Täterwissen" besessen habe („nichts, das er nicht in den Zeitungen oder durch andere hätte erfahren können"), so behauptete der Kölner Richter nun, „dass Gaumeier seine Beschuldigungen in vielen Vernehmungen konstant wiederholt und dabei Angaben gemacht habe, die er zum einen nur vom Täter wissen konnte und die zudem durch sonstige Beweismittel bestätigt werden".

Die sich widersprechenden Feststellungen der beiden Gerichte in Gießen und Köln bezüglich der Aussage des Informanten beziehen sich absurderweise auf dieselben Fälle, nämlich auf die Banküberfälle in Gießen, da Gaumeiers Aussagen, die Kölner Banküberfälle betreffend, nicht einmal Zeitungswissen enthielten. Und so wurde ich für die Kölner Banküberfälle verurteilt, weil der Kölner Richter davon überzeugt war, dass ich die Gießener Überfälle begangen hatte – für die ich vom Gießener Gericht freigesprochen worden war.

Wir gingen in die Revision. Die Nebenrevision meines Kölner Anwalts bezüglich des Strafmaßes war angenommen worden. Im Gegensatz zur Hauptrevision, die auf die Aufhebung des Urteils, einen erneuten Prozess und folgenden möglichen Freispruch abzielte, beschränkte sich die Nebenrevision auf das Strafmaß: Eine gerade Gesetz gewordene Neuregelung unterschied bei einer bewaffneten Bedrohung zwischen einer geladenen und einer ungeladenen Waffe, wogegen diese Unterscheidung zuvor keine Bedeutung für die Länge des Strafmaßes hatte. Da ich immer eine ungeladene Schreckschusspistole verwandt hatte, würde das Strafmaß neu verhandelt werden müssen.

Die Hauptrevision meines Gießener Anwalts hatte jener sechs Tage zu spät eingereicht, sodass sie nicht berücksichtigt worden war. „Die in der Revisionsbegründungsschrift vom 6. Juli 1998 erhobenen Verfahrensrügen sind nicht in der Frist des § 345, Abs. 1 (Strafprozessordnung), angebracht worden und daher unerheblich", so der Generalbundesanwalt beim Bundesgerichtshof.

Im Revisionsprozess bezüglich des Strafmaßes wurde ich zu achteinhalb Jahren Gefängnis verurteilt.

Nun, jeder scheitert so gut er kann, doch wie man auch aus dem totalen Scheitern etwas Gutes entstehen lassen kann, ist vielleicht der Hoffnungsschimmer in diesem oft schwarzhumorig düsteren Buch (Die selbstkritische Auseinandersetzung mit meiner Bankräuber-Vergangenheit vollziehe ich ausführlich im Kapitel „Schuld und Sühne").

Heute führe ich meinen Kampf gegen die Banken auf legale Weise fort und arbeite ehrenamtlich beim Dachverband der *Kritischen Aktionäre* mit. Das ist ein Zusammenschluss von 29 Einzelorganisationen, die sich gegen Rüstungsproduktion, Umweltzerstörung und für die Einhaltung von Arbeits- und Menschenrechten insbesondere bei großen börsennotierten Unternehmen einsetzen. Sie tun dies mit Kampagnen, die sich gegen menschenverachtende und kriminelle Machenschaften nicht zuletzt der Banken richten: Durch Konzernstudien, Öffentlichkeitsarbeit und Präsenz bei den Konzern-Hauptversammlungen, bei denen sie Gegenanträge, z. B. zur Nichtentlastung von Vorstand und Aufsichtsrat, einbringen und die Kritik an den Konzernen bündeln. Mit der Stimmrechtsübertragung vieler Einzelaktionäre kann der Dachverband nicht nur die Redezeiten für kritisch aufklärerische Beiträge nutzen, sondern auch Konzerngeschädigte (wie z. B. Näherinnen aus El Salvador) unter seiner Obhut auf dieser öffentlichen Bühne zu Wort kommen lassen. – Ich sitze dann auch schon mal in zerschlissener Jeansjacke als kritischer Aktionär bei der Hauptversammlung der Deutschen Bank zwischen all den nadelstreifengewandeten Großaktionärsvertretern in der Frankfurter Festhalle und unterstütze aufklärende Redebeiträge (und gebe vor der Halle ebensolche TV-Interviews). Und verfolge voller Freude, als ehemaliger Outlaw und Bankräuber, von Angesicht zu Angesicht mit den in meinen Augen legalen Großbankräubern (Bankern) oben auf der Bühne die moralische Demontage der Banker-Vorstandsriege.

Was meinen heutigen Bezug zum Gefängnis betrifft, gehe ich regelmäßig mit Günter Wallraff und einer kleinen Gruppe in den Kölner Knast, um dort mit Gefangenen Tischtennis zu spielen, – als Beitrag, die immer dünner werdenden Kontakte der Gefangenen nach draußen aufrechtzuerhalten.

1. Freiheitsdrang – Flucht(versuche) und Aufstand

Nach der ersten Nacht im Lissabonner Polizeigefängnis wurde ich von drei Kriminalbeamten in einem alten 70er-Jahre-Benz zum Auslieferungsgericht, dem Lissabonner Tribunal de Relacao, kutschiert.

Während der Fahrt schaute ich aus dem Wagenfenster und sog begierig die Freiheitsbilder meiner geliebten Stadt auf. Verliebte Pärchen hielten sich an der Hand, Kinder lärmten und die alten Männer saßen auf den Bänken unter Palmen und spielten Karten. Tragisch schöne Portugiesinnen schwangen in wippenden Kleidern über die Avenida oder warteten voll stillen Ernstes an den Bushaltestellen. Vertraute Straßenmusiker, Kunsthandwerker und Tierdompteure zogen vorüber. Am Kino Sao Jorge standen die fliegenden Händler und am Restauradores flanierten die Huren auf ihrem reservierten Streifen unter Palmen, während, wie immer, die möglichen Freier und tatsächlichen Voyeure zwischen ihnen herumschlichen. Genau wie am Tag zuvor hingen würzige Rauchschwaden über den glühenden Eisenwägelchen, hinter denen rußhändige Händler heiße Maronen feilboten. Wie schon gestern und tausend Tage zuvor priesen die Losverkäufer das Glück an, ihre Losfahnen in den Himmel reckend wie Gebetsmühlen, und wie seit Urzeiten diskutierten die Schuhputzer mit ihren Kunden in leidenschaftlicher Routine Fußball und Tagespolitik.

Die Menschen pulsierten durch die Straßen wie immer. Doch wo ich gestern noch mit geflossen war im Strom des Lebens, stand ich heute ausgeschlossen, starr, gefangen, am Ufer. Mein Herz pochte heiß und mein Verstand war wach, doch innerlich fühlte ich mich wie gepfählt, und so schaute ich wie ein Gelähmter aus dem Gefängnis meines Körpers in das unerreichbare Leben. Gleichwohl wusste ich, dass es ein seltenes Geschenk war, am Ufer stehend, überhaupt noch auf das Leben schauen zu dürfen. Bald würde ich vollständig im Dunkel verschwinden.

Wir fuhren durch das Einkaufsviertel der Baixa und bogen vor dem Praca do Comercio auf die Seitenstraße, die zum Lissabonner Rathaus führte. Vor dem Rathaus befand sich ein mit Autos vollgestellter Platz, auf dem auch meine Begleiter einen Parkplatz suchten. Im Rücken des Platzes wuchsen die verschachtelten Altstadtviertel des Bairro Alto mit ihren engen Gässchen, Treppchen und kleinen Plätzen die Hügel hinauf: das für eine Flucht vollkommene Labyrinth, das mir zudem völlig vertraut war. Den Rathausvorplatz auf der anderen Seite streifte die geschäftige Rua da Arcantal, die parallel zum Tejo-Fluss verlief, und die wir nur zu überqueren brauchten, um vor dem offenen Tor des Auslieferungsgerichtes zu stehen. Ich prägte mir die Örtlichkeiten ein und berechnete Distanzen und Zeiten. Passenderweise trug ich mit Jeans und Wildlederjacke meine Zivilkleidung.

Wir traten durch das offene Tor in das Gebäude. Direkt neben dem Eingang erhob sich eine breite, sanft geschwungene Treppe hoch hinauf zu den Gerichtssälen. Wir gingen die Treppe hinauf, durch eine doppelflügelige, dunkle Holztür, deren einer Flügel zur Treppe hin geöffnet war, und traten in einen prächtigen, langgezogenen Saal.

Die Beamten nahmen mir die Handschellen ab. In der Mitte des Raumes stand ein riesiger, ovaler Tisch, an dem einst Vasco da Gama seine visionären Ideen ausgebreitet haben mochte. Ich blieb vor der offenen Flügeltür stehen und war zunächst geblendet. Der Raum war erhellt von einem goldenen Sonnenfächer, der schräg durch die Fensterfront in den Saal fiel, ohne dass ich die Engel der Gerechtigkeit ausfindig machen konnte. Als sich meine Augen an das Licht gewöhnt hatten, sah ich durch die breite Fensterfront den Tejo in leuchtendem Sonnenblau vor mir liegen. Ich sah die geliebten orangefarbenen Fähren, mit ihren kreischenden Möwenschwärmen darüber, mit denen ich so oft den Fluss überquert hatte, wie immer ihre gewohnten Bahnen ziehen. Die bunten Fischkutter schaukelten friedlich auf den Wellen. Dazwischen schoben sich die überdimensionalen Containerschiffe durchs Bild. Über allem schwebte ein blauer lusitanischer Himmel, durchzogen von weißen Lämmerwölkchen und silbernen Möwenschwärmen.

Der offene Ausblick durch die Fensterwand des Gerichtssaales war wie ein Blick aus tiefem Dunkel auf eine bewegte leuchtende Kinoleinwand. Er legte sich lindernd auf meine erschöpften Augen und Seele, während mir diese unerreichbaren Bilder der Freiheit im gleichen Moment umso schmerzhafter meine völlige Ausgeliefertheit an ein undurchdringliches Dunkel abhängiger Gefangenschaft bewusst machten.

Auf einer anderen Bilderbahn in meinem Kopf arbeitete es zu gleicher Zeit angestrengt, als ein geschäftig-freundlicher Gerichtsbeamter aus einer Seitentür trat und uns um ein wenig Geduld bat, die Richter seien auf dem Weg. Der ältere der drei Beamten, der mich an einen Cowboy erinnerte, nahm mir die Handschellen ab. Um meine Begleiter in die hintere Ecke zu dem Sofa zu ziehen, wandte ich mich dem großen, dunklen Tisch zu und sprach bewundernd über dessen feinnervige Einlegearbeiten. Wir kamen über Antiquitäten ins Gespräch, wovon sie alle drei wenig Ahnung hatten, und ich begann von der edel stilvollen Einrichtung zu schwärmen. Sie fühlten sich geschmeichelt. Ich sah wie sich ihre unverbindlich distanzierte Freundlichkeit in gelöste, interessierte Offenheit verwandelte, als ich das aufrichtige Hohelied auf die portugiesische Kultur und Mentalität sang, während ich sie langsam, immer wieder verhaltend und auf eine neue antiquarische Entdeckung im Raum deutend, in die der Eingangstür gegenüberliegende Ecke führte, in der das Sofa stand. Hier vor dem Sofa schien die Begutachtung des Raumes abgeschlossen, und so war es nicht verwunderlich, dass sich der Cowboy mit einem genussvollen Seufzer darauf fallen ließ und sich eine Zigarette anzündete. Der Beamte, der gefahren war, folgte ihm. Beide Polizisten saßen nun entspannt rauchend auf dem Sofa, während ich mit dem dritten davorstand.

Ich veränderte die Thematik des Gesprächs und führte es von der portugiesischen Liebes- und Leidenskultur hinüber zur nackten portugiesischen Gefängniskultur und versuchte erneut, etwas über die Bedingungen der Gefangenschaft zu erfahren.

„Gibt es Gewalt und Vergewaltigung im Polizeigefängnis?"

„Keine Ahnung, wird wohl schon vorkommen. Aber wir haben keinen Zutritt zum Gefängnisbereich und uns interessiert auch nicht was dort passiert", grinste mich der Cowboy aufrichtig an.

„Sie sind doch stark, ein deutscher Kämpfertyp, wie von der Baader-Meinhof-Guerilla", fügte er hinzu und versuchte damit alle Beklommenheit, mehr anerkennend als ironisch, hinwegzuwischen.

Ein neuer unheimlicher Gedanke blitzte mir durch den Kopf.

„Wirft man mir auch Mitgliedschaft in der ehemaligen RAF vor? Zum zweiten Mal in weniger als 20 Stunden höre ich die Namen Baader-Meinhof."

„Nein, soweit ich weiß, nicht", lachte der Cowboy, während seine Zigarette im Mundwinkel wippte, „Sie sind Zorro. Ein Einzelgänger, ein galanter und gewaltloser Bankräuber mit Zorromaske, der über zehn Jahre lang Banken überfallen hat, ohne dass man ihn jemals fassen konnte." Er machte eine Pause, in der er mich freundlich grinsend taxierte, „Pardon, Sie sollen es sein."

Ich lachte nun ebenfalls freundlich und schaute in die wartenden Gesichter, ohne ihnen den Gefallen zu tun, darauf zu antworten.

Wir kamen schnell von den mir vorgeworfenen Fällen in Deutschland ab, da er offensichtlich überhaupt keine Informationen darüber hatte, was zu meiner Verhaftung geführt hatte. Dass es eine Denunziation gewesen war, sollte ich erst Monate später im deutschen Knast erfahren.

„Reiner, wenn Sie wieder nach Portugal kommen – und Sie wollen doch in Portugal leben und nicht in Deutschland – überfallen sie aber keine Banken hier, ja?!", lachte der Cowboy zum versöhnlichen Abschluss.

Wir gingen dazu über, über das Leben in Portugal zu sprechen, wobei ich die Unterhaltung behutsam auf die politische Ebene und zur Präsidentenwahl hinführte, die in wenigen Wochen stattfinden würde. Wie erwartet mischten sich auch der Fahrer und der Jüngste der Polizisten in das Gespräch, das immer lauter und leidenschaftlicher wurde. Ich begann mich langsam aus dem Wortwechsel herauszuziehen, nahm jedoch als aufmerksamer Zuhörer noch daran teil, während er immer erhitzter wurde und von einem Moment zum anderen vom Englischen ins Portugiesische fiel.

Während ich dem Disput folgte, begann ich mit fachmännischen Händen die Holzvertäfelung über dem Sofa zu begutachten, zunächst beiläufig, und mich immer wieder in das Gespräch beugend, dann immer intensiver und interessierter, wobei ich mich langsam von meinen Begleitern abwandte. Ich tastete mich über die Holzvertäfelung, behutsam und immer wieder verhaltend, bis zu der geschlossenen Tür, die ungefähr fünf Meter von unserem Sofa entfernt in die Wand eingelassen war. Neben dem Türrahmen hing in Brusthöhe ein Feuerlöscher. Während ich den Türrahmen befühlte, studierte ich den Feuerlöscher und seine portugiesische Bedienungsanleitung. Die Beamten waren in ihr Gespräch vertieft und beachteten mich nicht.

Ich sah, wie leicht der Feuerlöscher aus der Halterung zu ziehen war, wie einfach es war, die Plombe herunterzureißen, auf die Beamten zuzuspringen, den Schlauch auf sie zu richten, und auf den Knopf zu drücken. Wie kinderleicht, ihre Gesichter einzuschäumen und sie außer Gefecht zu setzen. Wie schnell würde es gehen, ihnen ihre Kanonen abzunehmen und durch die offene Tür die Treppe hinunter, in die gleißende Freiheit zu springen, in dem beruhigenden Bewusstsein, niemanden wirklich verletzt zu haben.

Gleich schnaubenden Pferden zerrten die unterschiedlichsten Stimmen in mir. Der in die Ecke gedrängte Wolf, der nur die Moral der Freiheit kannte, doch nicht eine Moral der Wege dorthin, schrie wild:

„Mach es, Reiner, greife sie an und überwinde sie! Sie sind es, die dich in deiner Lebensfreiheit vergewaltigen, ohne dich auch nur zu kennen. Sie sind es, die dich wieder in einen düsteren Käfig verschleppen wollen, in dem ein sinnloser Kreuzweg auf dich wartet – in völliger Unfreiheit, Entrechtung und totaler Ausgeliefertheit an Gewalt und Zerstörung. Überwinde die, die dich gefangen halten und zerstören wollen, und du bist frei."

Eine andere Stimme, aufgebracht und mit in Abwehr hoch-
gehaltenen Händen, forderte mit scharfem Nachdruck:

„Reiner, du kannst keine Gewalt anwenden! Auch eine
Attacke mit einem Feuerlöscher ist Gewalt und sie ist durch
keinen Umstand zu rechtfertigen. Es sind Menschen. Drei
Menschen. Drei unterschiedliche, ganz eigene Leben, und du
hast kein Recht, diese Leben zu verletzen, und damit auch
Leid über andere unschuldige Leben zu bringen. Dein Prinzip war es immer, dass das Ziel nicht jedes Mittel rechtfertigt,
sondern dass die Mittel und Wege von der Moral des Zieles
bestimmt sein müssen."

„Ach was", drängte sich eine ruhige, vernünftige Stimme
dazwischen, „lass dir die Augen nicht mit Moral und Ethik
verkleben. Es geht hier darum, entweder du oder sie, wobei
die kurzmomentigen Konsequenzen für sie geradezu lächerlich nichtig sind, für den Fall, dass du sie überwindest, im
Verhältnis zu den irrsinnigen Konsequenzen die auf dich
warten, wenn du dich ihrer Gewalt nicht entziehst. Für sie bist
du nur eine saftige Trophäe, ein interessantes exotisches Tier,
das sie gefangen haben, dessen Gefangenschaft an sich und
weiterer Werdegang sie aber schon nicht mehr interessiert.
Also los, Lissabon ist deine Stadt, und du wirst in deiner Stadt
untertauchen wie ein trockengelegter Fisch, der gerade noch
rechtzeitig das Meer erreichen konnte. Das Weitere wirst du
in Lissabon aus dem Hintergrund klären und vorbereiten. Du
kannst nach Brasilien gehen. Du kennst das Land, du hast
Verbindungen dort, sprichst die Sprache, und Brasilien liefert
nicht aus. Also los – Rock 'n' Roll."

Ich hatte mich scheinbar lässig mit dem Rücken und Kopf gegen den Türrahmen gelehnt, während mein Blick durch den Raum und über die drei schwatzenden Polizisten schweifte. Ich wirkte völlig ruhig, doch in mir tobte der Sturm, als plötzlich aus der Tiefe eine mild lächelnde Stimme in mir aufstieg und durch den wütenden philosophischen Grabenkrieg hindurch tönte:

„Mann, Junge! Feuerlöscher, Kanonen, Brasilien. Dort sitzen drei Menschen und du wirst sie niemals verletzen können."

Ich schöpfte tief Luft, und in diesem Moment legte sich Cheyennes geliebte Stimme mit einem zarten „Ach, Reiner" auf meine zerquälte Seele, während ich gleichzeitig ihre kleine zierliche Hand auf meinem Arm spürte. Cheyenne war meine portugisiesche Liebste, die ich im Frühling in Lissabon getrofffen hatte. Ich schloss die Augen. Ich konnte diese Menschen sowieso nicht angreifen, ich hatte ohnehin nicht das Recht dazu. Ich war nicht mehr allein, ich trug Verantwortung nicht nur für mich, sondern auch für Cheyenne.

Ich musste Cheyenne schnellstmöglich sprechen, sie beruhigen und gemeinsam mit ihr die Situation klären. Im Falle einer Flucht wäre das unmöglich. Sie wussten bestimmt, wenn sie schon so viel wussten, dass Cheyenne meine einzige wirkliche Nabelschnur, meine einzige abhängige Verbindung zum Leben war. Somit würden sie im Falle meiner Flucht als Erstes über sie herfallen und sie mit Lügen und Drohungen bestürmen. Ich dagegen konnte, auf der Flucht und abgeschirmt, nicht einmal auf eine solche Situation einwirken.

Sie würde in der Spannung zerrissen werden, unter Druck gesetzt von der Polizei und zerquält in der Ungewissheit über mich und die Rechtmäßigkeit der Anklagen und zudem den wütenden Angriffen und Vorwürfen ihrer Mutter ausgesetzt.

Außerdem wären Cheyenne und ich im Falle einer Flucht zerstört. Wir würden, ohne Gefahr, niemals mehr zusammen sein können.

Das ganze Gewitter war in nur wenigen Momenten durch mich hindurch getobt. Meine drei Beamten saßen, unverändert schwatzend und rauchend, auf dem grünen Sofa und ahnten nicht, welches Damoklesschwert für einen Moment über ihnen geschwebt hatte. Für einen Moment hatte ich die Macht über sie und meine Freiheit in Händen gehalten, nun hatte ich mich freiwillig in ihre Macht zurückbegeben. Eine tiefe Niedergeschlagenheit ergriff mich. Ich stieß mich seufzend von dem Türpfosten ab, ließ mich nach vorne fallen und schlenderte auf meine drei Begleiter zu.

Eine Stunde später begann das Auslieferungsprozedere, bei dem mir ein Richter mit seinen beiden Beisitzern den internationalen Haftbefehl und das Auslieferungsersuchen des deutschen Staates eröffnete, über das in den nächsten Monaten entschieden werden würde, was nur eine Formsache sei.

Meine drei Begleiter legten mir wieder die Handschellen an. Wir verließen das Gerichtsgebäude und traten auf die sonnendurchflutete Straße, die voller geschäftiger Menschen war. Ich ging aufrecht durch sie hindurch. Wieder schien niemand meinen gefesselten Zustand wahrzunehmen. Eine tiefe

Niedergeschlagenheit erfasste mich, als ich wieder neben dem Jüngesten im Wagen saß. Ich wusste, ich hatte die Wahl der Entscheidung gehabt, und doch hatte ich letztlich keine Wahl gehabt. Die Tragikomik lag darin, dass ein Freiheitsmensch wie ich, der niemals für sich allein eine solche Gefangenschaft angenommen hätte, mich für ein so vergängliches und zerbrechliches Geschöpf wie die Liebe freiwillig wieder in diese Gefangenschaft begeben hatte. Ich musste bitter grinsen, war ein wenig stolz, vor allem aber presste mich eine düstere, ausweglose Trostlosigkeit in den Wagensitz.

Die Stunde des Sonnenuntergangs leuchtete in rotblaugoldenen Tönen durch die Straßen Lissabons, während wir in dem verriegelten Benz zurück zum Polizeigefängnis glitten. Hungrig saugte ich das vertraute Licht und Farbenspiel des Lissabonner Abends auf, das ich für lange Zeit nicht mehr sehen sollte.

Plötzlich erklang aus dem Autoradio Sinead O'Connor's „Nothing Compares To You" und ich sah das Gesicht von Cheyenne vor mir aufleuchten. „Nein, niemals wird es etwas geben wie dich!", lächelte ich trotzig in die hereinbrechende Nacht, während mich der Benz unaufhaltsam in das ewige Dunkel der Massenzelle zurücktrug.

Natürlich wird im Knast immer wieder mal über Ausbruch und Flucht schwadroniert und auch so manches geplant. Meistens bleibt es aber dabei. Die Pläne behandeln zumeist Fantasien die nie realisiert werden und deren Funktion darin besteht, der Knastmonotonie zu entfliehen und den

Leidensdruck zu lindern. Selten finden wirkliche Ausbruchsversuche aus den geschlossenen Anstalten statt. Die häufigsten Fluchtversuche werden bei begleiteten Ausführungen unternommen, bei denen der ungefesselte Gefangene nicht von der Toilette zurückkommt oder in der Fußgängerzone untertaucht. Oder aber ein Häftling kommt von einem unbegleiteten Ausgang oder aus dem Hafturlaub nicht zurück. In den meisten dieser Fälle werden die Flüchtigen bei den angegebenen Besuchsadressen der Entflohenen – der Familie oder bei der Freundin – wieder eingesammelt, oder sie stehen nach kurzer Zeit wieder vor dem Gefängnistor, weil sie nicht wussten wohin und was sie mit einer Freiheit auf der Flucht anfangen sollten.

Natürlich kommt es auch immer wieder zu spektakulären Gefängnisausbrüchen und es gibt sogenannte „Ausbrecherkönige", willensstarke, kreative Häftlinge, denen wiederholt die Flucht gelingt. Unter den Ausbruchsmethoden ist das Durchsägen der Gitter (mit einem hereingeschmuggelten Sägeblatt) mit nachfolgendem Überwinden der Mauer (mittels verknoteten Betttuchtauen) der Klassiker. Des Weiteren ist die Flucht über Belüftungs-, Heizungs- und Kanalisationssysteme beliebt. Wenn sinnvoll und möglich wird auch schon mal ein Tunnel gegraben. Weniger aufwendig ist die Flucht versteckt in den Fahrzeugen externer Dienstleister (Müll-, Transportunternehmen), mal mit, mal ohne das Wissen der Fahrer. Am bequemsten lässt sich der Gefangenschaft mithilfe von einzelnen Beamten entfliehen (die entweder bestochen sind oder aber der Liebe zu einem Gefangenen wegen alles riskieren). Am brutalsten und am wenigsten erfolgreich ist der Ausbruchsversuch über eine Geiselnahme von Anstaltsbeamten. Aus isolierten Häftlingsanstalten wie Gefängnisinseln oder Strafkolonien, von denen es früher bedeutend zahlreichere gab, kommen bei Fluchtversuchen kleine Boote oder selbstgebastelte Flöße zum Einsatz.

Grundsätzlich ist die Flucht aus einem Gefängnis in Deutschland straffrei, da jedem Menschen ein natürlicher Freiheitsdrang zugestanden wird. In der Praxis hat die Flucht für einen wieder eingefangenen Häftling zur Folge, dass seine Haftbedingungen verschärft werden (Verlegung in ein Gefängnis mit höheren Sicherheitsstandards, verstärkte Kontrollen, Ausschluss von Freizeitgruppen, verminderte Aussichten auf vorzeitige Entlassung). Verfolgt werden natürlich jene Straftaten, die im Zusammenhang mit einer Flucht möglicherweise begangen werden – wie Freiheitsberaubung (im Fall einer Geiselnahme), Körperverletzung (bei einem Angriff auf einen Beamten), Bestechung (eines Beamten), Sachbeschädigung (Zersägen der Gitter, Aufbruch der Wände oder Untertunnelung), Diebstahl (der Gefängniskleidung). Ein kollektiver gewalttätiger Ausbruch wird als „Gefangenenmeuterei" geahndet und sanktioniert. Zudem wird Fluchthilfe strafrechtlich verfolgt.

Das einzige reale Fluchtvorhaben, das ich in der Gießener JVA erlebte, war der dilettantische Versuch zweier Deutschrussen, die während ihrer Tätigkeit als Hofreiniger zwei verknotete Bettlaken aus ihrer mobilen Abfalltonne zogen. Sie warfen die vermeintlichen Freiheitstaue über die Natodraht-Rollen, die die mehrere Meter hohe Gefängnismauer krönte, und hangelten sich die Mauer hinauf, über deren Kante sie sich aber leider mitsamt der Bettlaken in den Drahtrollen verhedderten und von herbeigeeilten JVA-Beamten befreit werden mussten.

In Köln träumte ein deutsch-kolumbianischer Kokain-großdealer, der 15 Jahre abzusitzen hatte, jahrelang von einem von außen inszenierten Befreiungsversuch, bei dem ihn in seiner Fantasievorstellung ein Mafia-Hubschrauber in die Freiheit entführen würde. Um für potentielle Befreier erkenntlich zu sein, hing immer ein kanariengelbes T-Shirt in seinen Gittern. Der Hubschrauber kam nie.

Zwei Gefangene, die im Kölner Knast in der Einzelzelle unter mir gelegen hatten, ein Albaner und sein türkischer Zellenkollege, warteten nicht auf Hilfe von außen. Sie durchsägten die Gitter ihrer Zelle mit einem hereingeschmuggelten Sägeblatt – im Knastjargon „Engelshaar" genannt – und überwanden Zaun und beide Mauern. Sie wurden nicht gefasst. Anders als deutsche Gefangene hatten sie wahrscheinlich draußen ein funktionierendes Netzwerk (Großfamilie, Bekannte), die sie in ihre Herkunftsländer schleusten, in denen sie dem Zugriff der deutschen Behörden entzogen waren.

In Köln saß auch eine Zeit lang Hans-Jürgen Rösner, der Kopf der beiden „Gladbecker Geiselmörder", in meinem Hafthaus ein. Rösner verhalf durch seinen 1988 gescheiterten

Banküberfall mit folgender Geiselnahme und Mord nicht nur sich selbst, sondern auch der zuständigen Polizei und vielen Pressevertretern zu beschämender Bekanntheit. Die Verfolgung der Beiden war von massiven Polizeipannen begleitet. Und immer dabei: die Pressehyänen, die sensationslüstern durch wohlwollende Interviews mit den Geiselnehmern diese in ihrem Tun noch bestärkten, während zur selben Zeit die beiden weiblichen Geiseln mit an den Kopf gehaltener Pistole Todesängste ausstanden.

Für seine Taten sitzt er mittlerweile fast dreißig Jahre im Knast, ohne Aussicht auf Freilassung: lebenslänglich plus Sicherheitsverwahrung. Viele Mitgefangene sahen Rösner als ganz große Nummer an und begegneten ihm mit einer Art schaurigem Respekt. Für mich war er ein feiger Mörder, der sich hinter wehrlosen Geiseln versteckt hatte, nachdem er sich als zu dämlich erwiesen hatte, zu zweit eine kleine Bankfiliale auszurauben. Rösner, mittlerweile stark verfettet, war in meinem Hafthaus als Hausarbeiter angestellt. Er verteilte Seife und Klopapier und stand beim Sommerfest in rotkarierter Schürze mit einer großen Zangengabel in der Hand („Darf's noch ein Würstchen sein?") auf dem Gefängnishof hinter dem Kohlegrill. Er war quasi „auf Bewährung" innerhalb der verschiedenen Gefängnisformen aus einer Hochsicherheitsanstalt in unser Hafthaus der Sicherheitsstufe 1 verlegt worden. Da er in der Freistunde aber jedem, der es hören wollte, etwas von Flucht und hereingeschmuggelten Kanonen erzählte, wurde er bald in eine stärker gesicherte Haftanstalt zurückgeschickt.

Im Remscheider Knast gelang einem jungen türkischen Kampfsportmeister die Flucht. Er hatte wie auch viele andere Gefangene gesehen, dass ein Baugerüst innerhalb des Knastkomplexes so nah an der Gefängnismauer aufgebaut worden war, dass ein durchtrainierter, entschlossener Gefangener sie mit einem Sprung erreichen konnte. Bei einem Gang von seinem Arbeitsplatz zu einem inszenierten Arzttermin in einem anderen Hafthaus entsprang er seinem beamteten Begleiter, hechtete das Gerüst hoch und schwang sich auf die Mauer, auf deren anderer Seite ihn seine Komplizen erwarteten. Auch er wurde nicht gefasst und ist wahrscheinlich in seiner Geburtsstadt Istanbul untergetaucht.

So sehr Fluchtpläne jeden Gefangenen immer mal wieder umtreiben – sei es als Gedankenspielerei zur inneren Selbstbefreiung wie zur Linderung des Leidensdrucks, sei es als reales Vorhaben – so schwirren in zugespitzten Situationen auch immer mal wieder Gerüchte über Rebellion und Aufstand durch die Zellen und Gefängnisgänge.

In der Lissabonner Massenzelle konnte ich eine Gefangenenrebellion erleben, die über Absichtserklärungen hinausging. Die erlebte Rebellion trug, im Gegensatz zu den blutigen Gefangenenaufständen in beispielsweise lateinamerikanischen Knästen, wo es regelmäßig zu Toten und Verletzten kommt, eher Züge einer komischen Seifenoper.

Eines Märzabends, während der Nachrichten, breitete sich plötzlich helle Unruhe in der Zelle aus. Es wurde bekanntgegeben, dass für die Gefangenen der MF25, der früheren portugiesischen Stadtguerilla, die sich immer mehr zu einer Terrorgruppe entwickelt hatte, im Parlament eine Amnestie diskutiert wurde, insofern sie nicht in Bluttaten verwickelt gewesen waren. Gefangene der großen Gefängnisse hatten darauf die Forderung gestellt, dass, im Zuge der Gleichbehandlung, alle Gefangenen in Portugal, die nicht mit Bluttaten in Verbindung standen, amnestiert werden sollten. Zur Unterstreichung ihrer Forderungen hatten sie mit Arbeitsverweigerung und Hungerstreik gedroht.

Die MF25 war einst vom legendären militärischen Kopf des portugiesischen Umsturzes der Hauptleute vom 25. April, dem charismatischen Redner und Führer der Nelkenrevolution, Otelo de Carvalho, gegründet worden. Zu einer Zeit, als die Restauration begonnen hatte, die Errungenschaften der Revolution wieder zurückzuschrauben. Otelo wurde infolge zu sechs Jahren Gefängnis verurteilt und die damalige politische Führung hatte in neuerer Zeit zugegeben, dass nicht er als Person, sondern als Symbol für antirestaurative Unruhe und Aufruhr verurteilt worden war. Ob und inwieweit er an terroristischen Anschlägen als planerischer Kopf beteiligt gewesen war, ist nie bewiesen worden. Er lebte nach der Haft mit seiner Familie zurückgezogen vor Lissabon in einem kleinen Anwesen, gab seltene Interviews und schrieb Bücher.

In der Zelle entbrannte die Diskussion, ob man an einem möglichen Hungerstreik teilnehmen sollte. Alle waren sich einig und die 90 % meiner trunkenen Leidensgenossen, deren Fälle nicht mit Gewalt in Berührung standen, sahen sich schon in nächster Zukunft die Schwelle zur Freiheit überschreiten. Meine Mitgefangenen erklärten unisono, ich bräuchte nicht beim Streik mitzumachen, da ich mit meinem Fall in Deutschland ja nichts mit der Amnestie zu tun hätte. Ich bedeutete ihnen, dass ich mich um ihre Betreuung − Versorgung mit Teegetränken, kleine Sportübungen − kümmern würde.

Die Tage vergingen mit täglichen Nachrichten über eine mögliche Amnestie und hitzigen Spekulationen über einen kommenden Hungerstreik. Die Diskussionen entwickelten sich über das gesamte Gefängnis und wurden während des Hofgangs auch mit den Insassen der anderen Zellen geführt, die noch überwiegend unschlüssig waren. Die Entscheidung in unserer Zelle war gefallen. Sollte ein Hungerstreik, ausgehend von den großen Lissabonner Gefängnissen, beginnen, würde unsere Zelle daran teilnehmen.

Neben mir wollte auch ein junger Junkie nicht am Streik teilnehmen; weniger aus Furcht vor Gewichtsverlust, sondern weil er sich fürchtete, seine Mutter nicht bei den Besuchen sehen zu können, die die Anstalt mit Sicherheit für die Teilnehmer des Aufstands streichen würde.

Dienstagvormittag erschien die Gefängnisdirektorin in der Zelle, um mit uns über einen möglichen Streik und seine Auswirkungen zu sprechen; besser, um einen Vortrag darüber zu halten. In verschlossenem langen Mantel und damenhafter Zurückhaltung stand sie vor uns, die Gefangenen in Hufeisenform um sich geschart, und versuchte uns in gönnerhafter Abgeklärtheit und Weitsicht einen möglichen Hungerstreik auszureden. Sie erklärte sich in einer geschickt ausgewogenen Mischung aus inständigen Bitten, gutmütterlichen Ratschlägen, unverhohlenen Drohungen und in Aussicht gestellten Sanktionen. Mutter Senhora Directora Teresa forderte uns eindringlich auf, zu unserem eigenen Wohl von einem Hungerstreik abzusehen. Sie machte sich große Sorgen, dass wir voreilige Entscheidungen treffen könnten, die wir später bereuen müssten. Sie führte weiter aus, dass ein Hungerstreik natürlich automatisch dazu führen müsste, dass die Besuche gestrichen würden, ebenso wie Telefonate und die Annahme von Paketen. Außerdem könnte sie Nachteile in den kommenden Prozessverfahren nicht ausschließen, da eine Teilnahme an dem Hungerstreik natürlich Eingang in die Akten finden würde.

Ihre Stimme wurde wieder mütterlich besorgt und sie wiederholte ihre wohlwollende Bitte, im eigenen Interesse von einem Hungerstreik abzusehen. Um Wankelmut zu fördern, führte sie abschließend an, dass alle anderen Zellen nicht an einem ohnehin unwahrscheinlichen Hungerstreik teilnehmen würden. Natürlich war sie darüber informiert, dass in unserer Zelle die Entscheidung für den Streik gefallen war.

Als Senhora Directora gegangen war, erlebte ich eine Veränderung unter den Gefangenen. War Ihre Exzellenz bisher für fast alle Gefangenen eine unantastbare und fast heilige Autorität gewesen, änderte sich das nun. Der heuchlerische Auftritt war von den meisten Gefangenen auch als solcher erkannt worden. Der Auftritt der Direktorin hatte die Gefangenen in ihrer Entscheidung für den Streik noch bestärkt. In der Zelle breitete sich ein euphorisches Gefühl der Solidarität aus. Man fühlte sich als ein verschworener Haufen, als einsame Helden, Schulter an Schulter, in einem aufrechten Kampf um Freiheit und Gerechtigkeit, umgeben von einem Meer aus Feindseligkeit und Feiglingen.

In stolzgeschwellter Ausgelassenheit schnatterten die Gefangenen wild durcheinander. Sie waren auf einmal wer und wie zum Nabel der Welt geworden, die sich wieder zu drehen schien. Überall in der Zelle wurde gelacht und gescherzt. Es gab keine Unterschiede mehr, jeder sprach mit jedem und alle versicherten einander Treue, Durchhalten und Kampf bis zum Letzten, während Primitivo von einem zum anderen lief, allen lachend auf die Schulter schlug und jedem erklärte, dass man denen endlich mal zeigen würde was eine Harke ist.

Wir folgten gespannt den Fernsehneuigkeiten. Der Streik in den großen Lissabonner Gefängnissen begann und breitete sich schnell über das ganze Land aus. In den Nachrichten wurden Außenaufnahmen vom großen Stadtgefängnis in Caxias gezeigt, auf denen weiße Laken mit Streikparolen vor den Fensteröffnungen flatterten. Dahinter versuchten wild gestikulierende Gefangene mit Zurufen ihre Angehörigen zu erreichen, die nach Streichung aller Besuche aufgebracht vor den Gefängnismauern ausharrten. Unsere Zelle hatte sich am Tag des Streikbeginns geschworen, noch einmal tüchtig zu essen und alle Vorräte aufzubrauchen und sich am folgenden Tag dem Streik anzuschließen.

Am kommenden Morgen blieb die Frühstückskiste mit den Brötchen gefüllt, nur das heroinsüchtige Muttersöhnchen und ich bedienten uns. Wir saßen taktvoll verschämt mit dem Rücken zur Zelle gewandt, während sich die Mitgefangenen mit der Kaffeebrühe begnügten. Zum Mittag gab es eine seltene Schnitzelplatte, deren 26 Portionen auf Anweisung der Guardas von den Kalfaktoren zu einem prachtvollen heißen Buffet über die Tische drapiert wurden, garniert von Heerscharen sonnengoldener Orangen.

Die Streikfront bekam einen ersten Riss. Frederico konnte nicht widerstehen und erklärte den Streik für sich für beendet. Unter dem Feixen der vor der Zelle lauernden Guardas und mit den wütend verächtlichen Anwürfen seiner Kameraden im Rücken setzte er sich vor die Spüle und fiel wild schmatzend über drei Teller her.

Ich kochte für die Mitgefangenen Tee und versorgte sie auf ihren Betten. Zudem hatte ich ein leichtes Gymnastikprogramm entwickelt, das Hunnen-Enrique und Bronx-Jao dreimal täglich durchsetzen wollten. Die Mittagsplatte beließ man erwartungsgemäß bis zum Abendessen in der Zelle. Sie bestand aus den beliebten *Sardinhas Grelhadas*, den gegrillten Sardinen, die man ebenso demonstrativ verführerisch über die Tische duften ließ. Die Streikfront bröckelte weiter. Nando erklärte den Streik jetzt auch für beendet. Er machte sich mit Frederico, den er am Mittag noch empört angegriffen hatte, mit Felipe, Beto und noch drei anderen Junkies über die gegrillten Sardinen her, wobei sie das Überangebot freudig annahmen und jeder von ihnen mehrere Portionen verschlang.

Die Streikfront brach langsam völlig zusammen. Am nächsten Morgen kippten Gil, Roberto, Primitivo und noch fünf andere. Am Nachmittag befanden sich von 26 Gefangenen, mit Ronnie, Bronx-Jao und Buba-Fernando noch drei Gefangene im Hungerstreik. Am frühen Abend gaben auch diese in gegenseitigem Einvernehmen den Streik auf und ein fröhlich befreites Gelage konnte beginnen. Der Gefängniskiosk war nun auch für unsere Zelle wieder geöffnet, die ihn fast gänzlich aufkaufte. Zum Abendessen, dem portugiesischen Gulasch *Guisado*, wurde alles auf den Tisch gepackt und bis tief in die Nacht hinein geschlemmt. Streik?! Den sollten die anderen in den großen Gefängnissen zu Ende führen. Sie standen hier als Einzelkämpfer ohnehin auf verlorenem, sinnlosem Posten. Wozu Energien für nichts verschwenden?!

Der Hungerstreik in den großen Gefängnissen Portugals ging weiter. Fast jeden Tag wurden Bilder vom Caxias Gefängnis gezeigt. Der Streik radikalisierte sich. Wir sahen im Fernsehen die Zellenwaben in den Gefängnisfronten brennen, da Gefangene begonnen hatten ihre Zellen zu demolieren und in Brand zu stecken. Ihre Mütter und Frauen schrien dazu und klagten in die Kameras, dass sie über hinausgeschmuggelte Kassiber Informationen hätten, dass Gefangene gezielt vom Wachpersonal zusammengeschlagen würden und die Krankenstation bereits überfüllt sei.

Wenige Tage später wurde der Streik gänzlich niedergeschlagen. Unter dem Wehklagen der Angehörigen, die durch Absperrungen auf Distanz gehalten waren, wurden die Köpfe und aktivsten Teilnehmer des Streiks, in Rückenhandschellen, aus dem Gefängnis geführt. Sie waren, jeder einzeln, in einem solch brachialen Polizeigriff genommen, dass sie nur gebückt, das Gesicht nicht erkennbar in Richtung Boden gedrückt, blind und geführt vor sich hin stolpern konnten, während die angehörigen Mütter und Frauen in die Kameras schrien, dass nur verhindert werden sollte, dass man ihre zerschlagenen Gesichter im Fernsehen sähe.

Die Gefangenen wurden in Gefängnistransporter verfrachtet und in die entferntesten Gefängnisse nach Nordportugal verbracht, wo sie von ihren Angehörigen und allen lebensnotwendigen Zuwendungen abgeschnitten waren. Die Gefangenen und ihre Angehörigen kamen natürlich auch hier fast ausschließlich aus den unteren Schichten und kaum einer konnte sich eine 400 Kilometer lange und teure Fahrt in den Norden leisten – schon gar nicht zweimal die Woche.

Wie drückte es am Abend ein Parlamentsvertreter im TV so schlüssig und wohlvertraut aus: „Der demokratische Rechtsstaat hat gezeigt, dass er nicht erpressbar ist."

2. Haftprozedere und Freiheits- liebe – korrupte Anwälte, psychisch gestörte Gutachter, feige Entscheider

Nach 4 1/3 Monaten Auslieferungshaft in Portugal, 4 ¼ Jahren deutscher Untersuchungshaft und 3 Prozessen wurde ich in der ersten Februarhälfte 2000 in die zentrale nordrhein-westfälische Auswahlanstalt Hagen verlegt. Dort wird entschieden, in welcher nordrhein-westfälischen Justizvollzugsanstalt der Gefangene schließlich die verbleibende Strafhaft zu verbüßen hat.

Im Gegensatz zu den vielen anderen Einweisungshäftlingen, die in dieser großen, sechsstöckigen Auswahlanstalt zehn bis achtzehn Monate ausharren und eine Reihe psychologischer Gespräche und Tests absolvieren mussten, musste ich mich dem nicht unterziehen, sondern wurde nach nur einem Gespräch in das finale Strafhaftgefängnis weitergeschickt. Dieses eine Gespräch führte ich mit dem Vorsitzenden der Hagener Spruchkammer, dem Psychologen Schmidt. Er versuchte zu ergründen warum ich mich nach „einer überschaubaren, gesunden Phase der Rebellion und Sinnsuche" im Lauf der Jahre „nicht abgeschliffen" und – „bei aller sensiblen Radikalität" – nicht angepasst hatte, wie man es von einem Mann meiner Herkunft und meines Intellekts erwarten könnte. „Auch Joschka Fischer war ein Rebell, hat sich aber nach Jahren der Irrungen und Wirrungen eingefunden und ist heute Außenminister. Warum haben Sie die Kurve nicht bekommen?"

„Weil ich ihre und Joschkas Kurve nicht bekommen und weder Regierungsdirektor noch Außenminister werden wollte", lächelte ich freundlich.

In seinem Gutachten kam Herr Regierungsdirektor Schmidt zu der Einschätzung einer „allgemeinen Sozialentwicklung, die von (jugendtümlicher) Unruhe, Experimentierfreudigkeit und Suche nach alternativen Möglichkeiten einer bohemienhaften Lebensgestaltung gekennzeichnet war – Gestaltungen des Lebens, die insgesamt ungewöhnlich sind, weil sie selten vorkommen und ein höheres Maß an Neugier und Unbeständigkeit zum Ausdruck bringen." (Psychologisches Gutachten)

Ich hatte 4 1/2 Jahre, also länger als die Hälfte der zu verbüßenden Strafzeit, in Untersuchungshaft verbracht, und ich war nicht vorbestraft, womit ich nach dem üblichen Prozedere in den offenen Vollzug überstellt werden musste. Erwartungsgemäß entschied der Psychologe demgemäß, mich als Nichtvorbestraften in den offenen Vollzug zu schicken. Als er aber nochmals im Computer die Daten kontrollierte, stellte er fest, dass eine falsche Strafzeitberechnung vorgenommen worden war: Die gut dreizehn Monate hessischer Untersuchungshaft waren nicht angerechnet worden. Irritiert rief er bei der für die Strafzeitberechnung verantwortliche

Rechtspflegerin in Köln an, um sich über den Sachverhalt aufklären zu lassen. Das Ergebnis: Mein erster Anwalt, der schon während des Prozesses gravierende Fehler begangen hatte und die entscheidende Revision sechs Tage zu spät einreichte, hatte – mit einer alten Vollmacht von mir ausgestattet – noch vor Ende des ersten Kölner Prozesses die Entschädigung für die erlittene Gießener Untersuchungshaft (20 DM pro Tag) eingefordert und erhalten, womit die dreizehn Monate Gießener U-Haft nach Aussage der zuständigen Rechtspflegerin abgegolten waren und von mir ein zweites Mal abgesessen werden musste.

Der Herr Psychologe und Regierungsdirektor stellte daraufhin bedauernd fest, dass „angesichts des jetzigen Vollstreckungsstandes die Einweisung in den offenen Vollzug verfrüht" sei, und überwies mich, bis zur „Klärung der endgültigen Strafzeitberechnung" in den geschlossenen Vollzug nach Remscheid. Natürlich hätte der Herr Regierungsdirektor mich trotz der von mir nicht verursachten Unklarheiten in den Offenen Vollzug schicken können.

Am Nachmittag nach dem Entscheidungsgespräch erschien der Vorsitzende der Spruchkammer überraschend mit dem Rechtsexperten der Anstalt in meiner Zelle. Beide wiesen mich nochmals gemeinsam auf das „mandantenschädigende, allein auf den eigenen Vorteil bedachte geldgierige Verhalten" und „ungeheuerliche Verantwortungsversäumnis" meines damaligen Anwalts Feiner hin und rieten mir dringend, den Anwalt zu verklagen. Abgesehen davon, dass ich fast so viele Schulden habe wie Griechenland, war mir natürlich klar, dass es einfacher ist, mit nackten Händen einen Aal in trübem Brackwasser zu fassen, als einen Rechtsverdreher erfolgreich vor Gericht zu bringen. Mein erster Rechtsanwalt Feiner, dessen Auftrag es naturgemäß war, meine Gefängniszeit so kurz als möglich zu gestalten, hatte sie, objektiv wie subjektiv, erheblich verlängert.

„Wissen Sie, Herr Laux", hatte mir Feiner einst bei unserer ersten Begegnung vor vielen Jahren anvertraut, „80 % aller Anwälte sind korrupt und orientieren sich ausschließlich an ihrem eigenen Wohl, statt an dem ihrer Mandanten. Sie versäumen wichtige Termine, reichen Schriftstücke zu spät ein, beraten ihre Mandanten irreführend, und verlängern künstlich sinnlos gewordene Verfahren, nur um noch mehr Geld aus den Mandanten zu schlagen." – Als ich damals mit ungläubigen Augen gelauscht hatte, war ich davon überzeugt gewesen, er selbst würde sich nicht zu diesen 80 % Prozent zählen.

Eine andere sich harmonisch ins Bild dieses „Rechtsanwalts" fügende Begebenheit: Als ich, noch während des laufenden Verfahrens, über meinen zweiten Anwalt eine Anzeige wegen uneidlicher Falschaussage gegen den Denunzianten Gaumeier gestellt hatte, ließ sich Gaumeier in dieser Sache durch die Anwaltskanzlei Feiner vertreten. Wie ich der Akte entnehmen konnte, hatte „mein Anwalt" Feiner einen Schriftverkehr, in Vertretung, sogar eigenhändig abgezeichnet, bevor ihn mein ermittelnder Kriminalbeamter Nachtigall auf eine anwaltliche Interessenskollision hinwies und Feiners Kanzlei darauf das Mandat niederlegte.

Mein Kölner Rechtsanwalt Fuchs, – der letztlich mein einziger Anwalt war, der diesen Namen verdient –, war hingegen, im krassen Gegensatz zu Feiner, ein aufrichtig kämpferischer Alt-68er-Anwalt, der sein ehrliches, oftmals selbstloses Engagement in einen desillusionierten, knorrigen Sarkasmus hüllte. Er arbeitete seit dem Ende des Prozessverfahrens 1999 unentgeltlich für mich, da es für ihn „eine Frage der Ehre" war, gegen die fortwährenden Ungerechtigkeiten der staatlichen Organe gegen mich vorzugehen.

Statt bei einer rechtzeitig erfolgten, korrekten Strafzeitberechnung, die mein Anwalt Feiner aus niederen egoistischen Motiven verhinderte, im Februar 2000 von der Einweisungsanstalt Hagen direkt in den offenen Vollzug verbracht zu werden, von wo aus ich nach spätestens drei Monaten in die Freiheit entlassen worden wäre, musste ich nun, da ich mich mittlerweile im geschlossenen Vollzug befand, durch das Prozedere des geschlossenen Vollzugs gehen, das erneute psychologische Begutachtung nötig machte und, im Falle einer positiven Bewertung, zunächst nur Wochenendurlaube vorsah und erst dann die Verlegung in den offenen Vollzug. Daran änderte auch nichts, dass meine Beschwerde gegen die Strafzeitberechnung nach einer Ablehnung durch das Landgericht Wuppertal in der letzten Instanz vom Oberlandesgericht Düsseldorf nach Monaten anerkannt und die über dreizehnmonatige Gießener Untersuchungshaft angerechnet wurde, unter der Voraussetzung, dass ich die von meinem früheren Anwalt eingeforderte Entschädigung zurückzahlte.

Ich kam in den sogenannten Lockerungsvorgang und die Anstaltsleitung versicherte mir, dass ich noch vor dem 2/3-Entlassungszeitpunkt des 9. 4. 2001 in den offenen Vollzug verbracht würde, um meine 2/3-Entlassung sicherzustellen – falls das psychologische Gutachten positiv ausfallen würde.

Zur Information: Als sogenannter Ersttäter, also jemand der nicht vorbestraft war, erhielt ein Gefangener, wenn er sich denn nichts Gravierendes während der Haft zu Schulden kommen ließ, automatisch die sogenannte 2/3-Entlassung, das heißt, er wird nach Verbüßung von 2/3 der abzugeltenden Strafzeit entlassen. Ausnahmen sind Prominente wie Uli Hoeneß, der nicht nach zwei Dritteln, sondern schon nach der Hälfte der zu verbüßenden Strafe in die Freiheit entlassen wurde, nachdem man ihm zuvor ohnehin einen beschützten Komfortvollzug angedeihen ließ, der mit der wahren Gefängnishölle, und damit der eigentlichen Bestrafung, nichts zu tun hat.

In der ersten Januarwoche 2001 ging ich an drei aufeinander folgenden Tagen in die sogenannten psychologischen Diagnosegespräche mit der Anstaltspsychologin Kachel. Ich hatte mir vorgenommen, offen und unvoreingenommen in die Gespräche zu gehen, obwohl mir die Warnungen verschiedenster Anstaltsoffizieller doch zu denken gaben („Eine Persönlichkeit wie Sie und Fräulein Strohkopf, vergessen Sie`s", „Die müsste man aus dem Verkehr ziehen, da hat man den Bock zum Gärtner gemacht", „Die sitzt in der Kantine immer allein und verkrampft in der Ecke, qualmt

eine nach der anderen und kann keinem in die Augen sehen",
„Die ist doch völlig krank, die klebt die abgefallenen, trocke-
nen Blätter von ihren verwelkten Blumen mit Tesafilm wieder an die Stängel". O-Ton Sozialarbeiter: „Mir hat sie mal
erzählt, ‚Mit 18 hat mein Liebesleben aufgehört zu existieren.
Ich verabscheue Männer, denn Männer sind eklig ...'".

Die Psychologin Kachel antwortete bei unserer Begegnung
weder auf meinen Gruß, noch konnte sie mir in die Augen
schauen. Fräulein Kachel schien undefinierbar zwischen
40 und 60 Jahre alt zu sein. Alles an ihr war grau und abgestorben, ein Eindruck, der durch den modrigen Geruch
abgestandenen Zigarettenrauchs, den sie ausströmte, noch
verstärkt wurde. Sie wirkte bewusst geschlechtslos.

Während der Gespräche, die mir völlig surreal erschienen,
hatte ich das Gefühl, einer grauen, kalt lauernden Spinne
gegenüberzusitzen, die in ihrem eigenen modrigen Netz gefangen war. Von Beginn der Gespräche an fühlte ich Fräulein
Kachels abwehrende Spannung, die in manchen Gesprächs-
situationen in unverhohlene Abscheu umschlug. Gleich anfangs überlegte ich, das Gespräch abzubrechen, da ich seine
Ausweglosigkeit ebenso wie sein Ende ahnte, doch wusste
ich, dass ich zu den Gesprächen mit dieser „Psychologin"
gezwungen war, da ich mir den Diagnosepsychologen nicht
aussuchen konnte, der den Gefangenen nach dem Namens-
anfangsbuchstaben zugeordnet wird.

Das Grundproblem in diesem ohnehin abgeschlossenen
Mikrokosmos Gefängnis ist, dass der Gefangene der Willkür
eines einzigen Psychologen ausgeliefert ist und kein kontrol-

lierendes, absicherndes Alternativgutachten von einem zweiten Gutachter möglich ist.

„Was unterscheidet den normalen Bürger, der keine Banken überfällt, von Ihnen?", stellte die „Gutachterin" ihre erste Frage.

„Der fehlende Mut", lächelte ich sie ironisch an. An ihrem sich noch mehr verdüsternden Gesicht musste ich erkennen, dass sie offensichtlich keinen Funken Humor hatte, unabhängig von dem Wahrheitsgehalt meiner Aussage.

Ich führte die Gespräche dennoch fort, blieb die gesamte Zeit über gedanklich ruhig und besonnen, öffnete mich soweit es mir möglich war, ließ mich weder provozieren, noch ging ich auf ihre eingestreuten Zynismen und Gehässigkeiten ein, sondern versuchte, erhobenen Hauptes, so differenziert und offen als möglich, meine Situation zu schildern.

Immer wieder unterbrach mich Fräulein Kachel, um mir vorzuwerfen, dass ich mich ihr „überlegen fühlen" würde, worauf ich sie freundlich darauf verwies, dass das offensichtlich ein Problem ihrerseits wäre und nicht meines.

Die von der Psychologin Kachel abgestrahlte abwehrende Spannung, die den Raum durchzog wie ein zähes Geflecht, verdichtete sich. Als ich auf ihre Frage nach meiner Idee von Liebe, in schwärmerischem Überschwang und glühenden Farben, eine wild romantische Landschaft leidenschaftlicher, hingebungsvoller, befreiender Emotionalität, Erotik und Sexualität in wechselseitiger Achtung in den verspannten Raum malte, zog sich das in verkrampfter Abwehr eingerichtete Gesicht des Fräulein Kachel zu offenem Abscheu zusammen, dass mir diese von Lebens- und Männerängsten gepeinigte lebensunfrohe Frau fast leidtat.

Immer klarer die Ausweglosigkeit, das kommende Ende und die Auswirkungen dieser „Diagnosegespräche" sehend, begann ich langsam die Situation zu kippen und problematisierte zunächst die absolutistische, von keiner Kontrollinstanz einsehbare Machtposition der Psychologin, die es ihr ermögliche, eine entscheidende Stellungnahme so zu formulieren, wie immer es ihr gefiele.

Die Explorationssituation völlig drehend thematisierte ich nun ihre tief verstörte Persönlichkeit und ihre von Lebens- und Menschenfurcht getriebenen, mehr oder minder latenten Macht- und Zerstörungswünsche. Fräulein Kachel schien die Zitrone im Hals stecken zu bleiben, während sie verzweifelt nach Luft schnappte.

Ich teilte ihr mit, dass ich davon ausginge, dass sie eine negative Stellungnahme schreiben würde, die Anstaltsleitung die Zusammenhänge jedoch erkennen würde und so souverän wäre, dennoch eine positive Beurteilung für meine Lockerung in den offenen Vollzug und die 2/3-Entlassung zu fixieren. Damit diktierte ich der Psychologin Kachel faktisch ihre negative Stellungnahme in die Feder, die sie letztlich, nur um vieles grotesker und haarsträubender, auch so formulierte. Am Ende brach sie das Gespräch mitten in meinem letzten Satz ab.

Nachdem das psychologische „Gutachten" der Psychologin Kachel geschrieben war, wurde eine Konferenz mit der entscheidenden stellvertretenden Anstaltsleiterin Preter einberufen, von der ich ausgeschlossen war, und auf der das Fräulein Kachel ihre „Exploration" vortrug. Die stellvertretende Anstaltsleiterin nahm die Beurteilung wider naiven Erwartens an und verweigerte mir aufgrund der psychologischen Stellungnahme den Urlaub und die Verlegung in den offenen Vollzug.

Ich ließ vom Anwalt die mir verweigerten Kopien des Konferenzbeschlusses und des psychologischen Gutachtens einfordern, und führte ein anderthalbstündiges Gespräch mit dem Anstaltsleiter, in dem er mir gegenüber versicherte, er würde mich, im Gegensatz zur Psychologin Kachel, als „ganz und gar nicht arrogant" empfinden, und er sähe bei mir „ebenso wenig die" – im psychologischen Gutachten behauptete – „Fluchtgefahr, wie die Notwendigkeit für therapeutische Gespräche", die das Fräulein Kachel in ihrer Beurteilung für ein Jahr gefordert hatte, bevor man mich erneut bewerten sollte. Er stellte fest, dass es augenscheinlich wäre, dass „die Psychologin und Sie sich ja offensichtlich überhaupt nicht verstanden und grün gewesen" wären. Dennoch hatte er nicht die Courage, die Konsequenz zu ziehen und den von der Schmähschrift der Dame Kachel bestimmten negativen Konferenzbeschluss außer Kraft zu setzen.

Nach einer heftigen Auseinandersetzung mit der stellvertretenden Anstaltsleiterin Preter erhielt ich von ihr eine ausschließlich auf dem psychologischen Gutachten der Psychologin Kachel basierende negative Bewertung zur vorzeitigen Freilassung, auf die sich infolge die über die 2/3-Entlassung entscheidende Strafvollstreckungskammer Wuppertal alleinig berief und meine 2/3-Entlassung ablehnte. Die Kammer stützte sich dabei ausschließlich auf das auch für jeden Laien erkennbare Verunglimpfungsgutachten und ließ die Bewertungen der Arbeits- und Vollzugsbeamten aus dem vielmonatlichen Vollzugsalltag völlig außer Acht, die mich einhellig als „zurückhaltend, freundlich, höflich, hilfsbereit und korrekt" beurteilt hatten.

Während der wenige Minuten währenden 2/3-Anhörung hätte ich auch gegen eine Mauer reden oder mich mit meiner Klobürste unterhalten können, da das Ergebnis von vorneherein feststand, wie auch die Anstaltsleitung wusste.

Der Anstaltsleiter verweigerte mir infolge ein Gespräch über eine weitere, sogenannte Vollzugsplanung mit dem Hinweis, „Ich kann für Sie keine Perspektive entwickeln, für die es sich lohnen würde ‚bei der Stange zu bleiben', statt sich über Vollzugslockerungen der Strafverbüßung zu entziehen, die Sie seit Erreichen des 2/3-Zeitpunktes für völlig ungerechtfertigt halten." (Schriftliche Eröffnung Anstaltsleiter)

Die Anstaltsleitung formulierte hiermit in zynischer Machtarroganz, dass man mir jede Lockerung, Perspektive, Aussicht auf Freiheit und sogar Ansprechpartner verwehren und mich auf Jahre über den 2/3-Entlassungszeitpunkt hinaus einmauern würde, da ich die von Seiten der Anstalt gegen jede Wahrheit, Gerechtigkeit und Folgerichtigkeit zerstörte 2/3-Entlassung nicht als gerechtfertigt ansehen würde. Somit folgte eine Ungerechtigkeit aus der vorausgegangenen und deckte und rechtfertigte sie; ein Kausalitätszug, der sich verselbstständigte und mich in seiner Eigendynamik, die kein

Verantwortlicher zu durchbrechen die Courage hatte, auf ein Abstellgleis schob, auf dem ich auf Jahre, ohne Freiheitsaussicht, festgeklemmt war.

Natürlich hätte ich wissen müssen, dass die drei ausschlaggebenden Entscheidungsträger – Anstaltsleiter, Stellvertretende Anstaltsleiterin, Psychologin – sich gerade im Zweifelsfall gegen einen Gefangenen gegenseitig decken und zu einer einzigen gemeinsamen Abwehrmauer verdichten würden, so sehr sie auch im Einzelnen entgegengesetzter Meinung sein mochten, wie mir der Anstaltsleiter ja offen demonstriert hatte. Um das System im Gesamten zu schützen, mussten Wahrheit und Wahrhaftigkeit dann eben gebrochen werden.

Ich war mit meinem Anwalt beim Vollzugsamt gegen die Lockerungsverweigerung in die Beschwerde gegangen und begann Fachliteratur zur Praxis der Kriminalprognose zu studieren und die Erkenntnisse in die Beschwerde einzubringen.

Auch nach den minimalsten Maßstäben der Praxis der Kriminalprognose erfüllte das Gutachten des Fräulein Kachel weder die grundsätzlichen Voraussetzungen noch eines der vorgegebenen Kriterien eines prognostischen Gutachtens, sondern trug alle Züge eines „emotionalisierten Verunglimpfungsgutachtens", dessen unappetitliche Einzelheiten ich dem geneigten Leser hier ersparen möchte.

Obwohl die Gutachterin Kachel die Frage, warum sie in ihrem Gutachten weder die Voraussetzungen noch die Kriterien eines psychologischen Diagnosegutachtens erfüllte, in einer sie selbst entlarvenden Weise beantwortete, konnte sie mich dennoch, aus niederen Motiven, mit einem solchen Verunglimpfungsgutachten auf Jahre, gegen alle Wahrheit und Gerechtigkeit, in Gefangenschaft halten. Die Gutachterin in ihrer unangreifbaren Allmachtposition selbst wurde nicht zur Verantwortung gezogen und konnte weiterhin unbehelligt die Psychologie und ihre Funktionalisierung, als Diagnostikerin, missbrauchen, weil man ihr im Gefängnis unverantwortlicherweise einen unkontrollierten Freiraum gegeben hatte, in dem sie marodierend ihre Verstörungen ausleben konnte.

Umgekehrt wird eine solche Gutachterin wirklich lockerungsungeeignete Gefangene in ihrer Gefahr ebenso wenig erkennen und sie verantwortungslos in die Lockerung und Freiheit entlassen, solange sie sich ihr nur in heuchlerischer Verstellung unterwerfen, ihren leicht durchschaubaren Erwartungen nachkommen und ihr verwüstetes Ego hofieren.

Das Problem bei psychologischen Begutachtungen ist: Die einzelne Gewichtung und das Wechselspiel von natürlicher Veranlagung, sozialen Einflüssen und dem Ermessensspielraum des individuellen Willens sind viel zu vielschichtig, um Ursachen für Delinquenz klar benennen, bewerten und bearbeiten zu können. Dementsprechend schwer lassen sich die Wirkungen von absolvierten Therapien auf den Gefangenen beurteilen. Das lässt die Gutachter im Nebel stochern, und wenn sie noch von schweren eigenen Persönlichkeitsstörungen, von Aversion und Hass, getrieben zu werden scheinen, wie meine psychologische Gutachterin, wird das ganze zum Desaster.

Der Gefangene, der der Maschinerie Gefängnis ohnehin total ausgeliefert ist, findet sich bei seiner „Begutachtung" gleich zwischen mehrere unentrinnbare Mühlsteine gequetscht: Zum einen ist er auf Gedeih und Verderb einem einzigen „Sachverständigen"-Individuum, mit seinen ganz eigenen Stärken, Schwächen, Vorlieben, Aversionen und möglicherweise Verstörungen ausgeliefert. Zum anderen ist er dem Nebel einer als Wissenschaft daherkommenden Spekulation ausgesetzt, gegen die er sich nicht wehren kann. Darüber hinaus wird er fast immer (Ich war da mit Sicherheit eine naive Ausnahme) versuchen, der Erwartungshaltung seines Gutachters bezüglich einer positiven Prognose zu entsprechen und sich demgemäß unterwerfen und verstellen. Der Gefangene wird sich im Vollzug wie bei Therapie- und abschließenden Begutachtungsgesprächen immer mit einer neutralen, unauffälligen Maske zu bewegen versuchen, in dem Wissen, dass jedes Verhalten gegen ihn ausgelegt werden kann: Sagt er z. B., dass er nicht oft an seine Straftat denke, wird ihm vorgeworfen, er verdränge seine Tat und habe sich nicht ausreichend mit ihr und seiner Schuld auseinandergesetzt – Lockerung abgelehnt. Sagt er, er denke täglich an seine Tat, wird ihm vorgeworfen, er hätte sie und seine Ursachen noch nicht ausreichend bearbeitet – Lockerung abgelehnt. Die Sache ist, dass man bei solch einer unscharfen Spekulationswissenschaft wie der Psychologie immer etwas findet, wenn man denn will.

Ein über 30 Mal vorbestrafter Mitgefangener, der von meinem Kampf gegen die Psychologin Kachel und die Anstaltsleitung gehört hatte, sprach mich einmal in der Freistunde an.

„Sach ma, Zorro, warum macht es sich ein cleverer Bursche wie du so schwer? Ich hab' bei der Vogelscheuche (Psychologin Kachel) 'n bisschen geschleimt und ihr gesagt, was sie hören wollte. Das gleiche bei der Preter (Die stellvertretende Anstaltsleiterin) und schon hatt` ich meine positive Prognose und geh in` Urlaub. Meinst du, die glauben deswegen wirklich ich hör' mit der Shore (Heroin) und den Brüchen auf?! – Du dagegen bist wahrscheinlich der Einzige hier, der nicht wieder einfährt. – Das ist doch alles Scheiße, Alter!"

Ich versuchte nochmals mit der stellvertretenden Anstaltsleiterin zu sprechen. Als ich das Gutachten in bedachter Weise problematisierte, stellte sie sich mit dem schlichten Satz vor die Dame Kachel, dass meine kritische Einstellung und meine Beschwerde die Einschätzung meiner Persönlichkeit durch die Gutachterin nur bestätigen würde und es keine Gesprächsbasis und Perspektive für mich gäbe.

Während ich auf das Ergebnis der Beschwerde wartete, bemühte ich mich um psychologische Einzelgespräche, um mich für kommende Vollzugsentscheidungen abzusichern. Ich führte aus diesem Anlass mit mehreren Psychologen Informationsgespräche. Der Leiter des psychologischen Dienstes war in unserer ersten Unterhaltung psychologischen Einzelgesprächen mit mir nicht abgeneigt. Dieser Oberpsychologe der Anstalt war ein gemütliches Schwergewicht, immer unrasiert und in ausgelatschten Birkenstock-Sandalen herumschlurfend, der in seinen Diagnosen bekanntermaßen jedem eine erste faire Chance gab. Im zweiten Gespräch war dieser Oberdruide völlig verwandelt. Er verhielt sich distanziert und nervös und beteuerte plötzlich, dass er Einzelgespräche nur in Verbindung mit Gruppengesprächen führen würde, wohl wissend, dass ich gleich eingangs unserer ersten Unterhaltung Gruppengespräche grundsätzlich abgelehnt hatte (Ich hatte kein Interesse, mich mit Kinderschändern und sadistischen Frauenmördern zu einer Palaverrunde in einen Kreis zu setzen).

„Erst bei drei Personen fängt die Wahrheit an", baute der Oberpsychologe seine Abwehrstrategie auf.

„Genau", lächelte ich ihn an, „damit bestätigen sie mich und führen die hier in dieser Anstalt stattfindenden Diagnosegespräche mit nur einem einzigen Psychologen ad absurdum."

Der Seelenforscher schien die Fassung zu verlieren. Er stand wortlos auf, wühlte gehetzt und entnervt in seinen Papieren auf dem Schreibtisch und begann mich, mir den Rücken zugewandt, langsam hinauszukomplimentieren, indem er mir empfahl, mich mit einem anderen Psychologen der Anstalt auseinanderzusetzen.

Meine Anklage besteht darin, dass die verantwortlichen Entscheider im Strafvollzugssystem, denen der Gefangene auf Gedeih und Verderb ausgeliefert ist, unkontrollierte Einzelindividuen sind. Naturgemäß können diese „(un)heimlichen Richter", wie sie der Buchtitel eines bekannten deutschen Gutachters bezeichnet, nicht objektiv sein. Ihre unkontrollierte Allmacht und Unantastbarkeit bergen immer die Gefahr, dass sie sich von Sympathien/Antipathien, von selbstgefälligen Eitelkeiten oder gar Größenwahn leiten lassen, wenn sie nicht schlicht unfähig, gefährlich gestört oder gar komplett geisteskrank sind. (Welche Verbrechen unter den Kutten von Geistlichen und Pädagogen stattfinden, die ihre unkontrollierte Fürsorge- und Verantwortungspflicht missbrauchen, dringt selten genug ans Licht, was an Vergehen gegen die Fürsorge- und Verantwortungspflicht hinter den dunklen Gemäuern der Knäste stattfindet, bleibt gewöhnlich auch immer dort). Wo keine Kontrolle ist herrscht Willkür. Unschuldige Menschen werden für Jahre einer zerstörerischen Haft ausgesetzt oder in der zerstörerischen Gefangenschaft geschlossener Psychiatrien lebendig begraben. Gefährliche Gefangene, die die anfälligen Egos der Entscheider zu umgarnen vermögen, werden viel zu früh in die Freiheit entlassen, während aufrechte Gefangene gegen jede Wahrheit und Notwendigkeit Ewigkeiten über die Zeit in Knastgefangenschaft gehalten werden.

Man sollte jedem Gutachten, sei es psychologischer, anthropologischer oder den physischen Gesundheitszustand betreffender Natur sein, zur Kontrolle mindestens ein zweites unabhängiges Gutachten zur Seite bzw. gegenüberstellen. Und man sollte die allmächtigen Entscheider regelmäßig auf ihre fachliche Kompetenz und geistige Zurechnungsfähigkeit hin begutachten. Dann würden bedeutend weniger haarsträubende und kriminell gefährliche Fehlentscheidungen getroffen werden, die ganz Menschenleben zerstören, wie nicht nur das folgende Beispiel eines meiner Gutachter belegt:

Auf einem Videokamerabild von einem zweimaligen Volksbank-Überfall, dessen ich angeklagt war, war die Zorromaske des Täters ein wenig verrutscht, und man konnte einen winzigen Teil des Gesichts und damit möglicherweise anthropologische Merkmale erkennen. So hatte man mich im Gießener Knast zwecks eines anthropologischen Gesichtsgutachten, angeleitet von dem bekannten Gesichtsanthropologen Dr. Schaff, aus allen möglichen Perspektiven photographiert.

Im Gießener Prozess hatte nun der Humanbiologe Dr. Schaff seinen Auftritt. Dieser forsche, braungebrannte, vor pfauenhafter Selbstgefälligkeit strotzende junge Gutachter schien geradezu überzuquellen vor positiver Energie und innovativem Aktionismus. Nachdem er, Beifall heischend und mit einem selbstverliebten Blitzen in den stahlgrauen Augen, längere und nicht nachvollziehbare Ausführungen in den Gerichtssaal geschleudert hatte, trompetete er triumphierend, dass ich mit „hoher Wahrscheinlichkeit" der Täter sei. „So habe sich bei einem Vergleich mit Aufnahmen des Angeklagten, die von dem Sachverständigen selbst mit entsprechendem Blickwinkel und gleichen Lichtverhältnissen gefertigt worden sind, eine große Ähnlichkeit bei insgesamt 12 feststellbaren Merkmalen ergeben."

Der gemütliche, weißhaarige alte Fuchs von Richter, der sich die Ausführungen des Humanbiologen Schaff in aller Ruhe angehört hatte, während er in seinen Akten blätterte, sprach Schaff darauf an, dass „der Sachverständige Dr. Schaff bereits im Rahmen des Ermittlungsverfahrens gegen den Angeklagten im Juli 1994 von der Polizei kontaktiert worden und unter Vorlage einer Bildauswahl u. a. auch zu den Möglichkeiten der Erstellung eines anthropologischen Vergleichsgutachtens bezüglich des Überfalls auf die Volksbank vom 10. 6. '94 befragt worden (war). In seinem Antwortschreiben vom 10. 9. '94 erklärte er damals, kein Gutachten erstellen zu können, da auf dem ihm übersandten Lichtbildmaterial keine verwertbaren Merkmale zu erkennen seien." (Urteilsbegründung)

Der eingangs so dynamische und vor Selbstverliebtheit funkelnde junge Sachverständige schrumpfte sichtlich unter den Ausführungen des Richters. Der Richter fragte Schaff, warum er zu dem Zeitpunkt, als noch kein Bildmaterial von mir vorlag, auf dem Videokamerabildmaterial keine verwertbaren Merkmale erkennen konnte, er jedoch in dem Moment auf demselben Videokamerabildmaterial verwertbare Merkmale erkennen konnte, als nachträglich im Gefängnis aufgenommenes Bildmaterial von mir als dem angeklagten, vermeintlichen Täter vorlag.

Der Sachverständige Schaff blätterte hektisch in seinen Unterlagen, suchte nach Worten und konnte sich die für ihn doch etwas peinliche Situation nicht erklären. Er ward entlassen.

Auch im Kölner Prozess, in dem Schaff gehört wurde, wurde der Humanbiologie und Schwiegermuttertraum erwischt und von Gericht und Verteidigung abgekanzelt wie ein ertappter Schuljunge. Meine Anwälte hatten zusätzlich einen „Focus"-Artikel als Beweisantrag eingebracht, in dem ausführlich dargestellt wurde, wie Herr Dr. C. Schaff in einem Gerichtsverfahren den Halter eines Fahrzeugs anhand eines Blitzbildes einer Straßenüberwachungskamera der erheblichen Geschwindigkeitsüberschreitung „überführt" hatte.

Schaff hatte den Halter des Fahrzeugs mit „100%iger Sicherheit" anhand der „100%igen" Übereinstimmung" aller „17" auf dem Überwachungsfoto erkennbaren anthropologischen Merkmale als den Fahrer des Wagens, und damit als unentrinnbaren Täter identifiziert, bevor dessen 16 Jahre jüngerer Stiefsohn, der als nichtleiblicher Sohn natürlich auch keine genetische Ähnlichkeit aufweisen konnte, sich als Fahrer und Motiv des Überwachungsbildes offenbart hatte.

Es hatte für Schaff „in einer völlig zweifelsfreien Zone" gelegen, dass der 38-jährige Angeklagte und nicht sein 22-jähriger Stiefsohn der Fahrer des Fahrzeugs gewesen war.

„Dabei hätte gesunder Menschenverstand genügt, um zu erkennen, dass da ein junger Bursche abgebildet ist", hatte sich der angeklagte Fahrzeughalter gewundert. „Man muss wohl Spezialist sein, um Äpfel und Birnen nicht unterscheiden zu können."

„Ausdrücklich verteidigte (die in dem Verfahren zuständige) Richterin den vielgefragten – wenngleich umstrittenen – Gutachter Schaff, ‚dessen Vorgehensweise durch das Oberlandesgericht Frankfurt regelmäßig nicht beanstandet wird.'" (Zitat „Focus")

Im Jahre 2002 sollte ich im Remscheider Knast in der WDR-Reihe „Menschen hautnah" die Geschichte eines Mannes sehen, der 1991 in Nürnberg – aufgrund einer 100%igen wissenschaftlichen Identifikation durch den Sachverständigen Dr. C. Schaff – wegen Bankraubs mit Geiselnahme zu 8 Jahren Haft verurteilt worden war. Nachdem der Mann 8 Jahre unschuldig in der Zelle gesessen hatte (Er wurde nicht vorzeitig entlassen, da er nicht gestand, was er nicht getan hatte), stellte sich erst nach seiner Freilassung heraus, dass er nicht der Täter gewesen war.

Eine ähnliche Situation wie mit dem Gutachter Schaff erlebte ich in meinem Verfahren mit dem Gutachter Schalmer: Das Kölner Gericht, das sich in Beweisnot sah, beschloss ein weiteres Größengutachten einzuholen, und zwar durch den Sachverständigen Professor Dr. Schalmer, der Professor für experimentelle Rechtsmedizin an der Uni Bonn war. Schalmer betrieb außerdem ein privates anthropologisches Institut, in dessen Rahmen er regelmäßig Gerichtsgutachten erstellte. Prof. Dr. Schalmer hatte ein kompliziertes Computersimulationsverfahren entwickelt, für das er einerseits die überfallenen Banken aufsuchte und dort seine aufwendige Simulation durchführte. Andererseits mussten erneut Aufnahmen von mir mit Foto- und Videokamera aufgenommen werden. Was im zentralen Kölner Polizeipräsidium unter strenger Bewachung durchgeführt wurde.

Zum Ende des Jahres 1997 hatte der Sachverständige Schalmer sein von der Kammer sehnlichst erwartetes Größengutachten abgeschlossen. Er schickte es dem Gericht, meinen Anwälten und mir zu. Gleich zu Beginn des neuen Jahres 1998 trug Prof. Dr. Schalmer das umfangreiche Gutachten vor und versuchte es zu erläutern. Er tat es stockend, hölzern, sich im Reich der Worte sichtlich unwohl fühlend, die mit seinem verkomplizierenden Übereifer nicht Schritt halten konnten. Richter Schalter und seine beiden beisitzenden Richter versuchten den Ausführungen zu folgen, während die vier Amateurrichter schon nach den ersten Sätzen das Handtuch warfen und sich desorientiert im Gerichtssaal umschauten. Mein Staatsanwalt drehte sich immer mal wieder mit der Belustigung zu dem Gutachter an seiner Seite um, mit der ein Fachidiot einen anderen Fachidioten so wenig verstehen kann, wie er ihn verstehen will.

Meinen vom Fokus seines Siegeswillens offensichtlich geblendeten Vorsitzenden Richter Schalter schienen die Ausführungen des Prof. Dr. Schalmer, der mich anhand seiner komplizierten Computersimulation überführt sah, zu überzeugen. Er nickte befriedigt, während meine Verteidiger und ich amüsiert das Schalmersche Gestotter verfolgten. Wir hatten in der Analyse des ausführlichen schriftlichen Textes erkannt, dass das gesamte Gutachten auf Sand, sprich auf Unbekannten aufgebaut war und die auf Annahmen fußenden „empirischen" Daten letztlich Scharlatanerie und problemlos zu zerpflücken waren.

Es folgte eine Meisterleistung des Kreuzverhörs durch meinen Anwalt Fuchs, der den Sachverständigen Schalmer behutsam ironisch durch sein Gutachtengebäude bis auf die Basisebene zu den Grundpfeilern führte, um vor unser aller Augen die gesamte Expertise über Schalmer langsam zusammenstürzen zu lassen. Schalmer stammelte auf die Fragen nach den Ausgangsdaten schlussendlich nur noch „Ich ging davon aus", „Ich habe angenommen", „Das war meine Annahme", sodass selbst der gelangweilte Staatsanwalt nur noch belustigt den Kopf schüttelte.

Der Richter unterstützte nun erwartungsgemäß die von den Anwälten aufgeworfenen Fragen, und als der nun gänzlich in sich zusammengesunkene Gutachter Professor Doktor Schalmer, der schon so viele Angeklagte mit seinem berauschenden Verfahren überführt hatte, aus dem Gerichtssaal schlich, war das Gutachten ein verbranntes Beweismittel.

Auch dieser Fall zeigt, wie gefährlich in all seinen Konsequenzen ein unkontrolliertes Gutachten sein kann. In den Gerichtsverfahren, in denen das Schalmersche Gutachten zu einer Verurteilung geführt hatte, waren die verteidigenden Anwälte (und auch die Angeklagten) offensichtlich nicht in der Lage, die analytische Sorgfalt und Akribie aufzuwenden, um die Scharlatanerie des Schalmerschen Verfahrens entlarven zu können. Ich hatte bei meinem einmaligen Rendezvous mit der deutschen Justiz das Pech (wie das Glück), gleich mehreren gefährlich unfähigen Gutachtern ausgeliefert zu sein. Doch auch verantwortungsvolle, sorgfältig bemühte Gutachter, die hoffentlich in der Überzahl sind, sind nur Menschen, die Fehler machen können. Der gutachterlichen Entscheidungsmacht sollte grundsätzlich ein kontrollierendes Korrektiv zur Seite gestellt werden.

Das würde natürlich auch nur zu einer Chancenverbesserung führen, womit aber schon viel erreicht wäre. Bei der ganzen Begutachtung geht es immer nur um einen Wahrscheinlichkeitswert, wobei dem Rechtsprinzip der Verhältnismäßigkeit zu folgen ist. Wenn ein Delinquent zu 95 % als rückfallresistent gilt, so wird er aus der Haft entlassen werden, da das Verhältnismäßigkeitsprinzip zu gelten hat und es keine 100%ige Sicherheit geben kann. Wird der Entlassene doch wieder straffällig, kann sich auch der Gutachter auf die herausgestellten 5 % berufen. Natürlich ist das nicht befriedigend, doch wenn man dem Verhältnismäßigkeitsgebot nicht folgt und sich auf ein einziges vages Verunglimpfungsgutachten beziehen kann, kommt es nicht nur zu Fällen wie meinem, sondern werden noch skandalösere Fehlentscheidungen wie im Fall des Gustl Mollath möglich, der entrechtet und völlig ungerechtfertigt für 7 ½ Jahre in der geschlossenen Psychiatrie verschwand.

Gerade bei psychologischen Gutachten ist der persönliche Ermessensspielraum so grenzenlos wie unüberprüfbar. Das zeigt sich auch daran, dass in den Fällen in denen zwei Gutachten von zwei voneinander unabhängigen Sachverständigen eingeholt wurden, jene manchmal zu völlig entgegengesetzten Ergebnissen kamen, sodass ein drittes Gutachten eingefordert werden musste, welches wiederum zu einem nochmals anderen Ergebnis kam („Drei Gutachter, vier Meinungen"). Häufig also ein Lotteriespiel, wie auch ein erfahrener deutscher Gefängnisdirektor feststellte, der formulierte, dass „die wissenschaftliche Forschung zur Aussagekraft der Gefährlichkeitsprognosen (...) darauf hindeuten, dass oft eine höhere Trefferquote erzielt werden könnte, wenn einfach eine Münze geworfen würde." (Thomas Galli, Die Schwere der Schuld) Der bekannte Kriminalprognostiker, Professor Rudolf Egg, erklärt dazu, dass die Wettervorhersage mehr Wahrscheinlichkeit aufweist als eine Kriminalprognose.

Warum wird dieses ganze im ehrwürdigen Mantel der Wissenschaftlichkeit daherkommende absurde Theater des Gutachterwesens der Gesellschaft als seriös verkauft? Zum einen hat der Staat ein Interesse an der Gutachterindustrie, da die Justiz sich in schwierigen Entscheidungen auf die Sachverständigenbewertung berufen und ihre Hände in Unschuld waschen kann, wenn sich eine Prognose letztlich als falsch erweist. Andererseits – wir leben in einer kapitalistischen Verwertungsgesellschaft und der Rubel muss rollen – hat sich mit der Gutachterindustrie ein lukrativer Geschäftszweig entwickelt, der dem Sachverständigenheer goldene Pfründe garantiert (Ein einziges Gutachten bringt dem „Sachverständigen" Tausende von Euro ein. Das Schalmersche Gutachten in meinem Verfahren kostete 20.000 DM, die man mir, obwohl wir es als unwissenschaftliche Scharlatanerie entlarvt hatten, nach Abschluss des Prozesses in Rechnung stellte). Der Öffentlichkeit wiederum wird mit der Flut an fragwürdigen Therapievorgaben im Knast und den abschließenden Gutachterbewertungen eine Scheinsicherheit vorgegaukelt, die regelmäßig entlarvt wird, wenn ein angeblich erfolgreich therapierter vormaliger Straftäter im gleichen Segment wieder straffällig wird.

Gerade in der Kriminalitätssparte, die Experten und Öffentlichkeit besonders beschäftigt, bin ich äußerst skeptisch. Zum einen glaube ich (Wie auch so mancher Gutachter, dem natürlich genauso viele andere Gutachter wiedersprechen werden), dass im Bereich der menschenzerstörerischen Schwerkriminalität eine mörderisch sadistische Sexualität oder eine Pädosexualität (ausgelebte Pädophilie) ebenso wenig therapierbar und auflösbar sind wie eine Heterosexualität oder eine Homosexualität. Zum anderen, wie soll ein allgemeiner Gewalttäter, ein Pädosexueller oder ein chronischer Vergewaltiger mittels unfreiwilliger Therapie zu einem befriedeten Selbstverständnis und einer einvernehmlichen Erwachsenensexualität gerade im repressiven Lebensraum Knast hingeführt werden, in dem er einer höchst ungesunden Mischung aus Sexualitätsunterdrückung, Homophobie, Knastschwulsein und sexueller und täglicher allgemeiner Gewalt ausgesetzt ist?!

Ich hatte einen Psychologen gefunden. Der Psychologe Besser schien wach, intelligent und aufgeschlossen zu sein und war mir vom ersten Moment an sympathisch gewesen. Er bereitete mich auf eine Wartezeit von mindestens einem Jahr vor, bevor die Gespräche beginnen konnten.

Zur Erläuterung: Man unterscheidet im Strafvollzug zwischen Therapiegesprächen und Explorationsgesprächen, zu denen sich Strafgefangene und Psychologen jeweils zu Vieraugengesprächen treffen. Bei den Therapiegesprächen soll die verurteilte Straftat aufgearbeitet werden, wobei eine Schweigepflicht des Therapeuten vorherrscht (solange ihm keine geplanten Straftaten anvertraut werden), sodass der Gefangene sich unbelastet öffnen kann. Bei den Explorationsgesprächen (mit einem anderen Psychologen) hingegen wird festgestellt ob der Gefangene seine Tat(en) aufgearbeitet hat und wie groß die Gefahr ist, dass er wieder straffällig wird. Hier gibt es keine Schweigepflicht des Psychologen – im

Gegenteil, alle Äußerungen des Gefangenen werden für die zu erstellende Kriminalprognose verwertet.

Ich wartete auf das Ergebnis meiner Beschwerde und hatte zudem eine Beschwerde an den Kontrollausschuss für die nordrhein-westfälischen Gefängnisse im Düsseldorfer Landtag geschrieben, die an den Petitionsausschuss weitergeleitet wurde.

Die Monate vergingen. Ich arbeitete in meinem Gefängnisjob als Kammerarbeiter, machte Sport, schrieb – immer in erstickender Spannung unterdrückter unbändiger Wut.

Der Gefangene, der in eine Beschwerde gegen die Anstalt geht, muss sich damit zunächst an das Vollzugsamt wenden. Erst nach dem Erhalt des gewöhnlich negativen Bescheids kann er in den rechtlichen Beschwerdegang gehen. Da das Vollzugsamt, obwohl als Kontrollinstanz gedacht, in Absprache mit den Anstalten, fast immer gegen den Gefangenen entscheidet und die Entscheidung der Anstalt bestätigt, ist diese langmonatige Wartezeit auf die Negativentscheidung des Vollzugsamtes praktisch ein Zustand der Rechtlosigkeit, in dem dem Gefangenen die Hände gebunden sind und er noch mehr Zeit verliert.

Da ich nach einem halben Jahr, bis zum Jahresbeginn 2002, immer noch keine Entscheidung vom Vollzugsamt erhalten hatte und mittlerweile ein Jahr seit der Lockerungsverweigerung vergangen war, beantragte ich eine erneute Lockerungsprüfung, über die in einer wenige Minuten während Konferenz – in meiner Abwesenheit – entschieden wurde („Dauer der Konferenz: 10 Minuten" laut Protokoll).

Die stellvertretende Anstaltsleiterin Preter hatte sich, wie mir der Sozialarbeiter vertraulich mitteilte, vor der Konferenz telefonisch von der Vorsitzenden des Vollzugsamtes, die niemand anderes war als die vormalige, für mich zuständige stellvertretende Anstaltsleiterin der JVA Köln, mit der ich in Köln einen mehrjährigen Kampf als Gefangenensprecher geführt hatte, die Bestätigung eines negativen Beschwerdebescheids eingeholt. Darauf lehnte sie eine Vollzugslockerung, ein Jahr nach der ersten Ablehnung, mit der folgenden Begründung wieder ab:

„Der Gefangene hat sich gegen die negative Vollzugsentscheidung wiederholt beschwert … Gründe, die es rechtfertigen könnten den psychologischen Dienst erneut zu beteiligen, sind nicht erkennbar. An den äußeren Bedingungen hat sich nichts geändert. Hiesige (therapeutische) Behandlungsangebote nimmt der Gefangene nicht wahr. Erneute Wiedervorlage in einem Jahr."

Dass die Wahrnehmung des Rechts auf Beschwerde gegen negative Vollzugsentscheidungen unverblümt als Begründung einer erneuten negativen Vollzugsentscheidung herangezogen wird, spricht für den Geist und den Charakter dieser Anstalt und seiner Protagonisten. Was den anderen Ablehnungsgrund anbetraf – ich würde die hiesigen Behandlungsangebote nicht wahrnehmen – hatte ich mich bereits acht Monate zuvor, sofort nach der von der Anstalt bewirkten Ablehnung der 2/3-Entlassung, wohlweislich um die Führung psychologischer Gespräche bemüht und auf die Warteliste setzen lassen. Dass ein Gefangener mindestens ein

Jahr warten muss, bevor ein Psychologe frei wird, ist nicht zynischerweise dem Gefangenen zur Last zu legen, sondern der unzulänglichen Organisation der Anstalt.

Mein Anwalt hatte bei der Vollzugsamtsvorsitzenden Lüdenscheid die längst bekannte schriftliche Negativentscheidung über meine Beschwerde bis zum 17. 1. 2002 angemahnt. Am 17. 1. 2002 rief die Juristin Lüdenscheid bei meinem Anwalt an, mit der Zusicherung, noch am gleichen Tag den negativen Bescheid zu übersenden, auf den ich dringend wartete, um endlich in den rechtlichen Beschwerdegang gehen zu können. Um in diesen Beschwerdegang zu gehen, reichte es nicht von der Entscheidung zu wissen, sondern er muss dem Gefangenen schriftlich vorliegen. Andererseits reichte der Anstalt das Wissen um eine Negativentscheidung, um selbst einmauernde Negativentscheidungen zu treffen, zumal wenn die Kontrollinstanz eine ehemalige stellvertretende Anstaltsleiterin und damit eine vormalige Kollegin ist, mit der man sich unter der Hand austauscht, wie hier geschehen. – Die Wochen und Monate vergingen, ohne dass uns ein Bescheid erreichte.

Im Februar 2002 kam der Petitionsausschuss des Landtages in die Anstalt. Man ließ mich unverblümt widerrechtlich und gegen alle meine Proteste nicht vor, sondern schloss mich in meiner Zelle ein. Ich wurde auch nicht vom Petitionsausschuss abgerufen, dem mein Fall hätte bekannt sein müssen. Wie mir Mitgefangene am nächsten Tag erzählten, hatte sich der Ausschuss geduldig Beschwerden von Gefangenen angehört, die einen zusätzlichen Blumentopf auf ihrer Zelle wünschten, oder eine besondere Kondommarke, die es im offiziellen Gefängniseinkauf nicht zu erstehen gab.

Ich hatte seit Monaten auf diesen Ausschuss gewartet, in der Hoffnung, die Situation im Angesicht und in der offenen Auseinandersetzung mit dem mich hier einmauernden Dreigestirn – Anstaltsleiter, Psychologin, stellv. Anstaltsleiterin – erläutern zu können, das zu feige war, sich mir einzeln oder gemeinsam zu stellen, und von dem die Dame Kachel mittlerweile weggebrochen war, da sie sich sicherheitshalber in die JVA Rheinbach hatte versetzen lassen.

Die stellv. Anstaltsleiterin Preter, die im März 2002 die Anstalt verließ, um an anderer Stelle ihre Karriere fortzusetzen, empfing mich am letzten Tag vor ihrem Weggang zu dem Gespräch, um das ich sie seit Monaten ersucht hatte.

Das Gespräch wurde ein Monolog meinerseits. Ich erklärte der Dame Preter, wie ich den Geist und Charakter dieser Anstalt und sie sehen würde:

„Sie unterstützen und belohnen Heuchelei, Unterwürfigkeit und Denunziation, sind jedoch nicht in der Lage, sich offen mit einem kritischen Gefangenen auseinanderzusetzen, der sich diesem Geist widersetzt, und den Sie darob, aus niederen Revanche- und Disziplinierungsgelüsten, über unsachgemäße und vernichtend negative Vollzugsentscheidungen, über alle Zeit und gegen jede Wahrheit und Gerechtigkeit, einmauern. Andererseits entlassen Sie Gefangene vorzeitig in die Freiheit, deren Lockerungsqualifizierung einzig darin besteht, den Unterwerfungserwartungen der Schließerschaft und Anstaltsleitung hinterherzukriechen und sich für Spitzeldienste anzudienen. Damit verstoßen Sie gegen Ihre Sorgfaltspflicht sowie gegen die elementarsten Prognoseprinzipien, was sich auch darin äußert, dass viele dieser vorzeitig entlassenen Gefangenen, besonders bei Sexualstraftätern, Betrügern und Junkies auffällig, bald wieder rückfällig werden und in Ihre empfänglichen Arme zurückkehren."

Das Gesicht der Dame Prater verfinsterte sich während meiner Ausführungen kontinuierlich. Sie presste zwischenzeitlich immer mal wieder ein lahmes „Das sehen Sie so"/ „Das ist Ihre Sicht" heraus, sodass ich enttäuscht war, nicht einmal einen Gegner vor mir zu haben, der sich einer offenen Auseinandersetzung stellte. Am Ende kam nur noch das von allen kontrollierenden Mächten so gern verwandte wie lächerlich bedrohliche „Wir werden ein Auge auf Sie werfen", worauf ich lächelte:

„Endlich sind wir einmal in der gleichen Lage. Ich habe ein Auge auf den Arsch von Emmanuelle Béart geworfen und werde ihn auch nicht bekommen."

Weit über ein Jahr nachdem ich sie angefragt hatte, begann ich mit den Therapiegesprächen. Der Psychologe Besser, ein schlaksiger, freundlicher Mann von Anfang fünfzig, war souverän, friedlich, von einem lebensbejahenden Humor und selbstironischer, kritischer Offenheit, der sich bei all den menschlichen Abgründen, all dem Elend und Grauen, dem er sich täglich aussetzen musste, eine kindlich unschuldige Lebensfreude bewahrt hatte. Er war von fachlicher Kompetenz, die sich über einen scharfen Verstand, differenziertes

Wissen und eine sensible Zurückgenommenheit ausdrückte.

Nach meiner Entlassung trafen der Psychologe Besser und ich uns manchmal zufällig in der Kölner Stadtbibliothek. Wir setzten uns dann auf einen Cappuccino ins Bibliothekscafé und plauderten für eine Weile wie alte Bekannte, die sich lange nicht mehr gesehen hatten.

Es lag nur in der Logik und Dynamik meiner ganzen Situation, dass die Vorsitzende des Vollzugsamtes, die ja bereits Anfang des Jahres 2002 der stellv. Anstaltsleiterin Preter den negativen Bescheid bestätigt hatte, die für den rechtlichen Vorgang notwendige schriftliche Aushändigung noch auf Monate verschleppte. Eine erneute Mahnung blieb ohne Antwort. Erst nachdem ich mit meinem Anwalt Beschwerde wegen Verschleppung beim Landgericht Köln eingereicht hatte, erhielt ich unter diesem Druck den schriftlichen Negativbescheid am 30. 7. 2002, weit über ein Jahr nach Beschwerdeeingabe und weit über ein halbes Jahr nachdem die negative Entscheidung bereits der Anstalt mitgeteilt worden war, zudem über ein halbes Jahr nachdem Fräulein Lüdenscheid meinem Anwalt versichert hatte, den Bescheid sofort zu übersenden. In dem Bescheid wurde in nichts auf meine Ausführungen eingegangen, sondern der Widerspruch nur formal, ohne jedwede Erläuterung, in einem Satz abgelehnt.

Im Nachhinein weiß ich, dass meine Hoffnung auf eine faire, unabhängige Behandlung so blauäugig war, wie ich es bin. Was nichts daran ändert, dass das Verhalten der eigentlichen Kontrollinstanzen (Vollzugamt/Petitionsausschuss) skandalös und für mich vorher nicht vorstellbar war. Es war eine Situation, wie ich sie mir in einem totalitären System vorstellte, in dem eine staatliche Kontrollinstanz, die offiziell für Beschwerden gegen Mängel, Ungerechtigkeit und Machtmissbrauch einer anderen staatlichen Organisation zuständig ist, diese Beschwerden und Hilferufe mit der beanstandeten Behörde klüngelhaft verhandelt und von vorneherein abschlägig bescheidet, worauf der Druck auf den ausgelieferten Beschwerdeführer noch erhöht wird; eine Kontrollinstanz, die nicht nur grundsätzlich die beanstandete Behörde in ihrer Entscheidung, und damit in ihrem Handeln gegen den Gefangenen bestätigt, sondern sie auch noch durch vielmonatige Verschleppung der Entscheidung unterstützt, während der Zeit der Beschwerdeführer rechtlich gelähmt ist und nicht die gerichtlichen Beschwerdeinstanzen anrufen kann.

Ich verstehe, dass ein Gefängnis ein demokratiefreier Raum ist und auch sein muss – und damit auch ein Tummelplatz defizitärer Entscheidungsträger, die im Gefängnis Macht gegenüber ihnen Ausgelieferten ungestört missbrauchen und ihre persönlichen Eitelkeiten pflegen können –, doch glaubte ich, dass, wenn dieser demokratiefreie Raum auch zu einem wahrheits- und rechtsfreien Raum wird, es, anders als in einem totalitären System, eine demokratische Kontrolle dieses Raumes gäbe.

Diese Annahme war eine naive Fehleinschätzung. Sieht man allerdings, dass all diese Entscheidungsträger all dieser staatlichen Einrichtungen hochdotierte, bis zum letzten Atemzug abgesicherte und gedeckte Staatsbeamte sind, die zudem zwischen den verschiedenen Institutionen wie Schmetterlinge hin und her wechseln, um im Gesamtapparat Staat Karriere zu machen, wird augenscheinlich wie naiv und lächerlich meine Hoffnung auf eine faire Behandlung war. Zumal man sich vorstellen kann, dass all diese Herrschaften – Richter, Staatsanwälte und Rechtsanwälte eingeschlossen – einmal als Studenten dieselben Kneipen und Betten frequentiert und sich alle gegenseitig begattet hatten.

Sehe ich diesen ganzen Rechtsraum insgesamt, so komme ich zu dem Ergebnis: Nirgends habe ich weniger Recht und Gerechtigkeit gesehen als dort, wo sie eigentlich zu Hause sein sollten.

Ich befand mich in einem schwelenden Zustand ohnmächtiger, tief unterdrückter Wut darüber, wie die zynische Machtarroganz dieser Anstalt mich hier über alle Zeit fesselte, während ich in Freiheit meine Liebste in Lissabon und mein eigentliches Leben verlor.

Zu sehen, wie vielfach Vorbestrafte noch vor dem Halbstrafenzeitpunkt in den Urlaub und offenen Vollzug, und bald vollständig in die Freiheit gingen (und ich sie als Kammergefangener auch noch abzufertigen hatte), während man mich aus jämmerlichen Macht- und Revanchegelüsten Jahre über den eigentlichen 2/3-Entlassungszeitpunkt vermauerte, verstärkte noch meine düstere hilflose Wut, ebenso wie meinen rebellischen Stolz.

„Sie haben sie herausgefordert und ihr ganzes System in Frage gestellt", sagte mir ein hochrangiger Anstaltsbeamter,

„und das auch noch in spöttischer Herablassung. Jetzt lassen sie Sie dafür bluten und am langen Arm verhungern. Mit solchen Entscheidungen werden normalerweise Abdreher geschaffen, aber bei Ihnen wissen die natürlich, dass Sie sich keine Blöße geben werden, so sehr sie eigentlich darauf lauern. Geben Sie sich wider Erwarten doch eine, haben sie es dann schon immer gewusst."

In dem Wissen, dass man mir als Gefangenem alles nehmen konnte, nur nicht meine Würde, hatte ich all die Jahre der Gefangenschaft zu leben und handeln versucht. Hier in der Remscheider Strafhaftanstalt, in diesem miefigen Sumpf aus klebriger Heuchelei, gegenseitiger Bespitzelung und Einforderung von Konformismus tat ich es umso bewusster und mit einem Ausdruck grenzenloser Verachtung im Gesicht. Wie sagte der sowjetische Dissident Kusnezow: „Das Gefängnis ist die Schule der Freiheitsliebe, sofern sie dich darin nicht zerbrechen oder dir den Geist des Konformismus einimpfen." (Kusnezow, „Archipel des Grauens")

Faktisch wurden in der Remscheider Anstalt die gerichtlichen Urteile aufgehoben und neu geschrieben. Mein urteilender Richter Prinz verkündete in der mündlichen Urteilsbegründung für das Strafmaß im Februar 1999, das er an einer 2/3-Entlassung orientiert hatte, wie sie bei einem sogenannten Ersttäter üblich ist: „Sie als Erstbestrafter werden ja auf jeden Fall die 2/3-Entlassung bekommen. Es sind also noch knapp zwei Jahre die Sie vor sich haben ..." – Erst über vier Jahre nach dieser Aussage öffneten sich für mich die Tore in die Freiheit.

Es findet im Gefängnis eine Neuschreibung der Gerichtsurteile statt, bei der sich die Anstalt häufig nicht an kriminologischen und vollzugstechnischen Kriterien orientiert, sondern am Maß der Willfährigkeit, Heuchelei und kritiklosen Unterwerfung unter die gefräßigen Egos der entscheidenden Beamtenschaft.

Im Remscheider Knast habe ich einige Beispiele erlebt, wie sich unterwürfig verstellende und oftmals vielfach vorbestrafte Berufsgefangene hier noch vor dem Halbstrafenzeitpunkt (noch bevor die Hälfte der Strafe abgegolten ist) in den offenen Vollzug geschickt wurden, wo sie zur 2/3-Strafe entlassen wurden.

Ich habe mich gefragt wie jene, die unter Verrat und Selbstaufgabe früher die Freiheit erlangen, in Freiheit leben können, da doch ein Leben ohne Selbstachtung ein Leben ohne Freiheitsliebe ist. Offensichtlich können die meisten jener Heuchler, Kriecher und Denunzianten die Freiheit gar nicht ertragen, denn fast alle kommen wieder ins Gefängnis zurück. Dort werden sie, wie in einen vertrauten Mutterschoß, wieder aufgenommen und im Verhältnis zu Neulingen auch noch bevorzugt behandelt, wobei sich häufig zwischen Berufskriminellen und Langzeitbeamten eine unausgesprochene, fast familiär freundschaftliche Beziehung entwickelt. Manche vielfach Vorbestrafte habe ich auf der Kammer mehrmals wieder empfangen und eingekleidet; Gefangene die in Freiheit waren und sie achtlos verwarfen, und deren eigentlicher Endstrafenzeitpunkt (der Zeitpunkt, an dem das vom Gericht ausgesprochene Strafmaß endet) hinter meinem lag.

3. Käfighaltung – Anstaltsarchitektur, Überbelegung und „Lärmghetto"

Die Gefangenschaft im Lissabonner Polizeigefängnis wie in jedem einzelnen deutschen Gefängnis, das ich erleben sollte, zeichnete logischerweise der Grundton der entmündigenden und entindividualisierenden Verkerkerung aus. Doch besaß jedes Gefängnis und jede Gefangenschaft, ob in Lissabon, Gießen, Köln, Hagen oder Remscheid, ihren ureigenen Geist und ihren ganz persönlichen Rhythmus. Einen nicht unwesentlichen Anteil daran hatte die Baulichkeit einer jeden Gefängnisanlage sowie der Grad der Überbelegung, die bei meiner Odyssee durch das Lissabonner Untersuchungsgefängnis und die vier verschiedenen deutschen Haftanstalten nicht unterschiedlicher hätten sein können.

„Das hier ist das Gefängnis der Policia Judiciaria, das Untersuchungsgefängnis der Kriminalpolizei", eröffnete mir der Sicherheitschef des Lissabonner Polizeigefängnisses nach meiner ersten Gefängnisnacht in einer überfüllten Wartezelle. „Sie werden heute in eine 26-Mann-Gemeinschaftszelle verlegt. Das Gefängnis ist leider überbelegt, statt 100 sind momentan mit über 200 Gefangenen mehr als doppelt so viele Häftlinge interniert als Raum vorgesehen ist." Die filterlose *Portuguese Suave* wippte unter seinem mächtigen Schnauzbart, während er sich hinter seinem gemütlichen Bierbauch zurücklehnte. „Nun, das sind Sachzwänge, das lässt sich leider nicht ändern." Sachzwänge, obwohl es doch gar nicht um Sachen ging, sondern um Menschen. Sogenannte Sachzwänge, für die niemand verantwortlich war, und die man auf diesem langen Gefängnisweg immer wieder wie eine Mauer vor mir aufstellte, mit der achselzuckenden Aufforderung, entweder sinnlos dagegen anzurennen oder sie zu akzeptieren.

Eine halbe Stunde später wurde ich mit Aide und Nando, mit denen ich, zusammengepfercht mit sieben anderen Gefangenen, zwei Tage und Nächte in einer 15-qm-Wartezelle verbracht hatte, in das neue Verlies gebracht, meiner Heimstatt für die nächsten Monate. Dicht umlagert stand ich mit meinen beiden Mitankömmlingen in einer 35 qm engen Massenzelle, die für 12 Gefangene angelegt war und in der sich 26 Gefangene drängten. Das zeigten auch die 12 Stühle an, die um die in der Mitte der Zelle aneinandergestellten 3 brüchigen Tische gerückt waren. Fugenlos drängten sich zu zwei Seiten fünf dreistöckige, roheiserne Pritschengestelle bis zur Fensterfront an die Wand. In die Außenwand waren drei kleine, mit groben Eisengittern bewehrte, quadratische Fenster gefasst. Vor den Gitterfenstern erstreckten sich drei schmale Gänge, die Raum für die drei, zwischen die Fenster längs in den Raum gestellten Pritschentürme ließen. Das äußerste dreistöckige Pritschengestell war längs an eine dünne Sperrholztrennwand gestellt, die zur Hälfte in die Zelle ragte und einen schmalen, halboffenen Raum dahinter abtrennte.

In dieser schmalen Ecke befand sich an der Wand, von einem schimmeligen Plastikvorhang abgetrennt, ein offenes Toilettenloch; schräg darüber ein verrostetes Duschrohr mit Wasserablauf in den Toilettenschlund. Darüber ein kleines Gitterfenster. Vor der Toilettenecke zog sich ein hüfthohes Bord die Wand entlang, in das zwei Spülbecken mit Wasserhähnen eingefasst waren. Der übrige Teil des Bordes war Abstellraum für die Essensbottiche und Getränkekannen. In der Ecke stand eine kleine einteilige, rostige Elektrokochplatte. Unter dem Bord waren Eimer und Putzzeug abgestellt. Darüber hingen, wie im ganzen vorderen Drittel der Zelle, in mehreren Ebenen zum Trocknen aufgehängte Wäschestücke an unter die Decke gespannten Seilen. An das offene Kopfende der Trennwand gelehnt stand eine Straßenmülltonne mit überquellenden, stinkenden Abfällen darum herum. Schräg darüber hing an der Decke ein laut scheppernder Fernsehapparat. In der Mitte des Zellenraumes drehte sich über den Tischen ein vergilbter, langarmiger Propellerventilator, der die miefige Zellenluft gleichmäßig verteilte. An der Decke klebten zudem zwei nackte Neonröhren, die für ein schrilles schattenloses Licht in der Zelle sorgten. Ebenso wie der Alarmknopf funktionierten die Lichtschalter nicht, sodass jede Nacht ein Gefangener auf die Tische springen musste, um sie aus der Fassung zu drehen. Die drei Gitterfenster waren größtenteils zugestellt. Wäschestücke hingen zum Trocknen und Lüften darin, auf den breiten, platten Querstreben standen Schuhe und Blechnäpfe. Die sonstigen Utensilien der Gefangenen hingen entweder in Plastiktüten (Es waren nur Plastiktüten erlaubt) über den aufragenden Eisenstäben der obersten Bettgestelle, waren auf dem Boden unter die Pritschentürme gestopft oder in den schmalen Pritschen verstaut. Die Gefangenen lagen und saßen entweder zusammengedrängt auf den Pritschen, hockten um die Tische oder drängten unruhig durch die engen Schluchten zwischen Betten und Tischen. Ihnen hingen ebenso wie den Gefangenen auf den unteren Pritschenreihen die Füße der Gefangenen von den oberen Pritschen ins Gesicht, so wie man bei fast jeder Bewegung in Berührung mit einem Mitgefangenen kam. Die Gefangenen, die zwischen 16 und 45 Jahre alt waren, bestanden zu 1/3 aus „Schwarzen", zu 1/3 aus „Braunen" und 1/3 aus „Weißen" und kamen aus Portugal, Angola, Mosambik, Guinea-Bissau, den Kapverdischen Inseln, Liberia, Nigeria, der Elfenbein-küste, Spanien, der Türkei, Brasilien, Mexiko, Chile, Kolumbien. Gesprochen wurde meist Portugiesisch und Spanisch, einige konnten Englisch, der Ivorer sprach Französisch.

Jao, ein kleiner Drogendealer, wies uns in brüchigem Englisch ein. Er hatte ein unrasiertes Galgenvogelgesicht, über das sich eine lange Narbe über die rechte Wange zog, lückenhaft schwärzliche Zahnreihen, durch die er fauligen Mundgeruch ausstieß, und an der rechten Hand waren ihm nur noch zwei Finger verblieben. „Wir haben 24 Betten" verstand ich Zweifinger-Jao. „Da wir immer 26 Gefangene in der Zelle sind, müssen jeweils zwei Neuankömmlinge auf dem Boden schlafen. Es werden regelmäßig zwei oder drei Gefangene aus den Zellen in die beiden großen Gefängnisse überstellt, für die die entsprechende Menge Gefangener aus den Wartezellen aufgefüllt wird. Die Gefangenen, die auf dem Boden schlafen müssen, rücken in die Betten der Abgänge und zwei Neuankömmlinge an ihre Stelle."

Ich schlug vor, dass Aide, der Mitgenommenste von uns drei Neuankömmlingen – ein junger Türke, der schwere Polizeimisshandlungen aufwies – die einzig freie Pritsche belegen sollte. Ich selbst schlug mein Matratzenlager in einem der drei Gänge zwischen den Betttürmen auf. Die Gänge zwischen den Betten waren so eng, dass sich die Ränder der schmalen Matratzen zu beiden Seiten unter die Pritschen schoben. In den durchscheinend dünnen Kopfkissenbezug – die Kopfkissen waren ausgegangen – hatte ich meinen schwarzen Nicki gestopft, den ich in Freiheit nachts immer mit mir getragen hatte, für den Fall, dass meiner Cheyenne zu kalt wurde. Es hing immer noch ihr dunkler honigsüßer Duft in dem schwarzen Samtstoff. Ich balancierte schwankend auf den Matratzenrändern zu dem Gitterfenster. Wir befanden uns in der Mitte der Längsfront des dreistöckigen Gefängnis-komplexes. Vor mir lag der durch scharfe Kontrollstrahler in ein fahles Neonlicht getauchte regennasse Betonhof, der mit Abfällen übersät war. Dahinter erhob sich die stacheldraht-gekrönte Gefängnismauer, hinter der vielstöckig die dunkle Front des Polizeigebäudes in die Nacht ragte. Zu den anderen drei Seiten verstellten die Gefängnisfassaden die Sicht. Nur in der obersten Ecke, zwischen Gefängnis und Polizeigebäude, war ein kleiner Zipfel Himmel sichtbar. Ich stand breitbeinig auf dem Matratzenkopf und verdrehte mir den Kopf nach diesem sternlosen Fetzchen Freiheit. Als ich mich umdrehte, hatte Zweifinger-Jao seinen Einführungsvortrag wieder aufgenommen.

„Das Zusammenleben in der Zelle ist gar nicht so übel, trotz aller Enge und den daher kommenden Spannungen ...“ Er wurde jäh unterbrochen. Die äußere Eisentür und die innere Gittertür wurden aufgeschlossen und zwei Guardas mit Eisenstangen in der Hand traten in die Zelle. Vom Kartentisch sprang ein fetter, kleiner Bursche auf, rief „Apell! Los, alles antreten!“, und stellte sich steif vor die Längsseite der Tische. Die Gefangenen rutschten von den Betten, schlurften aus den Gängen, erhoben sich von den Stühlen und trollten sich auf die andere Seite der Tische, um sich dort in einer Reihe aufzustellen, während sich die beiden Guardas neben dem kleinen Feisten aufbauten.

„Wer ist der kleine Dicke und was findet hier statt?“, fragte ich meinen Nachbarn in der Reihe.

„Das ist unser „Fiscal“, unser Stubenchef. Jeden Morgen und Abend, nach den Mahlzeiten, haben wir Appell und Gitterkontrolle.“

Aide und ich standen gelangweilt widerstrebend in der Reihe hinter den Tischen, rauchten und unterhielten uns, während Nando und die meisten anderen Gefangenen, in scheuer Habachtstellung neben uns standen. Das Schweinsgesicht, das sich auch von den Gefangenen nur „Fiscal“ nennen ließ, erklärte den Beamten gewichtig, dass 25 Gefangene plus ihm angetreten seien. Der Guarda, eine fettbäuchige Schnapsfahne, nahm den Rapport gelangweilt entgegen und begann die Reihe laut abzuzählen, wobei er bei zwölf allerdings ins

Stolpern geriet und wieder von vorn anfangen musste. Der zweite Schließer, der wie ein schwindsüchtiger Junkie aussah, ging zu den Gittern, lupfte mit der Eisenstange Unterhosen und Schuhe von den Gitterstäben und schleuderte sie angewidert auf den Boden und die Pritschen. Darauf schrammte er mit dem Stab ratternd über die Längsstangen und Querstreben der Gitter. Eine angesägte Stelle hätte den Klang verändert und somit war mit dieser Prozedur die Kontrolle abgeschlossen. Die beiden Beamten wünschten uns eine „Gute Nacht" – es war 18.30 – und ließen die beiden Türen ins Schloss fallen, sodass wir wieder uns selbst überlassen waren.

Gil, ein des Mordes mitangeklagter junger, energiestrotzender Brasileiro von Anfang zwanzig, klärte mich auf meine Frage hin grob über die wichtigsten Personen und Machtverhältnisse in der Zelle auf, welche durch die ständigen Abgänge und Neuzugänge jedoch ständigen Schwankungen unterlägen. Ich hatte diese Idee schon aus den Ausführungen Zweifinger-Jaos entwickelt und mich auf eine interessante Zeit dynamischen und ständig im Umbruch begriffenen Gruppenlebens eingestellt, in dem die Macht- und Kräfteverhältnisse immer wieder neu ausgefochten werden mussten.

Zweifinger-Jao schien sich in rastloser Wartestellung zu befinden und sprang ständig auf um Porkys Wünsche zu bedienen: hier eine Leckerei aus Porkys prallem Vorratsdepot, da eine Tasse Kaffee, dort Feuer für die Zigarette. Porky thronte in der offenen Ecke der Zelle in der Mitte einer Kartenrunde, mit dem Rücken zum Bettenturm, sodass er alle Vorgänge in der Zelle aus den Winkeln seiner kleinen

Schweinsäuglein verfolgen konnte, ohne sich den Genuss einschränken zu lassen, seine unschlagbaren Kartenblätter mit triumphalen Gequieke auf den Tisch zu schmettern.

Gil bestätigte meine Ahnung, dass Porky Stubenältester geworden war, da er als der Krösusgefangene, unter fast nur Habenichtsen, einen großherzigen Sympathiewahlkampf – mit Zigaretten, Cola, Hühnerschenkeln und Drogen – führen konnte, der ihm zu einem triumphalen Wahlsieg verholfen hatte. Er war in Freiheit angeblich ein größerer Heroindealer, was ihn für die zumeist kleinen Straßenjunkies in der Zelle in den schwindelnden Rang eines Mafiabosses hob. Während der Besuche wurde er von seinen Familienangehörigen mit Geld, allgemeinen Vorräten und Delikatessen überschüttet, sodass sein Bett, ebenso wie der Raum darunter, vollgepackt war mit unzähligen Tüten und Kartons.

Zweifinger-Jao, dem er jeden Tag etwas hinwarf, war der Wächter seiner Vorratskammer, ebenso wie der Zuträger aller Informationen über die Vorgänge innerhalb der Zelle. Auffällig war, dass Porky als einziger in der Zelle offiziell Messer und Gabel besaß und er sein Steak genüsslich zerschneiden konnte, wohingegen wir anderen es mit Händen und Zähnen zerfetzen mussten, da uns nur ein Löffel als einziges Besteck erlaubt war. Ich wunderte mich auch nicht, als ich später sah, dass er regelmäßig von den Guardas zur Privataudienz aus der Zelle gerufen wurde. Da Porkys freigiebiger Zigaretten- und Hühnerschenkelstrom nie abriss, wurde diese Tatsache von fast allen Mitgefangenen ignoriert. „Fiscal" heißt übersetzt Kontrollbeamter, und so hatten wir einen Stubenchef, der ein

Beamtenspitzel mit Mafiosoimage und einem unerschöpflichen Bestechungsfüllhorn war, und der so aussah, wie er war – wie ein kleines Schweinchen.

Das enge, stickige Massenverlies war durchzogen von einer ständigen Unruhe und einer unterschwellig schwelenden Spannung und Reizbarkeit, die in jedem Moment in offene Gewalt umschlagen konnte. – In der Zelle hing eine durchdringende Geräuschglocke. Es war ein schrilles Lärmmosaik, zusammengesetzt aus dem Fernsehgeschepper, quäkenden Transistorradios, die über den Bettstangen hingen oder sich die Gefangenen ans Ohr pressten, dem Fluchen und Schreien einzelner Gefangener, die in kleine körperliche Geplänkel verstrickt waren oder sich durch die Zelle etwas zuschrien, dem Klirren gegen Eisengenstelle gerammter Stühle, dem verbissenen Kartengehämmer und nicht zuletzt den melodisch lauten Trompetenstößen Dr. Johns, einem nicht mit akademischen Weihen, sondern mit Lebensweisheit und diplomatischem Geschick ausgestatteten Angolaner von Ende zwanzig, der den ganzen Tag afrikanische Stammesgesänge von sich gab. Dazu wuselten zwei 16-jährige Quälgeister herum und piesackten hinterrücks schwächere Mithäftlinge. Die beiden Teenager, der eine ein kräftiger Rastaschwarzer, der andere ein schmaler bleicher pickeliger Skinhead, betrieben das immer so lange, bis sie zusammengestaucht und mit ein paar Backpfeifen für ein paar schmollende Momente ruhiggestellt wurden, um uns darauf mit frischer Energie, bis zur nächsten körperlichen Verwarnung, erneut auf die

Nerven zu gehen. Gleichzeitig buckelten mittellose Junkies rastlos durch die Zelle und bettelten um Zigaretten, während der „Primitivo" genannte, ewig grinsende Zellendepp, in der ihm eigenen Telegrammsprache erklärte, dass die Gefangenschaft eigentlich eine wunderbare Sache sei: „Essen gut, nicht arbeiten müssen, Bett warm, gute Kumpel, bisschen prügeln, immer fernsehen, viel Besuch von Familie."

Als die Zelle am späten Abend langsam zur Ruhe kam und ich in der Pritschenschlucht unter der Decke lag, schien der Geräuschdruck noch stärker auf mich einzudringen. Die Transistorradios quäkten weiter, untermalt von Schnarchen, Ächzen, Furzen, Schlafgesprächen und dem Metallgeknirsche der Dreistockpritschen. Durch das Gitterloch drangen die Nachtgeräusche des Gefängnisses und die verzweifelten Rufe aus anderen Zellen, die ich noch so oft hören sollte: „Lasst mich hier raus, ich will raus", worauf aus einer anderen Zelle die fluchende Aufforderung kam die Schnauze zu halten und sich doch lieber auf der Toilette aufzuhängen. Schräg über mir schnarchte Gil mit mächtigen Trompetenstößen. Ich stand auf und drehte die Transistorradios, die an den Bettstangen hingen oder von den Gefangenen wie Kuscheltiere im Arm gehalten wurden, leiser.

Ich war gerade erschöpft eingeschlafen, die Ohren mit nassem Toilettenpapier bewehrt, als mich ein Rascheln weckte und ich fühlte, wie jemand an meiner Wildlederjacke nestelte, die ich unter das Nikkikopfkissen gerollt hatte. Es war einer der abgerissenen Junkies, auf seiner ewigen Suche nach Zigaretten und eines Moments des Friedens. Ich packte ihn am

Arm und sagte nur „Mach das nicht" und ließ ihn gleich wieder los. Unter vielerlei stotternden Entschuldigungen bedankte er sich überschwänglich für die von mir herausgefingerte Zigarette und schlich sich in gebückter Haltung von dannen. Als ich im Begriff war wieder hinwegzudämmern, nahm ich mehrere dunkle Schemen wahr, die sich vorsichtig durch die Zelle bewegten. Als sie in meine Nähe kamen, setzte ich mich auf, knallte gegen die beschmierte dünne Sperrholzplatte über mir und erkannte „Cigano", einen liebenswerten quirligen Zigeuner, der unter anderem heroinabhängiger Drogendealer, „Markenartikel"-Betrüger und stellvertretender Stubenchef war. Unter unterdrücktem Gekicher hörte ich ihn flüstern, „Deutscher, keine Sorge, wir machen dir nichts." Ich beobachtete wie sie sich über schlafende Gefangene beugten und ihnen etwas aufs Gesicht schmierten. „Nicht Aide und Nando!", zischte ich Cigano zu, als er sich über Aide beugte. „Okay", zog sich der vorgeneigte Oberkörper wieder zurück. Nach zwanzig Minuten war auch dieser Spuk vorüber und ich fiel endlich in einen kurzen Erschöpfungsschlaf.

Am frühen Morgen wurde ich von Schreien und metallenem Geschepper aus dem Schlaf gerissen. Zwei Gefangene gingen brüllend mit Stühlen aufeinander los, wobei ein Stuhl klirrend gegen das Bettgestell zu meiner Rechten krachte. Im nächsten Moment rollte sich der untere Nachbar zu meiner Linken fluchend von der Pritsche und stieg mir auf den Oberschenkel. Die Zelle war angefüllt mit wütenden, ärgerlichen und beschwichtigenden Stimmen, die beziehungslos aneinander vorbeischwirrten, was die chaotische Spannung in der Zelle noch erhöhte. Der ganze Raum war in aggressiver Unruhe. Mehrere Gefangene hielten die beiden Streithähne fest, andere redeten auf sie ein, wieder andere stellten die umgestürzten Tische und Stühle wieder zurecht oder liefen orientierungslos in dem engen Raum herum, während diejenigen, die noch im Bett lagen, sich fluchend über den Krach beschwerten. Dazwischen stolperte ungefähr ein halbes Dutzend Gefangener mit schwarzverschmierten Gesichtern durch die Zelle, während ein zweites halbes Dutzend, das ebenso rußverschmiert war, noch in den Betten lag. Es waren radikale Selbstbezichtigungen wie „Ich bin eine Möse", überstilisierte Geschlechtssymbole oder einfach schwarze Streifen, mit denen Cigano und seine Anstreicherkolonne die verklebten Gefangenengesichter aufgelockert hatten. Der Fernsehapparat schepperte laut und auch die Transistorradios quäkten schon wieder um die Wette. Gewürzt wurde das morgendliche Chaos durch eine durchdringende Dunstwolke die in der Zelle hing – ein explosiver Mief aus warmen Darmgasen und kaltem Zigarettenrauch, verbrauchtem Schlafatem und abgestandenem Schweiß, Exkrementeschwaden, feuchtem Kleidermuff und dem gärenden Geruch der überquellenden Mülltonne. Aus einem fiebrigen Albtraum erwacht, befand ich mich im Herzen eines realen Albtraums. Es war 7 Uhr morgens.

Fröstelnd schaute ich durch die schmutzigen Gitterstäbe. Durch die tiefhängende, schwarze Wolkendecke begann sich bleiern das Morgengrauen zu drängen. Riesige, kreischende Hitchcock-Möwen fielen aus dem Dämmer und stürzten sich gierig auf den mit Abfall übersäten Gefängnishof. Der Blick aus dem Gitterfenster fiel auf eine nasse Tristesse, die in das Zwielicht der noch halbdunklen Morgendämmerung und des fahlen Neonstrahls vom Kontrollturm getaucht war, der den Gefängnishof und die Zellenfronten mit ihren Gitterwaben schattenlos ausleuchtete. Auf der anderen Seite des Gefängnishofs drängten sich einige Tauben fröstelnd zwischen den Natodrahtrollen auf der Mauer vor dem Polizeigebäude aneinander.

Das Frühstück bestand aus einer Kaffee- und wässrigen Milchbrühe, Brötchen und Butter- und Marmeladestückchen, die ein schwarzer Hausarbeiter in die Zelle schleppte. Die meisten Gefangenen aßen im Stehen oder an den Tischen, wieder andere frühstückten hockend auf den Pritschen. Nach dem Frühstück kehrten die Reinigungsgefangenen die Zelle aus und wischten die Tische ab, wie es nach jeder Mahlzeit der Brauch war. Kurz darauf erschienen die Guardas zum morgendlichen Apell und der Gitterkontrolle. Porky arbeitete ihnen eifrig zu, indem er quiekend die noch schlafenden Gefangenen von den Pritschen scheuchte.

Ich nahm die verwaiste alte „Bola", die portugiesische Fußballtageszeitung, die auf dem Tisch herumlag, und kämpfte mich zum Toilettenloch. Die „Bola" hatte ich nicht zur Lektüre mitgenommen: Bis auf die Mahlzeiten mussten sich die Gefangenen alles Lebensnotwendige, von der Zahnpasta bis zum Toilettenpapier, vom Besuch ins Gefängnis hereinbringen lassen oder im Gefängniskiosk kaufen. Wer weder Besuch noch Geld erhielt, hatte Pech gehabt. Aus dem Moment des Friedens, in der nackten Hocke über dem Toilettenloch, wurde es indes nichts. Alle paar Sekunden schob eine ungeduldige Hand den Vorhang beiseite, während eine Schlange von Stimmen dahinter mürrisch auf Eile drängte. Nachdem ich ein „Gottverflucht, lasst mich wenigstens für diesen einen Moment in Ruhe!" herausgebrüllt hatte, wurde es zwar still, doch die Hoffnung auf den flüchtigen Zauber eines Momentes meditativer Einsamkeit war gebrochen und ich beeilte mich dort wieder herauszukommen. – In den nächsten Tagen sollte ich dort die Bekanntschaft von „Porto" machen, eine feiste Ratte, die in unserem Toilettenloch lebte und nachts raschelnd und quiekend die Zelle durchstreifte.

Kurz nachdem die Guardas verschwunden waren, erschienen sie wieder, um zu kontrollieren, ob sich auch niemand wieder auf die Pritsche gelegt hatte. Es war erlaubt, sich auf das Bett zu legen, nicht aber ins Bett unter das Laken. Jenen, die dennoch darunterlagen, rissen die Guardas Laken und Decken herunter und schleuderten sie auf den Boden. Für mich existierte das Problem nur theoretisch: Ich hatte die zusammengelegten Decken und Laken mit der Matratze unter den nachbarlichen Pritschenturm geschoben, um den Gang freizumachen.

Plötzlich hörte ich Cigano „Shopping, Shopping" brüllen. Ein Großteil der Gefangenen äffte ihn freuderufend „Shopping, Shopping" nach und drängte zu dem Tisch, an dem sich der Zigeuner mit Papier und Kugelschreiber niedergelassen hatte. Dort nahm er die Einkaufswünsche für den Gefängniskiosk von den Gefangenen auf. Zweimal am Tag, jeden Morgen nach dem Frühstück und nochmals nachmittags, fand dieses Ritual statt. Welch ein Luxus, wenn man denn Geld hatte, dachte ich, dem die Kripo alles bis auf den letzten Cent abgenommen hatte. Cigano rechnete die Einkaufssummen aus, ließ sich das Geld im Voraus aushändigen und gab wenige Minuten später Liste und Geld durch die Gittertür an unseren angolanischen Kalfaktor, der dort mit strahlendem Lachen an der Gittertür erschien und fröhlich händeklatschend „Shopping, Shopping – Whisky, Portwein, Zigarren und Damenbinden! – Was bestellt wird, wird auch geliefert!" rief.

Nachdem ein Reinigungsgefangener aus einer anderen Zelle den Hof gekehrt hatte, kamen die Beamten um 9 Uhr und schlossen zum Hofgang auf. Der Hofgang war manchmal freiwillig und manchmal Pflicht. Heute war er Pflicht, was bedeutete, dass die Guardas eine Zellenkontrolle vornehmen wollten. In der sogenannten Freistunde lief ich mit Aide und Nando in einem inneren Oval über den Hof – zum Schutz gegen die wassergefüllten Plastiktüten, die überall aus den Zellenfenstern der anderen Hälfte der Gefangenen flogen, die nach uns ihren Hofgang absolvierte. Es war bedrückend eng im Freihof, Gefangene mussten sich immer wieder ausweichen, um nicht aneinanderzugeraten. Zu drei Seiten erhoben sich die Gefängnisfronten mit den johlenden Gefangenen über uns; zur vierten die Rückfront des Polizeigebäudes, sodass wir, in totaler Kontrolle gefangen, auf dem engen Grund eines graubetonierten Schlundes umherirrten wie ein Haufen verschreckter Kakerlaken, fern über uns ein rechteckiges Stück Firmament.

Der Himmel war grau verquollen, ebenso wie mein Kopf. Ich reckte mein Gesicht nach dem Himmelsflecken und sog gierig die frische, unverbrauchte Luft ein. Obwohl die Schwarzen nur etwa ein Drittel der Gefangenen ausmachten, dominierten sie den Hof. Es herrschte ein starker Zusammenhalt zwischen ihnen, auch über die Zellen hinaus, sodass man glauben konnte, sie würden sich schon alle lange kennen. Sie traten ausschließlich in Gruppen auf und waren entsprechend selbstbewusster, lauter und aggressiver als die meisten Weißen, die sich zumeist isoliert allein oder in kleinen, meist Zweiergruppen über den Hof bewegten. Gab es eine Rempelei oder einen Streit zwischen einem Schwarzen und einem Weißen, stand sofort eine ganze Gruppe hinter dem Schwarzen, wohingegen sich kaum ein Weißer um den anderen kümmerte. Die Schwarzen hatten ihren Vorteil erkannt und wussten ihn auszunutzen. Sie heizten die zumeist orientierungslosen Weißen zusätzlich untereinander auf und verfolgten in genussvoller Entspanntheit ihre gegenseitige Schwächung. Sie, die in Freiheit in der gesellschaftlichen Achtung zumeist auf der untersten Stufe standen, konnten hier im Gefängnis, wo die Voraussetzungen für alle gleich waren, über ihre starke Gruppenidentität auftrumpfen und den Spieß umdrehen, den sie aus der Freiheit zu Genüge kannten. So wurden aus den Unterprivilegierten im gesellschaftlichen Leben im Gefängnis jene, die gemeinsam die Weißen dominierten. Die Weißen wiederum waren nicht in der Lage sich der Teile-und-herrsche-Taktik der Schwarzen zu erwehren und eine eigene Identität und Geschlossenheit zu entwickeln.

Gil gesellte sich zu mir. Wir waren zum einen wachsam den Gitterfenstern gegenüber, aus denen hinterrücks die Plastikwassertüten flogen, zum anderen ließen wir drei Schwarze nicht aus den Augenwinkeln, die einzelne Weiße mit faulen Äpfeln bewarfen. Ich sollte der einzige nordländische Gefangene in diesem Gefängnis sein. Wie schon in der Massenzelle erinnerten mich die meisten der Gefangenen in ihrer auffallenden Hässlichkeit − lückenhafte Zahnreihen in Gesichtern wie mit Bratpfannen bearbeitet − an eine Dickenssche Unterweltinszenierung. Überall kochte es in dem zusammengepferchten Gedränge, brodelte in dem Betonkessel die verzweifelt hasserfüllte Aggressivität der eingesperrten Kreatur. Gefangene rempelten sich provozierend an, hetzten einander johlend über den Hof, bewarfen sich kreischend mit herumliegenden Abfällen und ordinären Zoten. Als auf dem Hof zwischen einer schwarzen und einer weißen Gruppe ein heftiges Handgemenge entstand, schob der blaugewandete Wärter im Kontrollturm seine Spiegelscheibe auf, zog lässig eine aufgestützte Pumpgun durch und brüllte ein zotiges Kommando in den Hof, während gewaltbereite Guardas mit dicken Knüppeln entspannt auf die Ansammlung zuschlurften. Das Menschenknäuel entwirrte sich darauf knurrend, wie eine in sich verbissene Hundemeute, zwischen die man eine Peitsche geknallt hat.

Als einziger blond-blauäugiger „Nordmann" in diesem südländischen Gefängnis war ich natürlich eine zweifelhafte Attraktion. Zu Beginn der Freistunde baute sich eine Gruppe Mitgefangener vor mir auf und fragte feindselig, weswegen ich hier sei. Ich antwortete ihnen wahrheitsgemäß, dass ich „Zorro" sei, der Bankräuber aus Deutschland mit der Zorromaske, und auf die Auslieferung warte. Schnell wusste das gesamte Gefängnis Bescheid, was mir eine distanzierte Achtung und einen brüchigen Frieden einbrachte. Nach exakt einer Stunde rückten wir wieder ein und die andere Hälfte der Gefangenen rückte aus, nun wiederum von der ersten, in diabolischer Freude, mit Wasserbomben beworfen.

Wieder in der Zelle angekommen, tänzelte unser schwarzer Kalfaktor heran und reichte – „Shopping, Shopping" – die bestellten Waren durch das Gitter.

Während des Abendappells wurden drei Gefangene aufgefordert zu packen. Nando und ich hatten also schon nach einer Nacht eine Pritsche erobert, wobei ich nach einem Tausch die Pritsche an der Fensterfront, links unten an der Wand, ergattern konnte, von dem der Fernsehapparat nicht einsehbar war. Eben aus diesem Grund war es so einfach, diese Pritsche gegen ein freigewordenes, im Zentrum der Zelle, einzutauschen, da die anderen Gefangenen, ganz im Gegensatz zu mir, die Pritschen mit der besten Fernseheinsicht anstrebten.

Zwei neue Gefangene wurden in die Zelle gebracht. Während die Neuankömmlinge noch neugierig beäugt wurden, stürzte ein dritter schwankend durch die offene Gittertür herein, verlor sein Gleichgewicht und krachte hart gegen das Essensbord, rutschte langsam daran herunter und sackte zwischen den umstürzenden Putzeimern in sich zusammen. Zwei Hausarbeiter warfen grinsend seine Matratze, Decken, Napf und eine Plastiktüte auf den Tisch und verschwanden wieder. Die beiden Guardas, die die Gittertür zuschlossen, schauten gelangweilt in die Zelle, „Er leidet unter Entzug. Passt ein bisschen auf ihn auf." Dann verrammelten sie die äußere Eisentür für die Nacht und wir waren uns wieder selbst überlassen.

Ich hatte eine freudige Unruhe aufkommen sehen, als die Neuankömmlinge die Zelle betraten. Eine Gruppe um Cigano und Porky, zu der sich auch der neugierige Nando gesellte, steckte die Köpfe zusammen. Es wurde getuschelt, ein Konzept auf ein Blatt Papier geworfen, Funktionsträger auserwählt: Die Gerichtsverhandlung stand bevor; ein Ritual, dem sich normalerweise alle Neuankömmlinge unterziehen mussten, das man bei uns jedoch nicht gewagt und deswegen ausgesetzt hatte. Adreano, der Bursche im Entzugsnirwana, lag schnarchend auf einer Pritsche, auf die ihn mehrere Gefangene gehievt hatten, die anderen beiden Neuen dagegen schienen die idealen Opfer zu sein. Beide standen erschöpft, mit hängenden Köpfen vor den Tischen, auf einem Arm Decken und Blechnapf, unter dem anderen die Matratze, und starrten apathisch in die Zelle hinein. Sie hatten tiefe schwarze Augenringe und rotblaue Flecken im Gesicht. Die Jeans des einen war mit Blut befleckt. Sie hießen Rui und Jorge und waren zwei Junkies, die gemeinsam mehrere minderjährige Mädchen vergewaltigt und zwei Frauen ermordet hatten,

94

die sie, nach einem missglückten Diebstahl, in einer Lissabonner Metrostation unter einen hereinkommenden Zug gestoßen hatten. Der Vernehmungsmarathon war nicht spurlos an ihnen vorübergezogen.

Hinter den beiden quer in die Zelle gerückten Längstischen nahm gewichtig Richter Porky Platz, zu seiner rechten Staatsanwalt Cigano, auf der anderen Seite Verteidiger Dr. John. Vor das Gerichtspult wurden zwei Stühle gestellt, daneben Wachmann Nando, der diese Funktion mit eifriger Spielfreude ausfüllte. Die beiden Neuankömmlinge wurden von zwei anderen Wachmanngefangenen in die Toilettenecke geführt, aus der sie Nando abholen und vor den Richtertisch führen musste.

Die Gefangenen, die nicht unmittelbar an dem Ritual teilnahmen, hatten es sich in freudiger Erwartung auf den Pritschen bequem gemacht. Aide und ich standen misstrauisch in einer Bettschlucht am Fenster. Die beiden Delinquenten mussten zunächst ihre Personalien angeben. Dann wurden sie aufgefordert, sich bis auf die Unterhose auszuziehen, was sie nach der zweiten Aufforderung und einigen, von Richter Porky angeordneten und durch Wachmann Nando ausgeführten Nackenstübern auch taten. Rui und Jorge standen düster fatalistisch vor dem feixenden Gefangenengericht, die Arme vor den zitternden Körpern verschränkt. „Ist dieses Schmierentheater denn nötig", rief ich bittend in den Raum, „seht doch, in welch erbarmungswürdigen Zustand die beiden sind."

Schon während der ersten Worte wurde ich von der Meute ringsum niedergebrüllt, die die Gefangenenrichter anfeuerte weiterzumachen. Nur Cigano drehte sich kurz mit einem lachenden „Ach, Reiner, das ist doch alles nur Spaß" zu mir um. António, der ältere betrügerische Buchhalter, flüsterte mir ängstlich zu, „Man kann ihnen dieses perverse Spielzeug nicht wegnehmen", während sich John, der nigerianische Drogenkurier, von seiner Hochpritsche zu mir hinunterbeugte:

„Reiner, sie brauchen das. Kein Grund sich aufzuregen. Beim nächsten Mal werden die Beiden, an denen es sich heute auslässt, zu den Eifrigsten gehören, wenn es darum geht die Nächsten niederzumachen. Es ist das ewige Spiel und niemand wird es je aufhalten können."

Ich wusste, dass er recht hatte. „Wir sind alle Gefangene", sagte ich dennoch, „doch anstatt uns zu stützen und uns ein wenig Raum und Sorge füreinander zu geben, gehen wir aufeinander los und versuchen uns gegenseitig mit unseren Ketten zu erdrosseln." − „Ja", lächelte John, während Aide grimmig nickte.

Cigano verlas unter dem johlenden Gelächter die Anklage. Es waren Vorwürfe, die vom Überfall auf die portugiesische Staatsbank in Frauenkleidern, über Drogenhandel mit dem spanischen Königshaus bis zur Vergewaltigung der eigenen Großmutter reichten. − Richter Porky fragte, ob sie sich schuldig bekennen würden, was beide zögerlich verneinten. Nach kurzem, leidenschaftlich resignativem Plädoyer von Verteidiger Dr. John stellte Richter Porky, unter dem brüllenden Gelächter der Zuschauer, die moralische Grundsatzfrage nach dem perversen Sexualleben der Angeklagten und

hämmerte lustvoll ein fettfingriges „Schuldig!" auf die Tischplatte. Ein anderer Gefangener, den ich nicht beachtet hatte,
schüttete darauf Rui und Jorge hinterrücks einen Eimer kalten Wassers über. Die Zelle tobte vor Vergnügen.

Plötzlich sprang alles von den Betten. Überall ertönte der
Ruf „Limpar, Limpar" („Saubermachen, Saubermachen")
und Rui und Jorge wurden unter wohlwollendem Schulter-
klopfen in die Mitte genommen. Cigano reichte ihnen Hand-
tücher und zwei seiner gebügelten „Markenjeans", Fernando
bot Zigaretten an und Zweifinger-Jao ging zwei saubere T-
Shirts sammeln, da ihre abgelegte Kleidung bei der Wasser-
spülung ebenfalls durchtränkt worden war. Rui und Jorge,
sichtlich überrascht ob der abrupten freundlichen Wendung,
nahmen die kameradschaftlichen Gesten dankbar an und er-
widerten sie mit freudigen, überschwänglichen Worten.

„Die spinnen, die Portugiesen", betrachtete Aide verächt-
lich die Szenerie. „Aide, wir befinden uns, räumlich wie
menschlich, im Herzen der Müllkippe der portugiesischen
Gesellschaft", verteidigte ich meine Wahlheimat, „und die ist
natürlich kein Gradmesser für die Schönheit und Freundlichkeit dieses Landes und seiner Menschen."

„Limpar! Limpar!", war der Ruf der jeden Abend erklang,
worauf sich alle Gefangenen in Bewegung zu setzen begannen, um wie hektische Ameisen kreuz und quer durch die
Zelle zu rempeln. Die Stühle wurden auf die Tische gestellt
und die Schuhe und Tüten auf die Stühle und Betten. Bis auf
die beiden Gefangenen, die an diesem Tag Reinigungsdienst
hatten, und Cigano, erkletterten alle Gefangenen die obers-

ten Stockwerke der Pritschentürme. Cigano und die beiden Reinigungsdiensthabenden, Gil und Roberto, die zwei Brasilianer in der Zelle, zogen sich bis auf die Unterhose aus. Volle Wassereimer, angereichert mit strengen Reinigungsmitteln, die für eine halbe Kongresshalle gereicht hätten, schossen zwischen den drei wie Curlingkugeln durch die Zelle, und nachdem die ganze Zelle unter Wasser gesetzt war, begannen alle drei, unter den schadenfrohen Rufen und Ratschlägen der Mitgefangenen, durch das wild spritzende Wasserbassin zu schrubben.

Das Waschwasser wurde abgekehrt, und mit den Eimern reinen Leitungswassers die nun folgten, begann der spannende Teil, auf den die Gefangenen alle gewartet hatten. Unter dem lauten Gequietsche und Gejohle von den Logenplätzen jagte Cigano Gil, mit einem vollen Wassereimer in der Hand, durch die Zelle, und schüttete ihn dem Brasilianer von hinten über. Roberto wiederum sprang Cigano in den Rücken und stülpte ihm einen Eimer über den Kopf. Gil kippte Roberto daraufhin einen Eimer über und so fort, während sie alle drei wie ekstatische Derwische mit glühenden Kindergesichtern durch das Wasser stieben. Die anderen Gefangenen quietschten vor Vergnügen, und als Gil rutschte und platschend in das knöcheltiefe Kachelbassin schlug, tobte die Zelle. Ich saß mit Aide, ebenso wie die anderen Gefangenen, hühnerstangeneng auf der obersten Pritschenbahn gedrängt, und es freute mich, Aide erstmals mit einem Lächeln zu sehen.

Nach der großen Wasserschlacht wurde das Wasser in die Abflüsse geschrubbt, die Reste mit Putzlappen aufgenommen, gewartet bis alles trocken war, und das Intermezzo war vorüber. Die Gefangenen rutschten von den Betten. Die Schuhe und Tüten wurden von den Tischen genommen und wieder unter die Betten gepackt, die Stühle wieder an die Tische gerückt und das Zellenleben fiel in seinen alten Rhythmus zurück. Ich hatte einem sich täglich wiederholenden Ritual beigewohnt, das für die meisten Gefangenen der tägliche Höhepunkt des monotonen Lebens in der Massenzelle war. Das war also der gewöhnliche, sich 7 Tage die Woche wiederholende Tagesablauf – das feste Skelett dieser Gefangenschaft, in der wir Gefangene, uns vollständig selbst überlassen, 23 Stunden zusammengepfercht in der verriegelten Massenzelle und 1 Stunde zusammengepfercht in der großen Massenzelle des Gefängnishofs verbrachten, auf dem genauso viel überspannte Enge und blindwütige Aggression herrschte wie in der kleineren nach oben geschlossenen Ausgabe. Sogenannte Sport- und Kulturangebote gab es nicht.

Was macht das mit dem Gefangenen? Völlig unkontrolliert der völligen Verwahrlosung überlassen, deformieren sich in dieser hautengen Verkerkerung und dem täglich 24 Stunden währenden elementaren Selbstbehauptungskampf die zumeist ohnehin leicht aufweichbaren Gefangenenpersönlichkeiten. Die Seele wird aus jeglicher Verankerung gerissen, die ohnehin brüchigen fundamentalen Wertmaßstäbe und damit die Fähigkeit zu Empathie für andere und sich selbst zerfallen. Mit der Zerschlagung jeglichen, auf humanistischen Werten und Regeln basierenden Sozialgefüges in der Zelle, in der nur die Macht des Stärkeren zählt, wie der Zerfall äußerer

Bindungen erodieren für den Gefangenen auch die Bezüge zum Leben außerhalb der Mauern und damit reale Zukunftshoffnungen und die Chancen auf einen späteren legalen Neustart in Freiheit. Der Mensch, der sich in Gefangenschaft in ein in die Ecke getriebenes Tier verwandelt, das immer wachsam auf dem Sprung ist und sogar im Schlaf unterbewusst mit wachen Sensoren nach Gefahren wittert, jederzeit bereit zu reagieren, sich zu verteidigen und anzugreifen, legt das mit dem Eintritt in die Freiheit nicht ab. Mein Schlaf ist auch heute noch, viele Jahre nach der Gefangenschaft, zerstört. Auf der Straße schalte ich selbst in friedlichsten, sanftesten Momenten, in denen ich mit meiner Liebsten ganz in mir und bei ihr bin, bei geringsten Anlässen übergangslos auf Abwehr und Angriff und befinde mich von einem Moment auf den anderen im Kampfmodus.

Es begann der Abend nach dem „Limpar". Die meisten Gefangenen lungerten wieder auf den Betten herum, dösten vor sich hin, stritten, lachten und schauten Fernsehen. Einer bereitete auf der Kochplatte Kaffee, ein anderer drängte zur Dusche, zwei bekamen sich wegen einer Zigarette in die Haare. An der Mitte des Tisches saßen die beiden afrikanischen Drogenkuriere, „Dr. John" aus Angola, ihm gegenüber John, der große, schlanke Schwarze aus Nigeria, ebenfalls knapp 30 Jahre alt. Sie spielten miteinander Dame, auf einem selbstgemachten Spiel aus einem bemalten Pappdeckel und gekennzeichneten Kronkorken. Dr. John rauchte, lachte, redete mit sich selbst und ließ immer wieder savannenwilde, afrikanische Jubellieder durch die Zelle schallen, die sogar den scheppernden Fernseher übertönten. John saß ihm milde lächelnd gegenüber, und wenn sie sich freundlich etwas sagten, verstanden sie einander nicht, da John nur Englisch und seine Stammessprachen sprach und Dr. John nur Portugiesisch und seine Stammessprachen. Was aber dem Spiel und ihrer guten Laune keinen Abbruch tat. Auch die Kartenrunde hatte ihren Platz wieder eingenommen und peitschte ihre gewellten Kartenblätter, die aus Malboroschachteln geschnitten waren – Spiele jeglicher Art waren verboten – auf die Tischplatte. Gil, der in der Zelle den Ruf eines Künstlers hatte, saß an der Mitte des Tisches und zeichnete das Porträt seiner portugiesischen Freundin von einer Photographie ab. Eine kleine Gruppe, zu der sich auch Nando gesellte, machte auf der kleinen Fläche vor der Spüle Kraftsport. Sie benutzten beschwerte Putzeimer und mit Wasser gefüllte Plastikwasserflaschen, die sie an Besenstiele hingen. Aide, der junge Türke unter Entführungsverdacht, der nicht nur Blumenverkäufer in Amsterdam, sondern auch Amateurboxer war, gab zwei weißen Geldeintreibern und einem schwarzen Türsteher Boxunterricht. Ein abgerissener Junkie schlich durch die Zelle und bettelte nach einer Zigarette, ein anderer Junkie wurde in der Toilettenecke erwischt, wie er sich gerade einen Schuss vorbereiten wollte. Er musste sich eine Ansprache von Cigano anhören, bekam ein paar Backpfeifen und das braune Pulver wurde unter der Regie des unkorrumpierbaren Ciganos brüderlich aufgeteilt. Pedro, ein weiterer junger Junkie, bekam einen seiner regelmäßigen epileptischen Anfälle, worauf ich ihm zum Selbstschutz ein Sockenbündel in den schäumenden Mund stopfte, während ihn mehrere Gefangene festhielten. Auf mein Ansinnen die Wärter zu rufen, erntete ich nur ein müdes Lächeln („Interessiert die nicht"). Nachdem der Anfall abgeklungen war, beschloss eine Gruppe von Gefangenen den nun wirklich penetrant stinkenden Neuankömmling Adreano, der aus seinem Totenschlaf erwacht war und fluchend und rempelnd durch die Zelle torkelte, zu einer Dusche zu bewegen. Als der sich mit unflätigen Beschimpfungen weigerte, entschied ein Teil der Gefangenen, ihn zwangszuduschen, was dann auch unter der Regie von Porky und Cigano, meinen Mahnungen, behutsam mit ihm umzugehen, und den verfluchenden Protesten Adrianos geschah. Als man den um sich schlagenden Junkie aus der Dusche entließ, stand er nackt in der Zelle und schwor allen ewige Rache, während Cigano ihm fürsorglich ein paar saubere Klamotten aus seinem unerschöpflichen Füllhorn schenkte. Der gequälte und völlig mittellose Junge nahm die Kleidungsstücke letztlich an, nachdem er sie zuvor hasserfüllt durch die Zelle geschleudert hatte.

Nachdem nun endlich ein wenig Ruhe eingekehrt war, nahm ich eine rohrkalte Dusche und saß wieder an meinem kleinen wackeligen Tischchen, schräg unter dem scheppernden Fernseher, dessen ungünstige Lage zur Mattscheibe ihn so leicht verfügbar machte, und schrieb an meinem nicht endenden Brief an Cheyenne. Ich hatte das Tischchen für mich vereinnahmt und es sollte zu meinem von allen geachteten Schreibpult für die nächsten Monate werden. Sollte ein Gefangener an diesem Tisch sitzen, so stand er auf wenn ich zum Schreiben kam, und setzte sich ein frischer Gefangener unwissentlich an den Tisch, so scheuchten ihn die alteingesessenen mit dem Hinweis fort, der Tisch sei das Schreibbüro des Deutschen (auf dem ich meinen Mitgefangenen auch ihre Bittschriften für die einzelnen Gefängnisdienste sowie Liebesgedichte und Briefe für ihre Angehörigen schrieb). Mein Schreibtisch hatte ein rostiges, eisernes Beingestell, mit einer losen, angefressenen, quadratischen Sperrholzplatte darauf, die bei falscher Gewichtsverlagerung wegrutschte. Mein Schreibtisch sollte verhöhnt und bespuckt, er sollte vollgespritzt, mit Essensresten verklebt und mit Abfällen überhäuft werden. Stinkende Aschenbecher sollten auf ihm umgestoßen werden und sich über ihn ergießen. Junkies im Entzugselend sollten sich über ihn erbrechen und triefend schmutzige Putzlappen und andere Wurfgeschosse, die immer wieder durch die Zelle flogen, sollten ihn treffen. Seine Tischplatte und sein Eisengestell sollten als Waffe missbraucht werden, doch immer würde ich ihn mir wieder herrichten und ihn hegen und pflegen, so wie eine alte russische Marquesa ihr letztes verschlissenes Ballkleid.

Wenn ich von meinem Tischchen aufschaute, sah ich, dass die meisten Mitgefangenen in einen untoten Dämmer verfallen waren und zumeist, dicht übereinandergestapelt, in einem Hufeisen um mich herum, auf die Mattscheibe über mir starrten. So ich dieses Loch auch durch meine imaginäre Wirklichkeit verlassen konnte, so musste ich in meiner physischen Wirklichkeit immer auf der Hut sein, um mich der

Rempeleien rücksichtslos vorbeitaumelnder oder sich prügelnder Gefangener zu erwehren. Mein linker Ellenbogen lag immer in gespannter Lauerstellung, um rücksichtslose Gefangene sowie die ständig durch die Zelle fliegenden Wurfgeschosse abzuwehren. Der rechte Schreibarm war immer bereit hochzuschnellen, um aufdringliche Mitgefangene wegzustoßen. So saß ich da an meinem lädierten Kindertischchen, eingetaucht in die wilden Bilder meiner Imaginationen und Sehnsüchte, immer wieder verwünschende Flüche ausstoßend und mit beiden Armen grobschlächtige Gefangene abwehrend. Es war der einzige Weg, sich Raum und Respekt zu verschaffen. Ich hatte schnell erkannt, dass besonnene, an soziale Rücksichtnahme appellierende Worte von den meisten überhaupt nicht ernst genommen und als Schwäche verstanden wurden. Es lag nicht nur daran, dass viele Gefangene in Verhältnissen aufgewachsen waren, in denen das Zusammenleben ganzer Familien in körperlicher Enge in einem Raum normal und egoistische Rücksichtslosigkeit und Faustrecht erste Lebensregel war, die meisten der Gefangenen waren auch Junkies, die unter Drogen standen, auf Entzug waren oder den Entzug erst kurze Zeit hinter sich hatten, sodass die körperliche Motorik bei vielen gestört war. Der Anspruch, jemandem auszuweichen, um ihn nicht zu beeinträchtigen, und das auch noch in dieser klebrigen Enge, war den meisten Gefangenen genauso unverständlich, wie jener, sich nach dem Toilettengang die Hände zu waschen oder bei Darmdruck nicht genießerisch eine Hinterbacke zu heben und sich knatternd des Drucks zu entledigen.

Meine Augen brannten, der Kopf schien zu bersten und eine totale Erschöpfung sackte durch mein Blut, doch ich musste schreiben, mit meiner geliebten Lusitana sprechen, ihr alles erzählen und die Mauern überwinden, die man zwischen uns gestellt hatte. Verstärkt noch durch die flimmernde Übermüdung war es eine rauschhafte Reise durch Raum und Zeit, ein Segeln, ein Gleiten und Schweben auf den Wogen des Bewusstseins, ebenso wie ein zwischenzeitliches, wunderliches Eintauchen in die dunklen Tiefen darunter. Es war die Erinnerung, das Er-Innern des Lebens gegen das Ver-Äussern der Freiheit, die die wichtigste Waffe im Überlebenskampf während dieses langjährigen Freiheitsentzugs war. Es war das Anfüllen des düsteren, zerstörerischen Vakuums der Gefangenschaft mit dem Strom der Klänge und Bilder der Erinnerung, die die Leere zeitweilig aufhoben und mich für kurze Zeit ungeknebelt atmen ließen. In der Abwehr der äußeren Leere, der fast nichts anhaftete als der Schleim der Hässlichkeit und Vulgarität, intensivierten sich die Bilder der Erinnerung in dem Maße, wie sich meine Willensanstrengung intensivierte, die Farben, Töne und Bilder der Erinnerung – manchmal war es nur ein Hauch, ein Klang, eine Stimmung – zu konturieren und ihnen im Schreiben eine poetische Fassung zu geben. Erstmals sah ich bewusst, dass Poesie nichts anderes ist als die Fähigkeit zu intensivem, differenziertem und assoziativem Erinnern.

Irgendwann in der Nacht begann es immer vor meinen Augen zu flimmern, Kugelblitze zuckten durch mein Hirn, während ein Chaos von Klangfetzen durch meinen Schädel hallte: die zärtliche Stimme von Cheyenne, die Akkordfolge von „Start Me Up" der Stones, die Signalhörner der Tejo-Fährschiffe, das höhnische Lachen der Guardas, die Erkennungsmelodie der portugiesischen Tagesschau. Völlig ausgebrannt war mir dann, als würde eine hendrixsche Rückkoppelungsorgie durch meinen Schädel hallen.

Ich lag nun erstmals auf der Gefängnisbahre und hatte das Gefühl, lebendig begraben in einem Sarg zu liegen, umringt von laut atmenden Untoten. Der Grabdeckel knapp über mir war eine mit ordinären Schmierereien überzogene dünne Sperrholzplatte. Darauf, im mittleren Bett, schnarchte Gil, darüber ließ Adreano, der sich unruhig hin und her wälzte, den Bettenturm schwanken. Neben mir auf dem Boden stöhnte und ächzte einer der beiden jungen Killervergewaltigungspsychopathen im Entzugsschlaf. Der Fernseher meckerte hämisch, die Transistorradios fiepten, und auch ansonsten tönte die allnächtliche Geräuschglocke durch die Zelle. Die Nachtgefangenen, die am Tag schliefen, lachten, schwatzten und stritten, während die schlafenden Gefangenen sich mit Schnarchen, Stöhnen, Knirschen und Furzen bemerkbar machten und „Porto" raschelnd durch die Zelle streunte. Das waren die Freuden meiner Lissabonner Auslieferungshaft. In den verschiedenen deutschen Knästen sollten andere Herausforderungen auf mich warten.

Die Eigenheit des Gießener Gefängnisses bestand in einer besonderen Fensteranordnung, die nur einen sehr beschränkten Ausblick zuließ. Das erleichterte einen herrlichen mediterranen Blick – in die eigene Fantasie.

Die Zelle selbst ein ungefähr 7 qm enger schmuddeliger Kerker; eine Pritsche, auf der anderen Seite des Zellenschlauchs, nur eine knappe Armlänge Bewegungsraum lassend, die Toilette als Nachttischchen. Darüber eine nackte Neonröhre. Ein Waschbecken, ein Schrank, eine schmale abgeschabte Tischplatte. Vergilbte Wände, mit obszönen Kritzeleien und Flecken von Zahnpasta übersät, im Gefängnis der gebräuchliche Klebstoff für alles, was an die Wände geheftet wird. Die Wände so pappedünn, dass man das Schnarchen, Furzen und Rülpsen aus den Nachbarzellen hörte, ganz zu schweigen von dem Technomusik- und Fernsehlärm, dem eingezwängten Gebrülle aus den Fensterlöchern, dem Stühlerücken, den Tritten gegen die Eisentüren, dem regelmäßig wiederkehrende Geräusch der umseitigen Toilettenspülungen und dem Krach, wenn ein Gefangener wieder einmal seine Zelle zerlegte. Worauf die Beamten wiederum ihn zerlegten, bevor sie ihn in den Bunker warfen, der hier in Deutschland ein wirklicher Bunker war. Außerdem befand sich im Keller des zweistöckigen Gießener Gefängnisgebäudes, in dessen erstem Stock ich meine Herberge hatte, die Werkhalle, deren Akkordmaschinen tagsüber durch die dünnen Decken hämmerten.

Im Frühling/Sommer wurde neben den Werkbetrieben unter uns die gesamte Kellerebene renoviert, um neue Duschräume zu errichten. Acht Stunden täglich hämmerten Pressluft- und Vorschlaghammer durch die Zellenlöcher, sodass wir Gefangenen das Gefühl hatten, in geschlossenen Sardinenbüchsen zu hocken, auf die von allen Seiten mit dem Hammer eingeschlagen wird. Wie die meisten Gefangenen lief ich täglich für Stunden durch den Käfig, brüllte unversöhnliche Flüche, trat gegen die schwere Eisentür und machte bis zur Erschöpfung Liegestütze, nur um die zerfetzten Nerven lose zusammenzuhalten und nicht völlig irrezuwerden. Dennoch zwang ich mich auch in dieser Lärmhölle, mindestens einige Stunden am Tag an Cheyenne zu schreiben.

Am Härtesten traf es die Gefangenen im Bunker, der Strafzelle, die sich ebenfalls im Keller befand und die ein abgeschottetes kahles Kellerloch war.

Ein junger Russe im Bunker schrie den ganzen Tag vor Pein so durchdringend, dass wir es in den kurzen Lärmpausen bis hinauf in die Zellen hören konnten. – Am Abend sang ich am Fenster für den russischen Jungen und mich das geheiligte „Jumping Jack Flash" der Stones („I was crowned with a spike right through my head") in einer schleppend schwerblütigen Bluesfassung.

Unabhängig von dem dröhnenden Umbaulärm war der allgegenwärtige Lärmterror der lieben Mitgefangenen in allen erlebten Gefängnissen Normalität. Die wenigsten besaßen die Strukturen, die ein soziales Verantwortungsgefühl möglich machten. Ebenso wie in Lissabon war auch in deutschen Gefängnissen rücksichtslose Asozialität für die meisten Gefangenen eine natürliche Selbstverständlichkeit.

Dadurch, dass der ständige Lärm – als eines von vielen repressiven Elementen der Gefangenensituation – schon im Vorfeld zu einem permanenten Schlafentzug führt (Ich pendelte während der langen Haftjahre zwischen null und verschwenderischen fünf Stunden nächtlich), wird mit der körperlichen auch die seelische und gedankliche Kraft des Gefangenen zermürbt und der ohnehin schon ausgelaugte Gefangene weiter geschwächt. Ich glaube, dass genau aus diesen Gründen und aus Bequemlichkeit in den Gefängnissen nur halbherzig gegen den Lärmterror vorgegangen wird, oder man ihn ganz gewähren lässt, da eigenständige Gefangenengedanken und gestärkte Gefangene immer auch subversiv sein könnten. Ich dachte an den guten alten Schopenhauer: „Der Lärm ist die impertinenteste aller Unterbrechungen, da er sogar unsere eigenen Gedanken unterbricht, ja zerbricht!"

Ist die Gießener Haftanstalt in der nach innen gerichteten Kerbbauweise konstruiert, so ist das große Kölner Gefängnis – mit ungefähr 1250 Gefangenen das größte Nordrhein-Westfalens – in der offenen Kammbauweise angelegt, bei der von langen Gangröhren, beidseitig versetzt, einstöckige Hafthäuser abgehen. Jedes Hafthaus besitzt einen eigenen grünen Freistundenhof, auf den die Zellenfensterfront ausgerichtet ist.

Die allgemeine Überbelegung deutscher Gefängnisse zeigte sich in Köln darin, dass die auch hier ungefähr 7 qm engen Einzelzellen im Parterre mit zwei Gefangenen und nur im ersten Stock einzeln besetzt waren. Neuankömmlinge wurden auf eine sogenannte 2er-„Notgemeinschaft" zusammengelegt und mussten oftmals monatelang auf eine frei werdende Einzelzelle warten.

Man legte mich in Köln zu einem sich beständig aus allen Körperöffnungen beschmutzenden Junkie auf Heroinentzug. Noch am ersten Abend schrieb ich einen Antrag, in dem ich mein Recht als U-Gefangener einforderte, unverzüglich auf eine Einzelzelle gelegt zu werden. Andernfalls würde ich in einen Hungerstreik treten. Am nächsten Morgen hatte ich eine Einzelzelle. Bestimmt nicht aus humanitären Erwägungen oder rechtlicher Verpflichtung, sondern um Unruhe und die allgemeine Informationsverbreitung über dieses Gefangenen-Grundrecht zu vermeiden, von dem die wenigsten Gefangenen eine Ahnung haben.

Die Doppelbelegung einer Einzelzelle oder die Verlegung auf eine Gemeinschaftszelle, die häufig auch überbelegt war, hatte unterschiedliche Gründe. Der häufigste Grund war eine allgemeine Überbelegung der Gefängnisse. Gefangene wurden aber auch ganz bewusst in die Obhut anderer Gefangener gegeben, wenn bei ihnen Suizidgefahr drohte, sie anderweitige psychische Probleme hatten, sie auf Drogenentzug waren oder noch nicht abschließend einzuschätzen waren. Was natürlich äußerst kontraproduktiv sein konnte, wenn die Obhut aus dominanten, sadistischen Mitgefangenen bestand. – Andererseits gab es Gefangene, die unter keinen Umständen allein in eine Einzelzelle geschlossen werden wollten. Sei es, weil sie allein depressiv wurden, weil sie die Unterhaltung im Kreise Gleichgesinnter suchten, weil sie in der Gemeinschaft besser ihre Drogensucht und illegale Knastgeschäfte organisieren konnten, manchmal aber auch weil sie eine Knastbeziehung ausleben wollten.

Im Gegensatz zu den in sich versiegelten schummrigen Zellensärgen in Gießen war es in Köln ein Labsal, durch ein großformatiges Gitterfenster einen relativ offenen Blick auf den parkähnlichen grünen Freihof zu haben, und über die gegenüberliegende Mauer hinweg in einen offenen Himmelsausschnitt. Allerdings war der fast 24-stündige Lärmterror, begünstigt durch die weiten, im Sommer offenen Fenster, noch durchdringender als in Gießen. Bis tief in den Morgen mischte sich in das Technogehämmer, den geifernden Rechtspunk und schrill jaulende orientalische Folklore das Poltern gegen Decken, Wände und Türen, sowie stundenlanges Gebrülle aus den Fensterwaben.

Unabhängig von dem lärmenden Chaos um mich herum erlangte ich durch die offenen Gitterfenster wieder ein Gefühl für die Jahreszeiten. Was umso schmerzhafter die Sehnsucht nach Cheyenne und der Freiheit aufbrechen ließ.

Oft stand ich nachts, wenn das Hafthaus langsam zur Ruhe kam, am offenen Fenster und sog mit der Nachtluft gierig die Düfte der dahinziehenden Jahreszeiten ein, keuchend vor Lebenshunger und voll schmerzhafter Wehmut, während der kalt blutende Mond hoch über diesem Friedhof mit seinen atmenden Särgen stand wie über einem trüben Tümpel, der langsam versumpfte und an seinem eigenen modrigen Gestank erstickte. Passend zu diesem Gefühl war das Wissen darüber, dass die gesamte Gefängnisanlage, die auf einer von Ratten unterwühlten Schutthalde angelegt war, langsam absackte.

Nach der Gießener Kerbbau- und der Kölner Kammbauweise musste ich mich in Hagen mit der sogenannten Atriumbauweise auseinandersetzen. Das Hagener Gefängnisgebäude war in einem 6-stöckigen, nach innen offenen Karreebau angelegt, die winzigen Zellenfenster unter der Decke auf den engen, schlundartigen Hof ausgerichtet. Das Auswahlgefängnis verfügte fast nur über Zweier-, Dreier- und Viererzellen, lediglich im obersten sechsten Stockwerk gab es einige Einzelzellen.

An einem düsteren, frostigen Februartag traf ich in Hagen ein. Nach der üblichen Warterei in einer vollgepferchten stinkenden Wartezelle die Einweisung: „Sie gehen in eine Dreiernotgemeinschaft im 3. Stock!"

Als sogenannter Strafhäftling hatte ich, im Gegensatz zur Untersuchungshaft, keinen Rechtsanspruch mehr auf eine Einzelzelle. Da mir vor einer überbelegten Mehrfachzelle („Notgemeinschaft") graute, widersetzte ich mich.

„Ich erhalte entweder eine Einzelzelle im obersten 6. Stock oder Sie können mich direkt in den Bunker bringen. Ich werde das auch nicht diskutieren. Es ist Ihre Entscheidung: Entweder Einzelzelle oder Bunker." (Der Bunker ist in deutschen Gefängnissen ein abgeschottetes kahles Kellerloch mit einem Betonblock als Pritsche, oben und unten für „Notfälle" mit Hand- und Fußschellen versehen, einem Notdurftloch und einer Bibel als einziger erlaubter Lektüre. Über allem ein schattenloses Neonlicht, das man von innen nicht ausschalten kann, sowie ein ständig wachsames Kameraauge. Doch man war allein).

Nach kurzer Irritation schaute der Kammerchef noch einmal tiefer in meine Akte und rief beim Sicherheitchef an. Ich erhielt eine Einzelzelle im obersten 6. Stockwerk. Ich ging nur ein einziges Mal in die Freistunde, die für meine Abteilung einmal täglich morgens um 7 Uhr ausgerufen wurde. Im Nachtdunkel watete ich auf dem Grund des trostlosen Betonschlundes durch schmutzigen Schneematsch, hoch über mir das kleine schwarze Karree des Himmels. Kein Windhauch rührte sich in dem Schlund, und so musste ich mit der nassen Nachtluft den Zigarettenqualm meiner Mitgefangenen inhalieren, die, tief in ihre Gefängnisparkas geduckt, im Kreis herumtrotteten und dünne Rauchschwaden absonderten. Da die Situation in diesem „Freihof", bedrückender war als der Aufenthalt in dem schummrig dunklen Zellenloch, verließ ich die Zelle in der Folgezeit nur noch zum zweimaligen wöchentlichen Duschen; zudem einmal in der Woche zum einstündigen Sport, der irgendwo in diesem labyrinthartigen Gebäude in einem engen überfüllten, fensterlosen Raum stattfand.

Wie in Gießen und Köln absolvierte ich täglich ein Gymnastikprogramm und schleuderte jeden Abend Tisch und Stuhl auf die Zellenpritsche. Bis zur Erschöpfung sprintete ich dann die zweieinhalb Meter von Wand zu Tür hin und her, während ich dazu wie ein Kojote Nirvanas „Rape Me" gegen die Wände heulte.

Frühmorgens begann der Lärmterror. Eine kalte Kerkermeisterstimme aus dem Zellenlautsprecher bohrte sich ins Gefangenenbewusstsein: „Guten Morgen! Stehen Sie auf, waschen Sie sich und putzen Sie sich die Zähne!" Darauf folgte bis zum „Nachtverschluss" eine blecherne Ansage der vorausgegangenen.

Auf meinem Weg durch die Geschichte der Gefängnisarchitektur kam ich, nach der Erfahrung der Gießener Kerbbau-, der Kölner Kammbau- und der Hagener Atriumbauweise nun in Remscheid in den Genuss der altehrwürdigen Kreuzbaukonstruktion. Der mächtige Remscheider Gefängniskoloss, der schwer und düster wie das kafkasche Schloss auf einem Hügel über dem Ort thronte, war im Jahr 1906 errichtet worden. Der Bau ist in einer mehrstöckigen, glasüberdachten Kreuzform angelegt, bei der, von einer Plattform im Zentrum aus, über der die gläserne Überwachungskanzel hängt, symmetrisch 4 dreistöckige Flügel abgehen. Die langgestreckten Flügel sind in sich offene Treppenhäuser, in die das Licht durch das schmutzig-trübe Glasdach hereinschummerte, in denen vom Parterre bis zum 3. Stock jeweils zu beiden Seiten die Balustradengänge mit den Zellenreihen verliefen. Sicherheitsnetze auf der Höhe des 1. Stockwerks bewahrten die Gefangenen vor Wurfgeschossen, Hinabwurf und Suizidversuchen.

Ich landete, entgegen aller Proteste – das Gefängnis war wie üblich überbelegt – in einer lauten, heruntergekommenen Parterreabteilung in einer Doppelzelle; zusammengeworfen mit einem fetten, kriecherischen Psychopathen aus dem Sauerland, der wegen wiederholten Fahrens ohne Führerschein einsaß und mehrmals täglich mit Psychopharmaka vollgestopft wurde, um seine Psychose auf die Zelle zu fesseln, wo ich mich mit ihr vergnügen durfte.

Am Tage um mich herum vertrauter, schrill hämmernder Umbaulärm sowie der verfettete Jammerlappen – nachts sein von Wehleidsseufzern durchzogenes Schlafwälzen unter mir. Zwangsläufig spielte ich täglich mehrere Stunden die, mit Sicherheit von den Offiziellen insgeheim erwartete betreuerische Schulter für meinen Mitgefangenen, der noch lebenslängliche 3 Monate abzusitzen hatte.

Auf mein tägliches Drängen bei der zuständigen Bereichsleitung erreichte ich nach 3 Wochen eine Verlegung in eine gerade frei gewordene Einzelzelle in einem anderen Flügel; allerdings wieder auf eine Lärm umbrandete Parterreabteilung, ausgerichtet auf den um 5 Uhr morgens erwachenden Küchenhof mit den stinkenden Müllcontainern direkt vor dem kleinen Gitterfenster, das man nur über einen Stuhl erreichen konnte. Ich brauchte noch 3 Monate täglichen Einsatz und weitere 3 Zellen, um dort anzukommen, wohin ich von Anfang an wollte: in eine Einzelzelle, im dritten Stock, unter dem Dach, auf der anderen Flügelseite, zum ruhigen Freihofpark hin, mit einem weiten offenen Blick über das Städtchen, sowie dem dazugehörigen halben Sonnenuntergang.

Was ich all die Zeit wusste, bestätigte sich als ich als Kammergefangener auch in der Einweisung arbeitete, wo nach Aktenstudium und manchmal auf höhere Weisung hin von den Kammerbeamten ausgesprochen wird, auf welche Zelle der frisch eingewiesene Gefangene „gelegt" wird: So wie man mich aus rachsüchtiger Schikane und zur Schwächung immer erst einmal in das unvorteilhafteste Loch verfrachtete, erhielten willfährige und beliebte „wiedereingefahrene" Gefangene („Die alten Bekannten") direkt bei der Aufnahme eine Einzelzelle und die im bevorzugten oberen Stockwerk, wenn eine frei war.

Parallel zur Überbelegung durch Gefangene erlebte ich in den Knästen auf der anderen Seite eine dramatische Unterbesetzung durch das Gefängnispersonal. Es fehlte und fehlt nicht nur dramatisch an Gefängnisaufsehern (laut der Gewerkschaft Verdi fehlten 2017 bundesweit rund 2.000 Justizvollzugsbeamte, um „ordentlich Vollzug zu machen"). Ich musste auch sehen, dass es nicht nur viel zu wenige Sozialarbeiter, Psychologen und auch Pfarrer gab, sondern Stellen dieser für die Resozialisierung so entscheidenden Gefängnismitarbeiter sogar noch gestrichen wurden. Typisch das bereits erwähnte persönliche Beispiel, das der Normalfall im Vollzug war: Ich musste über ein Jahr auf einen Termin bei einem Psychologen warten, um dann endlich mit den lediglich eine ¾-Stunde wöchentlich stattfindenden „Therapiegesprächen" beginnen zu können. Womit sich das ganze zu durchlaufende Prozedere für den Gefangenen und damit auch die mögliche Entlassung ohne Schuld des Gefangenen um ein Jahr nach hinten schiebt.

Nachdem die Gefängnisse in den 90er Jahren und zu Beginn des neuen Jahrtausends allesamt überbelegt waren und die Gefangenenzahlen danach kurzzeitig zurückgingen, stiegen sie 2016 im Zuge der Migrantenkrise wieder. Besonders die Zahl der muslimischen Gefangenen ist hochgeschnellt. Die Gefängnisse überfüllten sich wieder, die Gefangenen mussten wieder mehr zusammenrücken, Gemeinschaftsräume wurden wieder zu Haftträumen umgebaut. Die zunehmende Enge, interkulturelle Spannungen und fehlende angepasste Betreuungsmaßnahmen lassen den Knastkessel immer wieder hochkochen und explodieren (Siehe Kapitel 10).

4. Gefängnisgeist und Überlebens-
kampf im Rattenstall

Ein Gefängnis liegt außerhalb von Raum und Zeit. In der öffentlichen Wahrnehmung liegt es irgendwo zwischen Sodom und Gomorrha, ein unfassbarer Ort des Horrors, der dem unbescholtenen oder nicht ertappten Normalbürger einen wohligen Schreckensschauer über den Rücken laufen lässt. Für den Gefangenen liegt es irgendwo zwischen Mond und Mars, ein abgeschotteter und verwüsteter Planet, auf dem jeder Schritt kontrolliert wird, die Maßstäbe verschoben sind und auf dem ganz eigene Regeln, Zwänge und Prioritäten herrschen.

Ob nun in der portugiesischen Massenzelle oder in den Zweier- oder Einzelzellen der deutschen Gefängnisse, ob nun im Verhältnis zu den Mitgefangenen oder den JVA-Beamten, ich musste mich in dieser Schattenwelt nach außen hin immer vollständig unter Kontrolle haben, in jedem Schritt entweder meinen klaren Instinkten oder meinen klaren Überlegungen folgen. Entscheidungen musste ich immer unmittelbar treffen, schnell, einschneidend und in dem stets wachen Bewusstsein, auf einer schmalen unsicheren Planke zu balancieren. Ich hatte mich von einem weltmännischen Lebemann in ein in die Ecke getriebenes Tier verwandelt, das immer auf dem Sprung war und offennervig nach allen Seiten witterte, jederzeit bereit zu reagieren und sich zu verteidigen, in der verzweifelten Ahnung, sich nicht mehr aus dem Fangeisen befreien zu können.

Die düstere Schattenwelt des Gefängnisses ist von vibrierender Spannung, Unruhe und einem beständig schwelenden Unsicherheitsgefühl durchzogen. Der Gefängnisgeist ist davon geprägt, dass die Beamtenschaft die Gefangenen nie zur Ruhe kommen lässt. Der Sträfling wird immer in einem permanenten Zustand des Gehetztseins, der Verunsicherung und der Angst gehalten. Zum grundsätzlichen Entzug der Freiheit, mit allen Selbstzweifeln über das eigene Scheitern, der Unsicherheit über den Ausgang der Verfahren, den Verlust der Liebsten oder der Familie, der Sorge um eine ungewisse Zukunft kommen die Antreibereien und spöttischen Sadismen der Wärter wie die Intrigen und Attacken der Mitgefangenen.

Darein fügt sich, dass ein Gefangener natürlich keine geschützte Intimsphäre hat. Gefängniswärter klopfen in der Regel nicht an, bevor sie die Zelle aufschließen. So lauscht man als Gefangener mit einem Ohr immer auf Schritte und Schlüsselgerassel, wenn man die Toilette aufsucht, onaniert oder sonstige Dinge tut, die man nicht unbedingt mit einem Schließer teilen will. In diesem Zustand permanenter überreizter Anspannung zucken die ausgelieferten Nerven bei jedem aufgezwungenen Geräusch zusammen: unter dem alltäglichen Gequäke der unangekündigten Zellenlautsprecherdurchsagen, dem aggressiven Lärm auf dem Gefängnisgang, dem allgegenwärtig sich nähernden Schlüsselgerassel, dem Kreischen der Eisentüren, den Kommandostimmen der Wärter, wie den Verbalattacken der Mitgefangenen auf dem Gang, in der Freistunde oder aus den Fenstern heraus.

Die Auseinandersetzungen mit den lieben Mitgefangenen waren in allen Gefängnissen das Zermürbendste wie auch Zeitraubendste dieser langjährigen Gefangenschaft. Den Schließern, die natürlich vielfältige Möglichkeiten der Schikane hatten, konnte ich letztlich immer mit ein paar scharfen Worten oder einem geringschätzigen Lächeln die brüchigen Nägel schneiden. Den Mitgefangenen jedoch konnte ich nie ganz entkommen.

Neben immer wieder auftretenden offenen Bedrohungen, Erpressungsversuchen und Gewaltattacken ist ein Gefangener im Rattenloch Gefängnis unentrinnbar umgeben von einem Brei aus heuchlerisch vorgegebener Kameradschaftlichkeit, gegenseitiger Denunziation und einer krebsartigen Verbreitung von Gerüchten und gezielten Fehlinformationen. Alles initiiert zur eigenen Vorteilsnahme wie gegenseitigen Schwächung und Erbauung. Begünstigt durch die desolate Gefangenensituation knetet sich dieser hässliche Brei bei den zumeist ohnehin schwach ausgebildeten oder stark deformierten Gefangenenpersönlichkeiten aus Neid, Eifersucht und Boshaftigkeit. Es herrscht tief lauerndes Misstrauen gegen jeden und alles, sowie ständig präsente Angst, in dieser unentrinnbaren Situation selbst Opfer zu werden oder einen persönlichen Vorteil nicht erhaschen zu können.

Man kann sagen, die Angst Opfer zu werden wie die Furcht davor, im Ringen um den eigenen Vorteil ins Hintertreffen zu geraten, waren die beiden bestimmenden Gefühlsvehikel auf der ohnehin unkontrollierbaren emotionalen Achterbahn, auf der sich ein Gefangener ausgeliefert fühlt. Dazu kam bei dieser zusammengepferchten Internationale der ertappten Sünder die latente Furcht und Abwehr dem Andersartigen gegenüber, sei es in Gestalt einer anderen Rasse, einer anderen Religion, einer anderen Kultur, einer anderen Nationalität, einer anderen Geschlechtlichkeit, einer anderen Sensibilität oder Denkweise oder einfach eines anderen, subjektiv auffälligen Auftretens.

Nach der Auslieferung aus Lissabon wurde ich in der ersten deutschen Gefängnisstation in Hessen zunächst mit einem Polizeipitzelgefangenen zusammengelegt. Immer wieder wurden Gefangenenspitzel auf mich angesetzt, wobei ich schnell lernte, Intrigen und sich anbiedernde Gefangene zu erkennen, die sich — für ein Versprechen auf Hafterleichterung, frühzeitigen Gefängnisurlaub oder vorzeitige Entlassung — zu Spitzeldiensten korrumpieren ließen.

Gleich am ersten Tag im Gießener Gefängnis eröffnete mir der selbstgefällige junge Sicherheitschef, dass ich als einziger Gefangener der Anstalt unter Sonderbewachung stehe; man würde täglich meine Zelle durchsuchen, meine Kontakte überwachen und ich hätte vorerst keinen Zugang zu den Freizeitgruppen. Ich lächelte dem aufgeblasenen Staatsbüttel entspannt ins Gesicht, in dem sich eine überraschte Enttäuschung ausbreitete, als ich sagte: „Die vorübergehenden

Unannehmlichkeiten in Ihrem Hause werde ich wohl eine Zeit lang in Kauf nehmen müssen."

Die Freiheit, der lauernden Erwartung auf einbrechende Schwäche und Verzweiflung nicht zu entsprechen, und der repressiven Gefängnismaschinerie stattdessen mit spöttischem Stolz gegenüberzutreten, war auch in Deutschland die letzte Freiheit, die ich meinen Kerkermeistern gegenüber hatte.

Meine Kontakte wurden überwacht, ich war von den Sport- und Freizeitgruppen ausgeschlossen und meine Zelle ebenso wie parallel dazu mein Körper wurden täglich eingehend inspiziert.

Ich schrieb, machte Sport und zog mich völlig in mich selbst zurück. Ich machte keinen „Umschluss" mit meinen Mitgefangenen (so nennt sich die „Freizeitmaßnahme", sich bei einem anderen Mitgefangenen mit einsperren zu lassen) und drehte in der Freistunde, bei jedem Wetter und durch alle Jahreszeiten meine einsamen Joggingrunden auf dem Gefängnishof.

So anstrengend und ermüdend es ist, so notwendig ist es in jedem Gefängnis, gleich beim Eintritt in diese Schattenwelt seinen Stand zu machen. Da ich an diesem Ort unkultivierter Hässlichkeit als „schöner Mensch" direkt auffiel, musste ich mich in jedem einzelnen Knast mit denselben Anwürfen auseinandersetzen. Weder ein Muskelkämpfer, ohne große ordinäre Klappe und auch ohne Geld, musste ich eine ganz eigene Durchsetzungsvariante wählen.

Als ich zum ersten Mal im Gießener Knast nackt in der Gemeinschaftsdusche stand, nahmen mich zwei tattooübersäte Muskelpakete, die mich um einen Kopf überragten, in die Mitte.

„Hey, sach ma, biste n Mädchen oder biste schwul?!", blaffte mich der eine an und hing zwei faulige Hasenhauer zum Lüften raus, während sich der andere, an dem nicht ein Härchen auszumachen war, lauernd grinsend zu mir hinunterbeugte. Ich versuchte mich auf die Augen des Sprechers zu konzentrieren und nicht auf sein faszinierendes Gesichtstattoo, das aus einer schwarzen Spinne bestand, die fett auf seiner Nase saß und ihre dürren Tentakel in ein Netz krallte, das sich bis zu den Ohren, seinem Haaransatz und seinem Hals hinunter spannte.

„Damit liegste bei nem Bewerbungsgespräch bestimmt ganz weit vorn", schoss es mir durch den Kopf während ich, äußerlich so ungerührt wie innerlich zerreißend gespannt, antwortete:

„Wisst ihr, Jungs, bringt mir eure Ladys vorbei. Ich verführ erst eure Frauen und mach sie glücklich, dann verführ ich eure Töchter und mach sie glücklich. Dann trink ich mit eurer Oma noch 'n Tässchen Tee und lass auch sie mit nem Lächeln auf dem Gesicht zurück. − Danach können wir dann nochmal über euer Schwulenproblem reden."

Die beiden tumben Muskelmonster blickten sich mit kindlich verwirrtem Blick an, für einen Moment hing ein Gewaltausbruch in der aufgeladenen Luft, dann schauten sie auf mich hinunter, schlugen sich gegenseitig mit ihren Pranken ab und grölten „Höhöhö − Der Mann ist in Ordnung".

Es war für mich die typische Situation in diesem testosteronüberschwemmten, alphamännchenorientierten Affenstall: Man durfte nicht zurückzucken, um nicht zum Bananenträger zu werden. Ich war mir natürlich nie sicher, ob ich mit meinem Spiel durchkam. Es gab immer diesen Spannungsumschlagspunkt, an dem man mich auseinandernehmen oder aber respektieren würde. Letztlich hatte ich meistens einfach nur das richtige Gespür. Wenn man wache Sinne und eine gewisse intellektuelle Geschmeidigkeit besitzt, weiß man allerdings auch nach kurzer Zeit die richtigen Knöpfe zu drücken. Dicke Nüsse und eine Portion kamikazehafter Dreistigkeit sollte man allerdings auch mitbringen. Es ist wie in jeder extremen Lebenssituation, ob nun im Knast, bei einem Banküberfall oder im Liebeskampf – man sollte sich mit wachem Verstand dem Fluss seiner Instinkte hingeben und entsprechend handeln.

Bei den Justizvollzugsbeamten war es nicht anders. An meinem ersten hessischen Gefängnismorgen wurde ich um 5.30 Uhr von einer Kommandostimme aus dem Zellenlautsprecher aufgefordert aufzustehen, bevor um 5.45 Uhr ein Schließer in meinem Rücken die schwere Eisentür aufriss und losbrüllte:

„Kerle, mach dich in drei Sekunden an die Tür oder dein Morgenhappi fällt aus."

Ich schnellte herum und funkelte ihn an:

„Junge, für dich immer noch „Sie"! – Und jetzt treten Sie bitte zur Seite, ich will mein Frühstück in Empfang nehmen."

Der ältliche Schließer, wie fast alle Beamten in diesem Knast eine autoritäre Persönlichkeit, die nur tritt oder getreten wird, aber der Welt nicht auf gleicher Augenhöhe gegenübertreten kann, wich mit einem blickgesenkten „Bitte" einen Schritt zurück. Der Mitgefangene der Nachbarzelle, ein junger ägyptischer Taschendieb, der zehn Sekunden später den gesamten Lebenshass des hässlichen alten Mannes zu spüren bekam, musste es ausbaden.

Ob nun vonseiten der Gefangenen oder der Schließer, im Knast war alles darauf ausgerichtet, das gefangene Individuum zu entwürdigen, kleinzumachen und immer wieder die Grenzen auszuloten, wie weit man den Einzelnen niederdrücken kann.

Natürlich ist der Geist, die allgemeine Atmosphäre in einem Knast immer auch sehr abhängig von der Mentalität der dort arbeitenden Vollzugsmitarbeiter. Wenn man den Gefängniskosmos als Pyramide sieht, so besteht der breite Sockel aus entmündigten, befehlsempfangenden Häftlingen, darüber stehen die die tagtäglichen Befehle ausgebenden Schließer, darüber wiederum die Sozialarbeiter, Psychologen und Pfarrer, deren Aufgabe der Ausgleich und die Unterstützung der Gefangenen sein sollte, darüber die Abteilung Sicherheit und Ordnung, die auch die mittlere Ebene kontrolliert, während über jener wiederum quasi als göttlicher Richter die Gefängnisleitung schwebt, die immer das letzte Wort hat.

Es ist bei dem Häftling-Vollzugsmitarbeiter-Verhältnis wie bei allen menschlichen Beziehungen, nur klarer abgegrenzt: Die Ohnmacht des einen (des Häftlings) ist die Macht des anderen (des JVA-Beamten). Und inwieweit diese Macht eingesetzt und auch missbraucht wird, ist mitentscheidend für die allgemeine Atmosphäre in einem Gefängnis.

Die Schließer in der Lissabonner Auslieferungshaft strahlten eine lethargische Unlust und Dösigkeit aus, die nur manchmal unterbrochen wurde durch kurz aufblitzende, genussvoll zelebrierte Sadismen. Sie erinnerten an mexikanische Gefängnisaufseher in alten Italowestern. Aber auch hier gab es natürlich einige wache, empathische Vertreter ihrer Zunft. Die dortige Sozialarbeiterin war, ebenso wie die Anstaltsleitung, nie wirklich ansprechbar, ein Psychologe kam mir nie unter, und ob es überhaupt einen Pfarrer gab, kann ich nicht sagen.

In Gießen, wo ich nicht einmal wusste ob die Anstaltsleitung männlich oder weiblich war, und ich weder einen Psychologen sah noch einen Sozialarbeiter beanspruchte, war besonders auffällig, dass der größte Teil der Schließer teilweise offen rassistisch rechtsradikal und von einer provinzhessischen Tumbheit und Humorlosigkeit war, die ebenso vulgär wie lebensverachtend zutage traten. Ihre hauptsächliche Lebensbefriedigung schien sich in ihrer kleinen absolutistischen Macht über die ihnen ausgelieferten Gefangenen und deren Missbrauch zu gründen. Typisch für sie war ein allgemein verbreiteter verächtlicher Befehls- und Antreiberton, aber auch ein gekränktes Unverständnis darüber, wenn ein Gefangener vor ihrer rüden Autorität nicht sofort buckelnd in die Knie ging. Auch hier gab es einen freigeistigen clownesken Aufseher mit ruppig empathischem Umgangston, ebenso wie einige engagierte mitfühlende Dienstanfänger, die aber innerhalb kürzester Zeit, von der bösartigen Meute der alteingesessenen Beamten zurechtgestutzt, ihr idealistisches Engagement verloren.

Die Justizvollzugsbeamten in Köln erlebte ich, unabhängig von einigen machtmissbrauchenden Vertretern ihrer Zunft, zumeist als freundlicher und hilfsbereiter als jene in Gießen, wiewohl auch als weltoffener, gebildeter und über einen belebenden rheinischen Humor verfügend, was zu einer humaneren Atmosphäre als in Hessen führte. Anders als vor allem im Remscheider Knast zählte für die meisten Kölner Beamten eher der Mensch, die Persönlichkeit des Gefangenen, und nicht konturlose Unterwürfigkeit und Kriecherqualität. Einem Psychologen war ich in Köln nie begegnet und die Sozialarbeiterin belastete ich ebenfalls nicht. Von dem dortigen Pfarrer, der sich auf die Anstaltsleitung berief, als er mir die Bitte abschlug, mit Cheyenne erstmals nach Jahren telefonieren zu können, hörte ich nur etwas, wenn er draußen auf dem Gang an meiner Zellentür vorbeischlich, um regelmäßig einen hübschen jungen Tunesier, der wegen Vergewaltigung einsaß, aufzusuchen. Von der Existenz der für mich zuständigen stellvertretenden Kölner Anstaltsleiterin, Frau Maier-Lüdenscheid, erfuhr ich erstmals als sie nach Ende der Kölner Prozesse auf die Anfrage des Landgerichts, ob man mir eine Telefongenehmigung für Cheyenne gewähren solle, schriftlich mitteilte: „Aus Gründen der Anstaltsordnung spreche ich mich gegen die Erteilung einer Erlaubnis zur Entgegennahme eines Telefonates aus Portugal aus. Der damit verbundene Aufwand wäre nur vertretbar, wenn für dieses Telefonat besondere Dringlichkeit bestünde. Solche ist nicht erkennbar." Sie hätte auch formulieren können: „Wir arbeiten schon so lange an der Zerstörung des einzigen Sozialkontakts des Gefangenen, der für ihn alles bedeutet, dass wir es auch weiterhin tun sollten."

Später, als ich verstärkt Gefangeneninteressen wahrnahm und regelmäßige Auseinandersetzungen mit Frau Maier-Lüdenscheid führte, die eine bekennende Lesbe war, trat ich ihr erstmals von Angesicht zu Angesicht gegenüber. Obwohl von Mitgefangenen vorgewarnt, war ich doch derart überrascht von der unbeschreiblichen Hässlichkeit und zynischen Bösartigkeit dieser Dame, dass ich jegliches Opfer ihrer Begierde bedauerte und meine Überzeugung eines fundamentalen Burka-Verbots ins Wanken geriet. Eben diese Dame wechselte, wie bereits geschildert, auf ihrem Karriereweg auf den Posten der Vorsitzenden des Vollzugsamts, deren Aufgabe es eigentlich ist, Entscheidungen von Anstaltsleitungen zu kontrollieren und zu überprüfen, und die in Absprache mit der stellvertretenden Anstaltsleiterin in Remscheid meine dortige Beschwerde über viele Monate verschleppte und letztlich negativ entschied. So schloss sich das kafkaeske Spinnennetz.

Waren in Gießen meine schikanösen Hauptgegner die Abteilung Sicherheit und Ordnung, die auf Anweisung des unsichtbaren Direktoriums arbeitete, war es in Köln die stellvertretende Anstaltsleiterin, so waren es in Remscheid, wie eingehend geschildert, die Anstaltsleitung im Verbund mit dem psychologischen Dienst.

Der Geist im Remscheider Gefängnis war getragen von einem süßlichen, unausgesprochenen Austausch zwischen Gefangenen und Anstaltsverantwortlichen; einem Austausch von Unterwerfung und Konformismus gegen Lockerung und vorzeitige Entlassung in die Freiheit. – Wie konnte dieses Zuckerbrotprinzip funktionieren? Nun, wer kein Rückgrat hat, wird ohnehin kriechen. Die Wankelmütigen lernen es schnell und auch die vermeintlich Stolzen lassen sich fast immer aufweichen oder aus Berechnung darauf ein. Das süße Gift verführerischer Lockerungen und vorzeitiger Entlassung war so stark, dass es fast alle Gefangenen infizierte und manche vor keiner Seelenprostitution zurückschrecken ließ; auch nicht davor, sich selbst und Mitgefangene zu denunzieren und Spitzeldienste für die Beamten zu leisten. Der Lohn für die Unterwerfung waren Freiheitsjahre der so knapp bemessenen Lebenszeit, die man mir auf der anderen Seite nahm.

Wie bereits angesprochen, ist festzustellen, dass in deutschen Gefängnissen ein personeller Mangel an Gefängnisaufsehern bestand und besteht der sich einschränkend und spannungsfördernd auf den Vollzugsalltag aller auswirkt. Parallel dazu herrscht Unterbesetzung und Überlastung der sozialen Dienste (Psychologen, Ärzte, Sozialarbeiter, Pfarrer). Wobei ich persönlich kaum einen dieser Vertreter in den einzelnen erlebten Haftanstalten ernst nehmen konnte: Manche waren einfach inkompetente Stümper, andere rückgratlose Feiglinge oder, besonders häufig bei der Spezies der Psychologen anzutreffen, selbst beschädigte Seelen, die intensiver therapeutischer Begleitung und Obhut bedurften (siehe Kapitel 2).

Schaute man sich die Biografien der Schließer an, so waren viele Quereinsteiger, die z. B. zuvor als Metzger gescheitert waren, oder aber, durch die Rationalisierungsprogramme anderer Staatsunternehmen (z. B. der Post) gefallen, auf der untersten Stufe des Gefängnisaufsehers gelandet waren. Wobei ich eine Lanze für diese Berufsgruppe brechen möchte, deren Arbeit, die völlig unterbewertet wird, hohe Anforderungen stellt: ein hohes Maß an individuellem Einfühlungsvermögen, sozialer und interkultureller Kompetenz, sowie sensibler wie robuster Durchsetzungskraft und Resilienzpotential. Und ich traf einige Schließer die diesen hohen Ansprüchen genügten – nicht sehr viele, aber genug, um nicht die Hoffnung zu verlieren. Die sozialen Gefängnisdienste, insbesondere Psychologen und Ärzte, hatten im Knastkosmos allgemein den Ruf als „die Versager, die es draußen nicht geschafft hatten". Da ich glücklicherweise nicht mit so vielen dieser Herrschaften zu tun hatte und ich weiß, dass auch in Freiheit ein Haufen professioneller Stümper und so mancher „Dachdecker" (Knastjargon für Psychologe) mit tiefen Sprüngen in den eigenen Ziegeln herumstolpert, kann ich das empirisch nicht bestätigen.

Im Knast trifft man nicht den Durchschnitt der Gesellschaft, die überwiegende Mehrheit der Häftlinge entstammt dem sozialen Unterholz – was natürlich auch daran liegt, dass die meisten gebildeten und cleveren Straftäter sich nicht fassen und inhaftieren lassen. Die wenigsten Häftlinge haben eine abgeschlossene Schul-, geschweige denn eine Berufsausbildung und die Fähigkeit zu verbaler Artikulation und Konfliktlösung („Ich hau dich weg") ist häufig äußerst begrenzt. Die meisten Gefangenen haben eine schwach entwickelte und mit einem gestörten Selbstwertgefühl belastete Persönlichkeit. Fast alle leiden unter einem fehlenden Urvertrauen, das früh zerstört wurde, was maßgeblich zu ihrer Kriminalisierung beigetragen hat. In der alles durchdringenden Misstrauenskultur des Gefängnisses, in der keiner dem anderen traut und auf engstem erzwungenem Raum die unterschiedlichsten Menschen mit zerstörtem Urvertrauen und schwach ausgeprägtem Sozialgefühl aufeinander losgelassen werden, kommt es zwangsläufig zu permanenten Spannungen, Übergriffen und Gewaltausbrüchen, wobei Opfer zu Tätern werden und umgekehrt. Außerdem bilden sich ständig wechselnde Allianzen, einzig zum Zweck des momentanen eigenen Vorteils. Freundschaften gibt es nicht, es bilden sich Zweckgemeinschaften auf Zeit, von denen sich beide Seiten Vorteile versprechen, die sich aber je nach Veränderung der Verhältnisse und Interessenslagen in immer neuen Konstellationen aufstellen. Dabei werden frühere Interessenspartner häufig zu aktuellen Gegnern. In der hautengen, mit 26 Gefangenen überfüllten portugiesischen Massenzelle war das noch offensichtlicher. Fast täglich kam es zu mehreren Gefangenenabgängen, die direkt mit Zugängen aus den Wartezellen wieder aufgefüllt wurden. Somit konnte ich hautnah erleben, wie sich die Machtverhältnisse, Gruppierungen und Kameradschaften ständig verschoben und die Machtstrukturen und Hierarchien immer wieder neu ausgekämpft wurden. In diesem dynamischen und ständig im Umbruch begriffenen Gruppenleben, das von unablässig aufbrechenden Spannungen, Verbalattacken und Gewaltausbrüchen geprägt war, war man permanent gezwungen, Farbe zu bekennen und Entscheidungen zu treffen, die die eigene Integrität betrafen, die beständig provozierend herausgefordert wurde.

Im Gefängnis findet eine totale Durchdringung des gefangenen Menschen statt. Es ist eine äußere Kontrolle durch ständige Beobachtung durch Mitgefangene und Wärter, der man sich nicht entziehen kann und eine innere Kontrolle, die im vergewaltigenden Freiheitsentzug und in der seelischen Besitznahme durch Intrigen, Denunziationen und Gerüchten besteht.

Das Gefängnis macht nackt. Es entblättert und macht transparent. Besonders in der Massenzelle gibt es kein Entrinnen. Man steht 24 Stunden am Tag unter der Beobachtung seiner Mitgefangenen. Niemand wird sich auf Dauer immer verstellen können, selbst wenn er sich noch so sehr anstrengt. In diesen endlosen Tagen in der Massenzelle, in erzwungener Nähe, überreizter Angespanntheit und körperlicher wie seelischer Geschwächtheit und in der ständigen Herausforderung provozierender Bewährungsproben, werden letztlich all seine Masken abfallen und sein Charakter, und damit seine Seele, vor aller Augen nackt zu Tage treten.

Gefahren lauern in einer solchen Gefangenschaft von allen Seiten. Sie kommen von der feindlichen zerstörerischen Außenwelt, doch sie schlummern vor allem im Gefangenen selbst. Ich war erschreckt, wie rasant sich die Gefangenen einreihten und sich, unter „freiwilliger" Selbstaufgabe, der repressiven Anstalts- wie der destruktiven Gefangenen-subkultur unterwarfen. Und ich erlebte, wie sie mit der Verinnerlichung des Gefängnisgeistes sich auch äußerlich, in ihrem Gesichtsausdruck wie in ihrer Sprache und Be-wegungsmotorik, anglichen. Eine Gleichförmigkeit, die sich in der portugiesischen Massenzelle auch darin äußerte, dass eines Tages alle Gefangenen zum Knastfriseur gingen und mit Lagerhäftlingsglatzen zurückkamen, ohne dass das von Seiten der Gefängnisleitung eingefordert worden wäre. Ich, der ich als einziger blauäugiger Nordländer in der Massenzelle ohnehin aus den dunkelhäutigen, mulatten-farbenen und schwarzen Mitgefangenen herausstach, war jetzt mit meinen langen blonden Locken noch augenschein-licher ein einsamer Gegenpol zur allgemein verbreiteten Gleichförmigkeit.

In der portugiesischen Auslieferungshaft, in der ich völ-lig ahnungslos war, was auf mich zukommen würde, aber auch in den deutschen Gefängnissen, lebte ich in einer in sich geschlossenen, dunklen Unterwelt. Ich war einem über-mächtigen, anonymen Apparat ausgeliefert, ohne Möglichkeit auf das eigene Schicksal und die Vorgänge in der äußeren Welt einzuwirken. Mir kam es vor, als wäre ich eingesperrt in ein aus Raum und Zeit herausgelöstes Raumschiff, in dem eine Ordnung herrschte, die mich in ihrer surrealen Groteske an eine Mischung aus einem Albtraumgemälde von Hierony-mus Bosch, einer schrillen Slapstickkomödie und bösartigen Mickymaus-Comics erinnerte.

Die destruktivste Kraft des Gefängnisgeistes lag in der Gewöhnung an die Verhältnisse. Keine Kraft ist stärker als die der Gewöhnung, nichts anstrengender als der Kampf dagegen. Ich wollte diesen Kampf unbedingt gewinnen. Darum schrieb ich täglich mindestens 8 – 10 Stunden. Und so wurde der Sprengsatz der Poesie meine stärkste Waffe im Kampf um Cheyenne und gegen diese scheinbar ausweglose Falle. Ich erkannte, dass das tagtägliche Chaos des Lebens durch das Schreiben zu einer in sich offenen Geschichte aus Blut, Nerven und Träumen wird, die tief in den frühen Tagen der Kindheit wurzelt.

Je gröber und verkommener der Intellekt eines Häftlings, je grobschlächtiger seine Sensibilität, umso weniger Probleme hat er mit dem Gefängnisdasein. Dieser im Knast vorherrschende Typus, gewöhnlich gefängniserfahrene Intensivtäter, hat sich im Gefängnis wie in einer Heimstatt eingerichtet, deren Labyrinthe und überall aufgespannten Fallstricke er verinnerlicht hat und instinktsicher zu seinen Zwecken zu nutzen weiß. Er entwickelt ein Selbstverständnis, das mit sich und der Gefängniswelt in Einklang steht.

In der Knastkultur geht es immer nur um Machtdemonstration. Je stärker ein Gefangener sich aufplustert, je mehr er sich spreizt wie ein bösartiger Pfau, die Schwäche anderer Häftlinge ausnutzt und sie fertigmacht, je mehr er Beamte provozierend angeht und Gefangene wie Beamte mit gefälschten Denunziationen in die Falle lockt, umso stärker und unangreifbarer glaubt er sich. Was ein Trugschluss ist. Denn irgendwann werden alle zu Opfern. Am Ende sind alle

Verlierer, ob nun korrupte Gefangene oder mancher korrupte Beamte, der sich auf sie einlässt. Am Ende kommt keiner unbeschädigt aus dieser Seelenmühle heraus.

Setzt sich der Mensch in Freiheit häufig Grenzen durch erlernte und verinnerlichte moralische Werte, trifft man im Gefängnis viele Menschen, deren „moralische" Maxime ist *Egal was ich mache, ich kann soweit gehen wie ich nicht aufgehalten werde.* Im Kölner Knast erlebte ich, wie mich jemand nicht nur zu betrügen versuchte, sondern das auch noch prahlerisch, mit unterschwelliger Gewaltandrohung vor den Mitgefangenen feierte. Ein Konflikt, der im Knast täglich stattfand und gewöhnlich mit Gewalt zum Schweigen gebracht wurde. Ich hatte bereits in der Lissabonner Auslieferungshaft lernen müssen, dass Hilfe nicht immer Dankbarkeit auslöst. Im Gegenteil, da der Helfende immer in einer Machtposition gegenüber dem Geholfenen ist, der sich in einer realen Abhängigkeit befindet, ruft er auch unterschwellige Abneigung und offene Aggression bei dem Unterstützten hervor. Zumal wenn sich beide zwangsläufig ständig über den Weg laufen.

In Köln hatte ich einem deutschen Schläger nicht nur bei seiner Gerichtspost geholfen, sondern ihm dummerweise auch einmal – „bis zum nächsten Einkauf, ich schwörs" – Kaffee, Zitronentee und Schokolade vorgestreckt. Zum Stichtag ignorierte er mich in der Freistunde. Als ich ihn ansprach, vertröstete er mich unwirsch. Nachdem ich ihn im Laufe der folgenden Wochen immer wieder in der Freistunde erinnert hatte, gab er sich, in Demonstration vor seiner Gruppe Kleinkrimineller, zunehmend aggressiv, abfällig und bedrohlich, und beim letzten Mal auch unwissend. „Geh mir nicht auf die Eier, ich weiß nicht, wovon du sprichst." Die Kumpels lachten mit ihm das kleine schmutzige Lachen derer, die glauben man könne ihnen sowieso nichts. In Freiheit erlebt man auch, dass ein verliehenes Buch irgendwie abhandengekommen ist, eine Platte zerkratzt zurückkommt. Man ist enttäuscht, ärgert sich, dann hakt man es ab, geht auf Distanz und das war's. Doch die vernünftige „Der Klügere gibt nach und regt sich nicht über etwas auf, das er nicht ändern kann"-Variante funktioniert im Gefängnis nicht. Der Knast vergibt kein Versagen. Lässt man einmal etwas in der Art durchgehen, ist man ein Waschlappen, auf dem jeder seine Füße abtreten kann. Während ich mir eine Lösung überlegte, kam ein stiller junger albanischer Karatekämpfer, dem ich die Liebesbriefe an seine deutsche Freundin schrieb, auf mich zu.

„Reiner, keine Sorge, ich mach das für dich. Ich hol` dir die Sachen zurück." Dankbar für den Wink erwiderte ich:

„Tarek, wie machen das anders. Ich schenk dir die Sachen. Sag das der Ratte und lass sie dir geben. Und du behältst das Zeug, okay?"

Er verstand, dass das nicht nur für ihn, sondern vor allem für mich die beste Lösung war, da sie nicht den Eindruck aufkommen ließ, ich könne meine Probleme nicht selber lösen. Von Ferne sah ich, wie Tarek kurz mit dem Burschen sprach, der darauf heftig zu nicken begann.

Ob nun in portugiesischer oder deutscher Gefangenschaft, ich hielt mich aus allen Interessensgemeinschaften,

Intrigen und Geschäften der Gefangenen wie aus allen Mauscheleien mit Beamten heraus. Ich kroch in die letzten Winkel meiner Seele, die ich mit frischem Blut dadurch am Leben hielt, dass ich sie durch die ständige literarische Selbstvergewisserung, durch Körpertraining und die permanente Revolte gegen die repressive offizielle Anstaltskultur und die zerstörerische Gefangenensubkultur schützte und stärkte. Statt mich um mögliche Vergünstigungen zu bemühen, zog ich mich in die Freiheit des Rückzugs, in die einsame Askese zurück. Bereits zu Beginn der Lissabonner Auslieferungshaft hatte ich erkannt, dass man als Gefangener am unangreifbarsten lebte, je weniger man sich von den sogenannten Vergünstigungen und Freiheiten, und damit von den Beamten und Gefangenen, die darüber bestimmten, abhängig machte.

In der Lissabonner Haft kamen an Heiligabend drei Guardas an die Gittertür und forderten uns auf, unsere Blechnäpfe bereitzuhalten. Zur Feier des Weihnachtstages gab es einen Napf roten Weins. Die Gittertür wurde geöffnet und man ließ immer zwei Gefangene auf den Gang hinaustreten. Die Guardas füllten ihnen aus kleinen Tetrapacks jeweils einen Napf voll und trieben sie mit abfällig gegrinsten Kommentaren an, den Wein zügig in sich hineinzugießen. An der Zellentür standen die Gefangenen in einer langen Reihe, die sich durch die gesamte Massenzelle wand, und warteten geduldig, dass man sie zur Tränke hinausließ. Ich empfand die Prozedur als entwürdigend und lehnte ab. Ich wollte meinen Teil an Mitgefangene abtreten, doch es stand jedem Gefangenen maximal ein Napf zu, der unter den beaufsichtigenden Augen der Guardas sofort hinuntergekippt werden musste.

Die Art wie dieser Festakt der Weinausgabe durchgeführt wurde, offenbarte einen Gefängnisgeist, wie ich ihn nicht nur in Portugal, sondern auch in den deutschen Gefängnissen erleben sollte: Selbst eine sogenannte Vergünstigung, die dem Gefangenen ja eigentlich ein Stück Freiheit, Erleichterung und Normalität geben sollte, wurde ins Gegenteil verkehrt. Statt des Stücks Erleichterung und Normalität ließen die Beamten die Gefangenen gerade in dem Moment ihre völlige Fremdbestimmung und Abhängigkeit fühlen, in dem sie ihnen einen Augenaufschlag Freiheit und kleinen Fetzen momentanen Glücks versprachen. Es war ein System der Entwürdigung und Kleinmachung, ebenso wie ein Freiraum für die kleinen Sadismen der Wärter.

Meine erste Regel im Knast war: Bitte nie einen Beamten um etwas, sondern fordere nur das ein, auf das du ein verbrieftes Anrecht hast. Das Gleiche galt für die Mitgefangenen. Es war eine ganz einfache Rechnung: Lieh sich ein Gefangener eine Zigarette, einen Teebeutel oder eine Tafel Schokolade, so war er in diesem Moment nicht mehr unabhängig im Gefängnis. Also hörte ich mit dem Rauchen auf, trank Leitungswasser und machte Liegestütze, die ohnehin mehr Endorphine freisetzen als Schokolade.

5. Angeben, lamentieren und intrigieren – das verbreitete Gefangenenselbstverständnis

Als ich in das Lissabonner Polizeigefängnis eingeliefert wurde, hörte ich bald die ersten Geschichten der Gefangenen über ihre Taten, die vor allem zeigten, wie die Gefangenen sich selbst sahen. Diese Gefangenenselbstbeschreibungen, ob nun in portugiesischer Auslieferungshaft oder später in den deutschen Gefängnissen, waren fast alle geprägt von einer Mischung aus penetranter Prahlerei, selbstmitleidigem Wehklagen und dem selbstgerechten Beklagen ungerechter Urteile. Vor allem zeugten sie von einer blühenden Fantasie und einer ausgeprägten Fähigkeit zur Verdrängung.

Die wenigsten dieser unzähligen Gefangenengeschichten stimmten, die meisten entfernten sich von der Wahrheit, keine war greifbar. Es waren Tat- und Lebensgeschichten, die sich im Spiegel der Erinnerung und des eigenen Selbstverständnisses, unter dem Leidensdruck der Gefangenschaft und mit wachsendem zeitlichen Abstand verschoben und verzerrten. Geschichten, in denen die Maßstäbe verrutschten, die Zusammenhänge und Kausalitäten zerflossen und die Fakten ihre Konturen verloren und sich aufzulösen schienen. Geschichten, die eine schleichende Metamorphose erlebten, in deren Verlauf sich Täter in Opfer verwandelten, begünstigt durch zu erduldende Ungerechtigkeit und Erniedrigung durch Polizei, Justiz, Gefängnispersonal wie Mitgefangene.

Ebenso wie mich häufig offenkundige gerichtliche wie vollzugstechnische Fehlbeurteilungen während dieser langen Gefangenschaft empören sollten, sollte mich auch immer wieder eine verächtliche Wut packen, wenn Gefangene über ihre Lage und zu hohe Strafe jammerten, obwohl sie doch zumeist wussten, was sie taten und welche möglichen Konsequenzen ihr Handeln haben könnte.

In den ersten Tagen meiner deutschen Haft machte ich einige Male den nachmittags für zwei Stunden angebotenen Umschluss mit anderen Gefangenen der Abteilung, wobei sich bis zu fünf Gefangene in einer Zelle zusammenfinden konnten, um sich auszutauschen. Ich nutzte dieses Angebot anfangs, um mich über alles Notwendige, Gefängnis und Justiz betreffend, zu informieren, wobei ich mir natürlich die erfahrensten Ganoven aussuchte. Entgegen den gesetzlichen Bestimmungen waren auf den Abteilungen des hessischen Knasts Untersuchungs- und Strafhäftlinge wild vermischt. Nachdem ich das Nötigste wusste und mir ungezählte Heldentaten angehört hatte, machte ich keinen Umschluss mehr. Zum einen war die Situation mit zwei bis fünf Gefangenen in einer verqualmten 7-qm-Zelle nicht gerade dazu angetan, Erstickungsängste zu lindern. Zum anderen kreisten die ermüdenden Gespräche der Gefangenen fast ausschließlich um ihre Bravourstücke, den Mikrokosmos Gefängnis und die angeklagten Fälle. Die Gefangenen erzählten die fantastischsten Geschichten, sodass ich anfänglich den Mund vor Staunen gar nicht mehr zubekam. Fast jeder war Millionär, fuhr einen Ferrari, hatte sich von Angelina Joli einen blasen lassen, hatte noch irgendwo einige millionenschwere Dinger am Köcheln und fast alle waren so unglaublich clever, dass ich an der Frage zu verzweifeln drohte, warum sie denn dann in diese missliche Lage geraten waren. Als ich mit unschuldigem Lächeln einwarf, ich hätte nichts und würde weder allzu viel haben noch besonders viel wollen, schauten sie mich an wie einen Aussätzigen, der Ihnen gerade mit einem knappen Schnitt die Nüsse gekappt hatte, indem er ihnen das schillernde Gespinst ihrer Illusionen zerriss.

Natürlich sind diese Prahlereien und Seifenblasenglorifizierungen eines Gangsterlebens leicht durchschaubar und lächerlich. Doch darf man ihre gefährliche Wirkung auf junge, leicht zu beeindruckende Strafgefangene, die vielleicht noch am Scheideweg stehen und bei denen noch nicht alles verloren ist, nicht unterschätzen. (Dazu mehr im Kapitel „Knast als Schule des Verbrechens ...)

Nicht nur das bei fast allen Gefangenen zerstörte frühkindliche Urvertrauen und das daraus entwickelte gestörte Selbstbewusstsein führten zu diesen grotesken Prahlereien. Die schillernden Fantastereien hoben die Märchenerzähler für Momente aus der grauen Nichtigkeit ihrer entmündigten Gefangenenexistenz heraus. Sie brachten kurzzeitig ein schillerndes Gespinst aus Hoffnungen und Möglichkeiten zum

Leuchten, die sich nie erfüllt hatten und nie erfüllen würden. Auch schienen die Häftlinge eine griesgrämige innere Unzufriedenheit und das uneingestandene Wissen darüber, auf ganzer Linie gescheitert zu sein, zu diesen surrealen Fantastereien zu treiben. Das zeigte sich auch darin, dass den seltenen Anflügen von wirklicher Offenheit und Warmherzigkeit bei Mitgefangenen, die über reale zukunftsträchtige Hoffnungen sprachen, mit Spott und Zynismus begegnet wurde.

In der entblätternden Enge und Transparenz der Gefangenschaft fielen schnell die Masken und auch bei den scheinbar Härtesten und Gewalttätigsten trat häufig als stärkstes Charakteristikum, neben Prahlerei und dem Drang zur Intrige, eine infantile Wehleidigkeit hervor. Diese Wehleidigkeit rief bei mir das Bild eines Täters hervor, der über dem Grab seines Opfers bitterliche Tränen über sein eigenes Schicksal vergießt.

Dieses Verhalten war im Gefängnis gesellschaftsfähig. Es schien als würden sich die Gefangenen damit, wie mit einem hohen Wert der Menschlichkeit, selbst adeln wollen, obwohl das Ganze doch zumeist nur jämmerliche Selbstmitleidigkeit war. Wer darauf spöttisch herabschaute, war nicht beliebt. Ein alter Profigangster kam einmal auf dem Gefängnisgang im hessischen Knast auf mich zu:

„Hey, Zorro, du hast so ne arrogante aristokratische Art. Irgendwann wirst auch du in ner einsamen Nacht deine Fresse ins Kopfkissen graben und flennen wie n Schlosshund. Haben wir alle hinter uns. Dir wird der Hochmut schon noch ausgetrieben werden", blaffte er mich gehässig an.

„Mag sein, dass ihr das alle hinter euch habt", lächelte ich freundlich. „Doch ich werde in meiner Knastzeit nicht eine Träne vergießen." Dieser kurze Dialog fand zu Beginn der deutschen Haft statt. Den Schwur, nicht eine Träne zu vergießen, um mich weder sinnlos zu schwächen, noch um meinen Peinigern, Beamten wie Mitgefangenen, eine solche Genugtuung zu geben, hielt ich und es verließ in all diesen Gefängnisjahren nicht ein Tropfen meine Augen. Die erste Träne (der Freude) ließ ich nach 7 ½ Jahren im Wald laufen, den ich als erstes aufgesucht hatte, nachdem sich die Gefängnistore in die Freiheit öffneten.

Der Knast, in dem so viele verschiedene Ethnien und Religionen auf engstem Raum zusammengepfercht sind, ist wie ein Kessel, der beständig zu explodieren droht. Viele Gefangene definierten ihr Selbstverständnis durch Abgrenzung und Erhebung über andere (Landsmannschaften, Religionen oder Hautfarben). Es war wie häufig auch bei den unbescholtenen Bürgern in Freiheit: Der Andere, scheinbar Fremde wurde ausgeschlossen, abfällig behandelt. Es wurde gegen ihn intrigiert und die Schwelle, gegen ihn Gewalt anzuwenden, war niedriger.

Auffällig war, dass ein Großteil der türkischen Häftlinge, die den größten Migrantenanteil im Knast stellten, aber auch Migranten anderer Herkunftsländer, eine besondere Abneigung oftmals gerade deutschen Mitgefangenen gegenüber hegten. Das lag zum einen oft an ihrem eigenen Rassismus wie am Rassismus einzelner deutscher Häftlinge, nicht selten aber auch am Rassismus einzelner Schließer, die besonders Mitglieder südländischer Kulturkreise (Türken, Araber, Afrikaner) abfälliger behandelten und sie oft prinzipiell duzten. Es hatte aber auch mit der realen oder vermeintlichen Opferrolle zu tun, in der sie sich in der deutschen Gesellschaft sahen. Deutsche Häftlinge, die nie so gut organisiert waren, wie die Gefangenengruppen ausländischer Herkunft, wurden so öfter Opfer von Mobbing, Intrigen und körperlichen Übergriffen. Wie tief die Ressentiments saßen, zeigte sich sogar bei einer so scheinbar harmlosen Sache wie dem Fußball. Als Deutschland bei der Fußball WM 1998 im Viertelfinale gegen Kroatien mit 0:3 vorgeführt wurde, hallte ein lang anhaltendes Triumphgeheul durch die einzelnen Hafthäuser des Kölner Knasts. Als die deutsche Fußballnationalmannschaft nach einem schmachvollen 0:3 gegen eine portugiesische B-Elf in der Gruppenphase der EM 2000 ausschied, war es in der Remscheider JVA nicht anders (wobei ich als blondblauäugiger „Arierdeutscher" und „Wahlportugiese" der lauteste war).

Ich wurde in allen erlebten Gefängnissen als nach allen Seiten offener Internationalist nie auf meine Herkunft reduziert. Ich war Deutscher, wurde meist „Der Portugiese" oder „Zorro" genannt, sang Englisch, Brasilianisch und Spanisch, oder bei der Frankreich WM die französische Nationalhymne, weil sie einfach ein schönes Lied ist. Ich sprach gerne in anderen Sprachen und war immer an den Eigenheiten der Herkunftsländer der einzelnen Mitgefangenen interessiert, ob sie nun aus Brasilien, Marokko, Australien oder England, China oder Madagaskar kamen. Auch wenn ich Mitgefangenen bei ihrer Gerichtspost half, für ihre Angehörigen Briefe oder Liebesgedichte formulierte, interessierte mich nicht ihre Herkunft, sondern ausschließlich ihr Delikt. Vergewaltigern und Kindesmissbrauchern half ich nicht.

Durch meine Offenheit und Hilfsbereitschaft hatte ich bis zu einem bestimmten Grad Narrenfreiheit. Als Deutschland im Finale der WM 2004 gegen Brasilien stand, lief ich den ganzen Tag im Hafthaus und auf meinem Arbeitsplatz im Brasilien-Trikot von Ronaldo herum, der Deutschland dann auch mit 2:0 abschoss. Man schüttelte eher amüsiert den Kopf, als mich anzugreifen, zumal ich bis zum Ausscheiden Portugals das Portugal-Trikot Figos spazieren getragen hatte.

Wie sich abgehängt fühlende Häftlinge gegen die „Herrschenden", und in diesem Fall auch gegen den allgemeinen moralischen Konsens der westlichen Mehrheitsgesellschaft, solidarisierten, zeigte sich nie so erschreckend deutlich wie am 11.9.2001, dem Tag des großen Terrorangriffs auf die USA.

Ich hatte Gerüchte während der Arbeit auf der Kammer gehört und sah die ersten Fernsehbilder am frühen Abend, als ich von der Arbeit auf die Remscheider Zelle kam. Schock. Alles war möglich. Nachdem die Zellen für diejenigen Gefangenen aufgeschlossen wurden, die in die einzelnen Sportgruppen gingen, schritt ich im Hafthaus durch eine gelöst aufgekratzte, fast rauschhafte Stimmung, die sich unter den meisten der ausländischen Gefangenen verbreitet hatte. Allerdings ließen sich auch viele deutsche Gefangene von der Aufregung anstecken und genossen die Fernsehübertragungen des feigen Massenmords als eine willkommene Sensation und Abwechslung im monotonen Knastalltag. Später, unter der Dusche, erlebte ich, unterschiedlich abgestuft, offene Schadenfreude, Beifallsbekundungen und Hassausbrüche, die sich nicht nur gegen die USA, sondern gegen die gesamte westliche Kultur und Zivilisation richteten, deren Werte den Jungen ja erst die Freiheit gab, diese angstfrei mit Hass und Verachtung zu überziehen. Auffallend war, dass nicht nur arabische, türkische und andere muslimische Gefangene, sondern auch Russen, Serben und sonstige Gefangene eher orthodox christlicher Nationen ihre unterschwelligen Aggressionen ausbrechen liessen.

Bestürzt war ich, dass die individuellen Opfer des Anschlags überhaupt nicht gesehen wurden, sondern ausschließlich das fanalische Symbol, dass der selbstherrliche Weltregulator USA, der, in zerstörerischer Machtarroganz, willkürlich und ungesühnt, in das Schicksal ganzer Völker, und damit ungezählter Individuen, eingriff, in seinem imperialen Herzen getroffen und seiner Unantastbarkeit beraubt war. Wie an diesem Tage weltweit, war es auch im Mikrokosmos Gefängnis der Jubelschrei der Verdammten dieser Erde, die Internationale der Zukurzgekommenen und Unterdrückten, die sich für einen Moment in euphorischer Genugtuung aufrichteten. – „Alle sprechen jetzt voller Entsetzen von den paar tausend Opfern der Amis. Wer spricht von den ungezählten Opfern, die die USA mit ihrer imperialistischen Politik zu verantworten haben?!", war der Tenor der Aussagen, als ich auf die vielen Opfer des Anschlags und das individuelle Leid hinwies.

So bestürzt ich über die Gefühllosigkeit der Gefangenen gegenüber den Opfern war, so bestürzt war ich über die folgende menschenverachtende Instrumentalisierung des Anschlags zu Angriffskriegen und der Einschränkung westlicher bürgerlicher Freiheiten und die von den Gefangenen und Verdammten dieser Erde zu Recht angeprangerte unterschiedliche Wertung der Opfer, gerade auch in der westlichen Medienwelt. Wurde der Ermordeten des 11. Septembers fortgesetzt und auch ganz individuell gedacht, so sprach man bei den vielen Tausenden unschuldiger Zivilisten, die bei den folgenden Angriffen der USA und ihrer Verbündeten auf Afghanistan und Irak ermordet wurden, von bedauerlichen Tötungen und Kollateralschäden.

Ich ging an diesem Abend nach dem Sport kurz zu den drei US-amerikanischen Gefangenen des Remscheider Gefängnisses. Mickey versuchte verzweifelt, seine Angehörigen in New York zu erreichen, Ramon schwieg düster, Jeff, ein Hüne mit israelischem und US-Pass, spuckte aus:

„Wir werden diesen Windelköpfen die Nüsse rausreißen und sie ihnen in ihre Knoblauchhälse rammen!"

Mein Selbstverständnis als einsamer Outlaw und rebellischer Kopf schärfte sich naturgemäß in dem spießig kleingeistigen Knasteinheitsbrei. Dennoch hatten die meisten Mitgefangenen Achtung vor mir, wenngleich es ihnen bezeichnenderweise völlig unverständlich war, dass man einen

Teil der Beute anderen gab, statt alles selbst zu konsumieren. So sehr ich auch Respekt genoss, so schien ich doch viele Mitgefangene in ihrem Selbstverständnis zu beunruhigen, da sie meines nicht verstanden. Ich schien ihnen unheimlich, weil nicht fassbar und darum befremdlich, was sie provozierte und sie in ihrem Unbehagen manchmal auch unterschwellige Aggressionen gegen mich entwickeln ließ, die manchmal offen ausbrachen.

6. Schleimscheißer, Zinker und Ohrenbläser

In jedem Gefängnis tummeln sich die Schleimscheißer, die Ohrenbläser und Zinker. Bei den meisten Schleimscheißern ist die Schwelle zur Bereitschaft, zum Denunzianten und Spitzel zu werden, äußerst dünnflüssig. Wie über 80 % der Gefangenen nicht durch akribische Polizeiarbeit, sondern ursächlich durch Denunziation ins Gefängnis gelangen, so wird der Großteil der Rechtswidrigkeiten innerhalb des Knastes – illegale Geschäfte, Drogenhandel, organisierte Schutzgelderpressung oder auch Wärter-Gefangenen-Beziehungen und Fluchtvorbereitungen – durch „singende" Mitgefangene aufgedeckt. Diese versprechen sich davon Vorteile im Vollzug, sowie frühzeitige Lockerungen und vorzeitige Entlassung. All das kann zwischen korrupten Gefangenen und Vollzugspersonal ausgehandelt werden.

Eine andere Spezies sind die Ohrenbläser, Intriganten und Gerüchteverbreiter, deren Absonderungen im unentrinnbaren Knastsumpf des gegenseitigen Misstrauens natürlich genauso prächtig gedeihen wie die Bakterien in ihrem Mastgedärm. Wobei selbst die abstrusesten Gerüchte und Fehlinformationen beim überwiegenden Teil der Mitgefangenen auf fruchtbaren Boden fallen und vor sich hin gären.

Die Gründe für die Denunziation, das „Anschwärzen", sind vielfältiger Natur. Bei manchen Häftlingen ist die Motivation die blanke Angst, selbst Opfer einer Denunziation zu werden, die sie, quasi zum Selbstschutz, zum Verbreiten eines infamen Gerüchts veranlasst, um von sich selbst abzulenken. Das „Anschwärzen" kann aber auch ganz „pragmatische" Gründe haben, nämlich um eigene Interessen durchzusetzen und missliebige Mitgefangene auszuschalten: Neben der Erlangung von Vorteilen im Vollzug (zusätzlicher Besuch, Extrapakete), Erreichen von Vollzugslockerungen wie Hafturlaub, Verlegung in den offenen Vollzug oder vorzeitige Entlassung, kann der Grund die Entfernung eines ungeliebten Mitgefangenen aus der gemeinsamen Zelle, vom Arbeitsplatz oder einer Freizeitgruppe sein. Das Motiv kann auch sein, bestehende Hierarchien zu festigen und Nebenbuhler auszuschalten, oder aber diese Hierarchien als aufstrebender Neuling aufzubrechen. Der Beweggrund kann aber auch darin liegen, Eifersucht, Neid, rassistischen oder sonstigen Hassgefühlen nachzugeben. Der Auslöser für die Gerüchteverbreitung kann aber auch nur dem Wunsch entspringen, sich selbst zu spüren und ein Machtgefühl über das Schicksal anderer zu erleben oder aber schlicht profane Langeweile sein, um dem grauen Knastalltag ein paar selbstbefriedigende Lichter aufzusetzen.

In jedem Gefängnis traf ich die Zinker und Ohrenbläser, die Mitgefangene aushorchten und in Wärterbüros herumlungerten.

Nachdem ich nach Deutschland ausgeliefert worden war, wurde ich zunächst mit einem Polizeispitzelgefangenen zusammengepackt. Infolge wurden immer wieder Polizeispitzel auf mich angesetzt, um mich über meinen Fall auszufragen. – Wie gestaltet sich das? Nun, äußerst dümmlich.

Einmal bat mich ein älterer deutscher Mitgefangener um einen Umschluss, um ihm ein paar amerikanische Südstaatenlieder ins Deutsche zu übersetzen. Dieser allzeit devote Häftling, der seine alte Mutter in einer hitchcockschen Psychokonstellation mit einem Kerzenhalter erschlagen und in einem Betonschacht entsorgt hatte, war dafür bekannt, dass er gerne rührselige deutsche Volkslieder sang und den Schließern mitfühlende Gedichte schrieb. Trotz meines Unbehagens folgte ich der Bitte. Nach den Übersetzungen und ein wenig freundlichem Geplänkel begann der Mitgefangene scheinbar unverfängliche Fragen zu meinem Fall zu stellen. Ich ließ mich scheinbar widerwillig darauf ein, legte eine vernebelte Fährte und zog ihn langsam in ein Labyrinth widersprüchlicher Informationen, in dem er den Überblick verlor, sich mit seinen Fragen verfing und mir Informationen preisgab, die er nur von der Polizei aus den Akten erfahren haben konnte.

Im ersten Indizienprozess brachte die Justiz sogar einen Denunzianten als Zeugen gegen mich in Stellung, mit dem ich nie ein Wort gewechselt hatte. Ein offiziell anerkannter Multitoxikomane und Mithäftling aus der JVA Gießen sollte in polizeilichen Vernehmungen behauptet haben, dass ich mich ihm gegenüber in der Gefängnisfreistunde mit einem Karstadt-Überfall gebrüstet hätte, den ich mit drei Komplizen begangen hätte. „Darüber hinaus soll der Angeklagte von einem Banküberfall in der Nähe von Hamburg berichtet haben, bei dem er eine Damenstrumpfhose über den Kopf gezogen haben soll." (Urteilsbegründung) Der junge Junkie bestritt in seiner Zeugenvernehmung, „jemals entsprechende Angaben gemacht zu haben, so ‚breit' könne er gar nicht gewesen sein, und im Übrigen auf seine Drogenabhängigkeit gewiesen." (Urteilsbegründung)

Adelmo, mein italienischer Mithäftling, der den Denunzianten Kunz aus seiner langen Gefängniskarriere kannte, erklärte als Zeuge „dass Kunz wiederholt versucht habe, ihn über Laux und dessen Straftaten auszufragen." (Urteilsbegründung) – und bestätigte, dass ich niemals Kontakt mit dem Zeugen Kunz gehabt hatte.

Als ich in die Remscheider Haftanstalt eingewiesen wurde, hielt ich mich auch dort mit meinen Kontakten zurück und machte fast keinen Umschluss mit anderen Gefangenen. Neben dem Fundament des Schreibens war auch in Remscheid die zweite Kraft meiner vorübergehenden inneren Selbstbefreiung der Sport (Laufen, Tischtennis, Volleyball und Kraftsport). Im großen Remscheider Kraftraum stemmte ich allerdings keine Gewichte, sondern fuhr wie besessen, bis an die Erschöpfungsgrenze auf dem einzigen Standfahrrad. In meiner ersten Zeit schlug mir jedes Mal wenn ich den Kraftraum betrat eine geballte feindselige Energie entgegen, die ich nicht verstand. Wenn ich mich, den Rücken gegen die Wand gesichert, auf dem Standfahrrad abstrampelte und mit steinernem Gesicht und zu Sehschlitzen verengten Killeraugen die ungemütliche Umgebung beobachtete, während AC/DC's „Take No Prisoners" aus dem Walkman meine Bauchgrube durchbohrte, fühlte ich die hasserfüllten Blicke, die aggressiven Gesten und das unfreundliche Getuschel in meine Richtung, sowie die dünne Grenze, die meine Mitgefangenen davon abzuhalten schien, mich anzufallen.

Ein junger deutscher Großdealer, Unterführer der holländischen Hells Angels, dem ich ein Gedicht für seine brasilianische Freundin in Costa Rica geschrieben hatte, klärte mich auf. Mein lieber Kammerkollege Röschenheide hatte unter den Kraftsportlern das Gerücht gestreut, ich sei ein verurteilter Kindesmissbraucher. Der junge Hells Angel hatte die Mithäftlinge darüber aufgeklärt, dass ich „Zorro" sei, ein smarter erfolgreicher Bankräuber, und zudem ein kühler harter Bursche, der sich mit der gesamten Anstaltsleitung angelegt hatte. Die lieben Mitgefangenen hatten es darauf ja eigentlich schon immer gewusst, gerade auch was die allseits verhasste „intrigante Hausratte" Röschenheide anbetraf.

Beim nächsten Mal spürte ich schon beim Eintritt in den Kraftraum, wie sich die Stimmung gedreht hatte. Als ich auf dem Standfahrrad Platz genommen hatte, paradierten plötzlich alle, vormals so feindseligen Mitgefangenen, einer nach dem anderen, an mir vorüber, nickten mir anerkennend zu und klatschten wortlos mein Sportgerät ab.

Geradezu eine Parabel über den trüben, destruktiven Gefängnisgeist, in der sich alle Elemente von Intrige, Denunziation und Erpressung versammelten, erlebte ich mit dem oben bereits erwähnten lieben Mitgefangenen Röschenheide, der ein Arbeitskollege in unserer fünf Gefangene umfassenden Kammergruppe und mein Intimfeind in der Remscheider Haftanstalt war.

Röschenheide war ein Frauenmörder, ehemaliger Junkie und überzeugter Stalinist, der keine Stimme neben sich duldende, allein entscheidende, durch keine demokratische Wahl legitimierte Leiter und Sprecher der Gefangenenmitverwaltung (GMV). Er war dafür vom Gefängnisdirektor benannt und mit einmaligen Privilegien gesegnet, wie Extrapaketen und einem zusätzlichen monatlichen Besuch. Röschenheide, um die fünfzig, ein permanent verschwitzter Kettenraucher, die stechenden Rattenäuglein unter gesenktem Blick versteckt, biederte sich jedem Justizbeamten an, von dem er sich Vorteile versprach, so wie er die schwachen, einflusslosen Wärter in heroischem Selbstbewusstsein anpöbelte. Jeden Abend wieselte er nach Arbeitsschluss in gebückter Haltung durchs Hafthaus und hockte, denunzierend und jedes winzige neue Internum aufsaugend, in den einzelnen Schließer- und Abteilungsleiterbüros. Er verbrachte auch die Arbeitsruhepausen zumeist nicht mit uns anderen vier Kammergefangenen im Hinterraum der Kammer, sondern unterwürfig herzend und scherzend mit den beiden Kammerbeamten im Empfangsbüro. Diese integeren Kammerbeamten wussten ihn sehr wohl einzuschätzen. Ihnen war jedoch unser Privatkrieg, nach eigener Aussage, ganz recht, da sich so keine Front gegen sie bilden konnte.

Mit zwei altgedienten Beamten im Hafthaus hatte Röschenheide ein besonders inniges Verhältnis. Wenn sie Dienst hatten, verbrachte er in ihren Büros die Umschlusszeit gerne damit, mit ihnen am Computer die für Gefangene streng geheimen Gefangenendaten zu durchforsten und sie infolge erpresserisch gegen Mitgefangene zu nutzen. Insbesondere aufmüpfige Gefangene, die sein totalitäres GMV-System in Frage zu stellen versuchten, brachte er mit diesen illegalen Geheiminformationen zum Schweigen, womit er sich perfiderweise auch noch vor uns vier anderen Kammergefangenen brüstete. Dabei wusste er, dass die anderen drei zu feige waren, diese Information weiterzutragen, und ich als sein gehasster „Hauptfeind" ihn, den völlig verrotteten, amoralischen Denunzianten, aus grundsätzlichen Gründen niemals bei der Gefängnisleitung denunzieren würde. Mein Credo war: „Ich denunziere nicht einmal die die mich denunzieren, da ich mich damit auf ihre Stufe hinunterziehen würde".

So drängte Röschenheide jeden kritischen Gefangenen, und derer gab es ohnehin nur allzu wenige, aus den GMV-Sitzungen und sicherte sich seine unumschränkte Herrscherposition mit einschlägigen Drohgebärden („Ich weiß, dass du kein Betrüger bist, sondern ein Kinderschänder. Ich würde mich ganz bedeckt halten und bei den GMV-Sitzungen nicht mehr blicken lassen!" – „Ich weiß, dass du deine Mittäter, die in anderen Knästen sitzen, bei der Polizei verraten hast, um Strafnachlass zu bekommen." – „Ich weiß, dass du nicht das erste Mal im Knast sitzt, sondern schon 23 Mal vorbestraft bist." Usw.). Natürlich wurden vom GMV-Vorsitzenden Röschenheide entsprechend der Erwartungen der Anstaltsleitung keine elementaren Forderungen zur Verbesserung der Si-

tuation der Gefangenen gestellt, sondern lediglich Alltags-
kleinigkeiten angefragt, wie z. B. die Genehmigung eines
zweiten Blumentopfs auf der Zelle.

Ich selbst hatte mich in Remscheid von Anfang an nicht
für die GMV interessiert, da ich schnell gesehen hatte, welche Farce hier inszeniert wurde, und ich die lieben Mitgefangenen, die die Situation durchweg achselzuckend hin-
nahmen, auch nicht für wert erachtete, mich für sie um eine
unabhängige, demokratisch legitimierte GMV zu bemühen,
die sich wirklich für ihre Interessen einsetzte.

Nun trompete Röschenhagen eines Tages vor uns anderen
vier Kammergefangenen, dass er den Hausarbeiter meiner
Abteilung, einen Scheckbuchbetrüger, der ihm schon lange zu
aufmüpfig geworden war, aus seiner GMV kegeln würde. Ich
warnte den Hausarbeiter Babel, der ein aufrichtig streitbarer
Bursche zu sein schien und deutete an, dass Röschenhagen
eigentlich unzugängliche Informationen über ihn habe. Am
nächsten Tag wurde ich zur Chefin der Abteilung „Sicherheit
und Ordnung" gerufen. Sie erklärte mir, dass der Abteilungs-
hausarbeiter Babel schriftlich und mündlich behaupten würde,
ich hätte ihm gesagt, Röschenheide hätte Zugang zum internen Beamtencomputer auf unserer Kammer. Ich antwortete
wahrheitsgemäß dass das nicht wahr sei, versuchte unsere
beiden Kammerbeamten aus diesem ganzen Sumpf herauszu-
halten, und war im selben Moment aus moralischen Gründen
gezwungen, die Hausratte Röschenheide zu decken.

„Nein, ich habe niemals geäußert, dass der Gefangene Röschenheide Zugang zum Kammercomputer hat. Unsere bei-

den Kammerbeamten, Herr Jungfalke und Herr Brande, sind zwei integere, über jeden Zweifel erhabene Justizvollzugsbeamte, die niemals ihre korrekte Linie verlassen und die klaren Grenzen zwischen Beamten und Gefangenen verschwimmen lassen würden. Übrigens, hätte ein Gefangener Zugang zu irgendwelchen anderen Computern, z. B. im Hafthaus, würde ich aus grundsätzlichen Gründen selbst ein Arschloch nicht denunzieren, selbst wenn ich eine solche Tatsache für eine Sauerei halten würde."

„Herr Laux, das reicht mir", antwortete Frau Tierske von „Sicherheit und Ordnung", ohne meinen zweiten Satz überhaupt hören zu wollen, der eine wache und sensible Persönlichkeit ja wohl zum Nachdenken angeregt hätte.

Der Kammerchef, Herr Jungfalke, wurde ebenfalls zu Frau Tierske ins Büro gerufen; eine Tatsache, die ihn, den über jeden Zweifel erhabenen Grandseigneur, tief traf, wie ich sehen konnte, als er mich nach der Unterredung zu einem Gespräch unter vier Augen bat. Auch ihm konnte ich nur wahrheitsgemäß mitteilen, dass ich die von dem Hausarbeiter gemachte Behauptung nie geäußert hätte. Allerdings konnte ich auch ihm den eigentlichen Zusammenhang nicht offenbaren.

Der verantwortliche Röschenheide selbst – Auslöser und Schuldiger der ganzen Situation – wurde nicht einmal von der Abteilung „Sicherheit und Ordnung" gehört. Er grinste mich triumphierend an, als ich von der Unterredung zurückkam, wohlwissend, dass ich niemals jemanden, und nicht einmal ihn, denunzieren würde, dafür aber jetzt selber, ebenso wie der Kammerleiter, im Fadenkreuz der Untersuchung stand, deren einziger Angeklagter er hätte sein müssen. Er, den ich mit zusammengebissenen Zähnen sogar noch hatte reinwaschen müssen, wonach er noch frecher und offener mit seinen beiden Hausbeamten den Computer durchwühlen konnte.

Die Leiterin von „Sicherheit und Ordnung" kam einige Tage nach dem Vorfall auf unsere Kammer, plauderte lange scherzend mit Röschenhagen und ließ sich von ihm für ihren Hausgebrauch eine Großpackung eines besonderen Reinigungsmittels aushändigen.

Der Hausarbeiter Babel hatte jegliche Streitlust verloren und wurde infolge von Röschenheide aus der GMV gedrängt. Er war, wie Röschenheide aus dem Computer erfahren hatte und überall unter den Gefangenen verbreitete, kein Scheckbetrüger, sondern ein verurteilter Vergewaltiger, was mir ein vertrauter Stationsbeamter bestätigte. – So war ich in vielfältiger Weise der Kretin der ganzen Situation, da ich mich vom Hausarbeiter auch noch hinsichtlich seines Deliktes hatte täuschen lassen.

Heute sehe ich, dass ich einem moralischen Dogmatismus verfallen war. Ich glaube nicht mehr daran, dass man ein moralisches Prinzip immer über alles stellen muss, sondern denke, dass man in Ausnahmefällen davon absehen muss, weil in der Abwägung die moralische Verantwortung größer ist, amoralische Handlungen zu verhindern bzw. zu stoppen. Ich konnte zwar den moralischen Wert hochhalten, niemals in all den Jahren jemanden denunziert zu haben, doch lief deswegen auch die widerrechtliche, destruktive Kooperation zwischen den zwei Beamten und diesem Häftling unbehelligt weiter, und damit die Denunziationen und Erpressungen durch diesen Häftling. Heute würde ich diesen korrupten Gefangenen wie die zwei korrupten Beamten mit strategischer Intelligenz entlarven, ohne größere moralische Kollateralschäden zu hinterlassen. Wie sich zwei langjährige JVA-Beamte derart, vielleicht aus kindlich bösartiger Lust, denn es entstand ihnen daraus ja kein fassbarer Vorteil, zu solch ungeheuerlichen Handlungen hinreißen lassen und sich damit auch noch von dem Prototyp einer Sträflingsratte abhängig machen konnten, ist mir unbegreiflich.

Mich ließ die Wut über den Vorfall nicht los und so ließ ich wenige Tage später, an einem tristen Winternachmittag, als die Kammer voll mit Beamten und Gefangenen war, bewusst alle Kontrollmechanismen fallen. Ich brüllte Röschenhagen eine Generalabrechnung ins Gesicht, die ich mit „Du erbärmliches Würstchen ...“ einleitete. Ohne Einzelheiten zu benennen oder den geschilderten Vorgang auch nur anzureißen, gab ich eine konzentrierte Charakterstudie dieser Ausgeburt einer Gefängnisratte zum Besten. Röschenhagen war so überrascht sprachlos wie all die anderen Anwesenden. Zum Abschluss ließ ich ihn stehen und widmete mich meiner Arbeit, während die sich in der Gefängniskammer ausgebreitete Stille langsam löste. Für mich war der Ausbruch ein Befreiungsschlag, Röschenhagen und ich arbeiteten noch drei Monate bis zu meiner Entlassung zusammen, ohne das wir jemals wieder ein Wort wechselten. Letztlich hatte ich nur ausgedrückt, was fast alle Gefangenen und Beamten, auch die die sich aus opportunistischen Gründen gut mit ihm stellten, über diese Gefängnisratte dachten.

7. Entmündigung und Asozialisierung statt Resozialisierung

So schnell sich innerhalb der Gefangenenschaft auch Hierarchien und Abhängigkeiten herausbilden, so sind doch die obersten Prinzipien des Strafvollzugs Entmündigung, Entindividualisierung und Gleichmacherei. Der Gefangene ist bei Eintritt in die Haftanstalt vollständig seinem früheren Leben entrissen und seines gewohnten persönlichen und sozialen Schutzraums beraubt. Sein früheres Leben vor der Gefangenschaft – sein sozialer Status, sein Selbstverständnis, sein Lebensgefühl – sind bedeutungslos geworden. Er ist nackt in ein komplett neues soziales System geworfen, mit ganz eigenen Regeln, Wertigkeiten und Hierarchien, in dem er bei Null anfängt und gezwungen ist, sich entweder zu behaupten oder unterzugehen.

Der in den Knast frisch Eingelieferte legt mit seiner Privatkleidung auch alle Privilegien ab. Dem Obdachlosen, der eine Ersatzfreiheitsstrafe wegen Schwarzfahrens absitzt und dem Banker-Kapitalverbrecher wird die gleiche schlecht sitzende, zumeist zerschlissene Knasteinheitskleidung (die ausgeleierte Unterhose trug vielleicht zuvor ein Kinderschänder) und eine Nummer zugewiesen. Der Kammerbeamte entscheidet, welche Privatutensilien – wenige Bilder, Briefe, Bücher – mit auf die

Zellen, die alle die gleiche schlichte Grundausstattung haben, mitgenommen werden dürfen, bevor sich der Gefangene vor Beamten und Kammergefangenen völlig entblößen, nämlich nackt ausziehen und die Empfangsdusche absolvieren muss.

Wie sah meine Aufnahme im Kölner Gefängnis aus? Nach der Ankunft zwei Stunden Warten in einer stinkenden, überfüllten Wartezelle (Das Leben eines Gefangenen besteht hauptsächlich aus Warten: tagtäglich darauf, dass ein schlüsselrasselnder Schließer die verschiedenen Gefängnistüren öffnet, und grundsätzlich darauf, dass am Ende das große Tor in die Freiheit seine Flügel aufschlägt). Als ich als letzter Gefangener in die Aufnahme kam, trieb mich der dickleibige, sich um seinen Feierabend sorgende Kammerbeamte unwirsch zur Eile an. Der hyperventilierende Fettsack ließ mich gerade in dem Moment meine Sachen aus dem Pappkarton sortieren, als ich mich für die Fleischbeschau und Empfangsdusche ausgezogen hatte und nackt auf den kalten Fliesen stand. Innerlich vor Kälte und ohnmächtiger Wut zitternd, verlangsamte ich freundlich lächelnd meine Bewegungen und ordnete mit schleppender Eleganz meine Habseligkeiten. Dabei sprach ich an der zornroten Schließervisage entlang mit dem einen Kammergefangenen, der in der unaufmerksamen Feierabendatmosphäre einige Musikkassetten zusätzlich (zehn waren erlaubt) in meinen Zellenkarton packte. In einem unbeobachteten Moment fragte er mich flüsternd nach zu verkaufendem Schmuck. Vor der Dusche wurde mein Körper auf Erkennungsmerkmale wie Narben und Tattoos untersucht. Ich musste mich zu einer Analinspektion mit gespreizten Beinen nach vorne beugen und die Genitalien anheben, um zu zeigen, dass darunter keine Drogen, Maschinenpistolen oder Hubschrauber versteckt waren. Auf dem Weg zur Empfangsdusche wisperte mir der zweite Kammergefangene hinterher,

„Hey, Alter, haste n Piece im Arsch?"

Ich schaute ihn amüsiert an,

„Peace?! – Ja, ich hab' Frieden im Arsch, und da soll er auch bleiben."

Der Kammerbeamte entschied, mich auf eine sogenannte „Notgemeinschaft" zu legen; eine Einzelzelle, in die zwei Gefangenen gepfercht sind. Mein Mithäftling war der bereits erwähnte, sich aus allen Körperöffnungen erleichternde Junkie auf Heroin-Entzug.

Die äußere Struktur der Gefängnishaft ist geprägt durch eine totale Ausgeliefertheit und Kontrolle des Gefangenen durch das Gefängnissystem, die eine Entmündigung und daraus folgende Infantilisierung bewirkt, in der jede Eigenverantwortung und individuelle Entscheidungsgewalt verkümmert. Durch die völlige Fremdbestimmung und Rundumversorgung erlahmen individuelle Bestrebungen, aus eigenem Interesse heraus perspektivische Ziele zu entwickeln, die ein straffreies selbstbestimmtes Leben in Freiheit ermöglichen könnten. Eine zerstörerische Asozialisierung entwickelt sich durch die Zwänge des engen Zusammenlebens in Unfreiheit mit Anstaltsangestellten und Mitgefangenen.

Die Asozialisierung findet statt im Wechsel zwischen

einer repressiven offiziellen Vollzugs- und einer destruktiven Gefangenensubkultur, in denen der Gefangene den wahren Herausforderungen des legalen gesellschaftlichen Lebens in Freiheit völlig entfremdet wird. Der Gefangene steht unter dem Druck, sich mit der Anstaltskultur wie mit der Gefangenensubkultur zu arrangieren, um sich Vorteile zu verschaffen und vor Nachteilen zu schützen. Das Arrangement mit der Anstaltskultur fordert zumeist Unterwürfigkeit, Verrat und Täuschung ein, jenes mit der Gefangenensubkultur noch zusätzlich Gewaltbereitschaft.

Ich musste erleben, wie von Seiten der Anstalt Recht gebeugt, Gerechtigkeit verhöhnt und Gerichtsurteile neu geschrieben wurden, musste erfahren, wie versuchte Wahrhaftigkeit bestraft und Verlogenheit und Heuchelei belohnt wurden. Durch die offizielle Anstaltskultur wird im Gefängnis die Asozialität nicht nur honoriert, sondern geradezu gelehrt, während sie andererseits von der Gefangenensubkultur durch vorherrschendes Faustrecht gefördert wird. Angesichts der Tatsache, dass Haft extrem unterschiedlich erlebt wird, musste ich erkennen, wie sehr Recht und Gerechtigkeit auseinanderklafften. Soziale Werte wie Mitgefühl, Nachsicht, Aufrichtigkeit und Solidarität wurden als Schwäche ebenso verspottet wie Feingeistigkeit, Sensibilität und Gerechtigkeitssinn, während asoziale Werte wie beständiges Misstrauen, sich Verstellen und Täuschen, Gewaltbereitschaft, rücksichtslose aggressive Verbaldominanz und dümmliche Egoprahlerei hofiert wurden. Statt den Gefangenen während des Strafvollzugs in den Verhaltensweisen zu schulen, die ihm ein straffreies,

selbstbestimmtes Leben in Freiheit ermöglichen (Selbstver-
trauen in die eigenen Möglichkeiten, Offenheit, Empathie),
werden im Gefängnis genau die Verhaltensweisen gefördert
und von der Gefangenensubkultur mit Anerkennung bedacht,
die ihn zumeist erst ins Gefängnis gebracht haben und die ihn
zu großen Teilen wieder hineinbringen werden (Gewaltbereitschaft, Sich-Verstellen und Täuschen).

Gerade den grobschlächtigsten und verkommensten Straftätern und Berufskriminellen eröffnet die Strafhaft so zudem alle Möglichkeiten, weiterhin ungestört ihren abnormen
Gelüsten und gesetzeswidrigen Geschäften nachzugehen,
sowie ihren kriminellen Erfahrungsschatz zu erweitern.
Wobei sie häufig so harm- wie hilflose Kurzstrafer (z. B.
wegen Schwarzfahrens zu Ersatzfreiheitstrafen Verurteilte)
oder aber isolierte sensible und intellektuelle Gefangene bleibend schädigen oder gar zerstören und besonders junge Delinquenten, die auf der Kippe stehen und noch vor einer
kriminellen Karriere bewahrt werden könnten, in ihren ver-
brecherischen Sog zerren.

Anstatt sie aus dem Verbrechenssumpf zu ziehen, der sie
an diesen Ort gebracht hat, finden die verurteilten Straftäter
in dem abgeschlossenen Biotop Knast oft die idealen Bedingungen vor, in ihren diversen „Genres" einfach weiterzumachen sowie ihren kriminellen Horizont zu erweitern.
Der Junkie jagt sich weiter das Gift in den Körper, versucht
Mitmenschen zu bestehlen und prostituiert sich. Der Kinderschänder holt sich für ein paar Päckchen Tabak oder ein
Drogenkrümel junge Mitgefangene auf die Zellenpritsche.

Gewalttäter finden in der Faustrechtkultur des Knasts den idealen Raum, um weiter zu prügeln. Drogendealer bauen in der Subkultur ein nach draußen verknüpftes Netzwerk auf. Und der Hochstapler täuscht die Beamten, betrügt seine Mitgefangenen und verführt die Anstaltspsychologin (Nun ja, nicht immer, manchmal ist es auch ein Räuber oder Mörder der das übernimmt. Natürlich ist das nicht die Regel, doch habe ich in jedem deutschen Knast solche verbotenen „Amour fous" erlebt). Zusammengefasst kann man sagen: Häufig macht man einfach unter anderen Bedingungen weiter und verfeinert gleichzeitig seine kriminellen Instrumentarien, was jeder Resozialisierung Hohn spricht. Nebenbei geht man noch in die Therapiegespräche und bearbeitet die verurteilten Taten, ohne natürlich das aktuelle Tun zu erwähnen. Dabei versucht man natürlich diese Gespräche zum eigenen Vorteil zu nutzen.

Noch ein anderes, auf den ersten Blick groteskes Phänomen der langjährigen Entmündigung und Infantilisierung ist zu beobachten, was aber in sich schlüssig ist: Beides führt gerade bei nicht wenigen Langstrafern zu einer geradezu existenziellen Angst vor dem Tag der Entlassung in die Freiheit.

Auf der Gefängniskammer arbeitete ich mit einem verurteilten Raubmörder zusammen, der während der jahrelangen Haft völlig auf eine kindliche Entwicklungsstufe zurückgefallen war, in der er sich eingerichtet hatte wie in einem kuscheligen Kinderbettchen. Er fühlte sich im Gefängnis anerkannt, aufgehoben und hatte eine geradezu phobische Angst vor dem Gedanken an die unweigerlich auch auf ihn zukommende Entlassung in die Freiheit, die ihn aus der durchstrukturierten, ihm alle Entscheidungen abnehmenden „Geborgenheit" reißen würde. Sagte man ihm im Scherz „Na, Alter, nur noch 10 Jahre", so erbleichte er nicht ob der unendlichen Länge der abzusitzenden Zeit, sondern ob ihrer Begrenztheit. „Mich bekommt man hier nicht raus", antwortete er dann mit gehetztem Blick. „Wenn ich hier nichts anstelle, um zu bleiben, werde ich draußen schon was machen, dass ich hier wieder reinkomme." Um die Entlassung so weit wie möglich hinauszuzögern, lehnte er auch bewusst alle psychologischen Behandlungsangebote ab, zu denen man natürlich keinen Gefangenen zwingen kann.

Natürlich erscheint eine solche Haltung absurd. Doch wie sehen das Leben und die Zukunftsperspektiven eines zu einer längeren Haftstrafe Verurteilten real aus? Im Knast, wo ihm jegliche existenzielle Sorge genommen ist, arrangiert er sich mit der Situation. Sein früheres soziales Leben wird durch seine Mitgliedschaft in einem oft kriminellen Netzwerk der knastinternen Subkultur ersetzt. Sein Tag ist strukturiert, als Strafhäftling auch durch eine einfache Arbeit mit einem bescheidenen Auskommen. Im besten Fall hat er bei den internen Fachdiensten – Sozialarbeiter, Psychologen, Pfarrer – verlässliche Ansprechpartner, die ihm seelischen Halt geben. Er richtet sich im Knast ein, wogegen er in Freiheit zumeist alle Wurzeln verloren hat. Schon in der U-Haft ist ihm die Wohnung gekündigt worden. Wenn er denn eine hatte, hat er seine Arbeitsstelle verloren. In häufigen Fällen wendet sich seine Familie ab, meistens verlässt ihn seine Freundin. Er verliert schließlich seine Freunde, womit sich seine Wurzeln in Freiheit komplett auflösen. Nach der Entlassung wartet nichts als der Kraftakt eines völligen Neustarts unter denkbar schlechten Bedingungen. Je länger also die Haftzeit, umso schwieriger und aussichtsloser wird zumeist die Resozialisierung.

Im Verlauf der Gefangenschaft sollten mir immer wieder Gefangene erklären, dass sie sich im Gefängnis wohler fühlen würden und es sich hier besser leben lasse als draußen in Freiheit. Hier hatten sie ein sicheres Dach über dem Kopf, ein warmes eigenes Bett und regelmäßiges gutes Essen. Sie brauchten (in der U-Haft) nicht zu arbeiten und sich auch ansonsten keine existenziellen Sorgen machen. Alles wurde ihnen abgenommen und von außen bestimmt. Es gab Fernsehen rund um die Uhr und erbauliche Gesellschaft im Kreise Gleichgesinnter. Sie wurden oft in regelmäßigen Besuchen aufopferungsvoll von ihren Familien versorgt, die ihnen die Wäsche wuschen und reichlich Geld und Leckereien mitbrachten, die sie sich für ihre gefallenen Lieblinge vom Mund absparten. Die Angehörigen waren voller Sorge und Liebe, während sie in Freiheit meist nur an ihnen herumgemäkelt und sie zu lästiger Arbeit angehalten hatten.

Das Gefängnis als Mutterersatz, die Aufgabe der persönlichen Freiheit im Tausch gegen die brüchige Sicherheit totaler Versorgung. Der Wunschtraum einer jeden Diktatur.

Natürlich sah ich, dass für viele Mitgefangene die Freiheit ein bedrohliches Ungetüm nie endender und zu lösender Existenzprobleme darstellte, sodass sie sich in ihr bedrückter und unfreier fühlten als in der Gefangenschaft, wo ihnen zwar jede Lebensfreiheit genommen war, aber auch jegliche existenzielle Sorge. Auch muss man sehen, dass im Knast zumeist die Verlierer der Wohlstandsgesellschaft – die Ungebildeten, Hässlichen und Gebrochenen – konzentriert waren, die schon lange wussten, dass ihnen der Zugang zum Tempel fragwürdiger, kleinbürgerlicher Geborgenheit und Sicherheit auf immer verwehrt bleiben würde. Hier in der Gefangenschaft konnten sie, als akzeptierte Persönlichkeiten in der Gemeinschaft Gleichgesinnter, wachsen und erstmals in ihrem Leben ein lustvoll anerkanntes und von Selbstzweifeln ungeplagtes Selbstverständnis entwickeln. Wer hätte das Recht, ihnen das vorzuwerfen?!

Grundsätzlich sollen Gefangene in der Haft auf die Wiedereingliederung in die Gesellschaft vorbereitet werden. Doch sie werden zum größten Teil sozialer Eigenverantwortlichkeit entwöhnt, ausgestattet mit destruktiven Instrumentarien und belastet mit irreparablen Haftschäden, entlassen, bevor die eigentlichen Probleme in Freiheit beginnen, die mit dieser Hypothek im Rücken oft erst recht nicht zu bewältigen sind. Was häufig im „Drehtürvollzug" endet, insofern viele Straftäter zwischen kurzen Phasen in Freiheit und wiederholtem Strafvollzug pendeln, wobei viele Gefangene geradezu erleichtert in den vertrauten Schoß des Gefängnisalltags zurückkehren.

8. Drogenparadies Knast

An einem der ersten Wochenenden im deutschen Knast hatte mich der Hausarbeiter meiner Abteilung in der Umschlusszeit zu seiner 5-köpfigen Geburtstagsrunde in seine Einzelzelle geladen. Es gab eine Geburtstagstorte, Whisky, Haschisch, LSD, Speed, Kokain; dazu *Formel 1* mit Michael Schumacher im TV. Die legale Droge Alkohol, die im Knast allerdings illegal ist, hatte sich der Gefangene von einem Beamten gegen fürstlichen Lohn hereinschmuggeln lassen, die in Freiheit ebenfalls illegalen Drogen über den Besuch, zu dem er für eine halbe Stunde verschwand.

Nachdem das in Plastik fest verschweißte anale Drogen U-Boot mit einem allgemein heiß erwarteten „Plop" das Licht der Zelle erblickt hatte, dauerte es eine halbe Stunde, bis alles ausprobiert war und auch das LSD zu wirken begann. Ich trank ausschließlich Milch und betrachtete in dem verqualmten überfüllten 7-qm-Loch interessiert, wie sich mit dem voranschreitenden Kontrollverlust und der damit einhergehenden Auflösung jeglicher Scham und Würde eine dumpfe Glückseligkeit in der Zelle breitmachte. Ich, der ich auch ohne Drogen in dieser Zeit häufig das Gefühl hatte, auf einem Horrortrip zu sein, war froh als der Umschluss vorüber war.

In der zu mehr als 200 % überbelegten portugiesischen Massenzelle, in der ich interniert war, waren 80 % der 26 Gefangenen wegen Drogendelikten inhaftiert (bevor die später beschriebene drastische Wendung in der portugiesischen Drogenpolitik die Inhaftierungszahlen drastisch senkte). In der Massenzelle wurden Drogen geraucht, gesnieft und gespritzt. Zugedröhnte Gefangene dämmerten vor sich hin, torkelten rempelnd durch das überfüllte Verlies, hatten unkontrollierte Wutausbrüche, versuchten gegen den Widerstand der Mitgefangenen die Zelle zu demolieren oder zettelten in unerträglicher Entzugsspannung Streitereien und Schlägereien an. Sie erbrachen sich in Entzugskrämpfen und verstopften während ihrer Durchfallorgien das einzige Toilettenloch. Nachts wälzten sie sich stöhnend unter ihren Decken, fielen aus ihren Pritschen und schrien in qualvollen Entzugsträumen, wenn sie nicht ruhelos zitternd unterwegs waren und auf der Suche nach ein wenig Entlastung einem Mitgefangenen eine Zigarette oder irgendwelche Drogenkrümel zu stehlen versuchten.

In den erlebten deutschen Gefängnissen war es nicht anders. Allerdings war die Enge hier nicht so unausweichlich, es wurden eher Beruhigungsmittel ausgegeben, außerdem wurde früher reagiert und ein herumbrüllender oder seine Einzelzelle zerlegender Drogengefangener direkt mit „Hammermedikamenten" ruhiggestellt und in schwerwiegenden Fällen zusätzlich in eine Beobachtungszelle oder den Bunker gebracht.

Der Knast ist ein Rauschmittelzentrum, er beherbergt eine konzentrierte Drogenszene, so wie der Bahnhof Zoo oder der

Görlitzer Park. Die Drogenproblematik bestimmt in jedem Gefängnis entscheidend den Knastalltag von Beamten und Gefangenen. Sie verschärft die allgemeine Kontroll- und Repressionssituation für die Gefangenen wie sie den Arbeitsstress für die Beamten verstärkt. Die Schließer versuchen vergeblich den Drogenkonsum und die „Ameisenstraße" des Handels innerhalb der Knäste zu unterbrechen: durch Überwachung, unangekündigte Körper- und Zellendurchsuchungen, Urinproben und verstärkte Kontrollen der Gefangenenkalfaktoren, die eine gewisse Bewegungsfreiheit innerhalb des Knastes genießen. Und sie versuchen ebenso vergeblich durch Durchsuchung und Beobachtung der Besuche den Schmuggel in die Knäste zu unterbinden.

Die Drogen gelangen auch über korrupte Beamte in den Knast (die es natürlich im Knast genauso gibt wie in allen anderen gesellschaftlichen Arbeitsbereichen). Der Transport wird manchmal auch über externe Lieferanten, die Teil eines kriminellen Netzwerkes sind, oder in Gefangenenpäckchen (z. B. in der versiegelten „Kaffeebombe") eingeschleust. Als modernstes Transportmittel werden aktuell auch Drohnen eingesetzt, mit denen Drogen und Handys über den Knasthöfen abgeworfen werden. Dort wo die architektonischen Verhältnisse es zulassen, werden Drogen von außen über die Gefängnismauer geworfen und morgens vom Reinigungsgefangenen, der den Hof säubert, eingesammelt und weiterverteilt. Auch die Deutsche Post wird als unwissentlicher Drogentransporteur eingesetzt: Winzige LSD-Löschblätter werden unter Briefmarken geklebt, sperrigerer Stoff in den

Zwischenräumen von Luftpolstertaschen deponiert.

Trotz Kontrolle und Leibesvisitationen gelangen die Drogen jedoch hauptsächlich über die Besuche in die Knäste. Sie werden von den Besuchern im Mund transportiert und weitergegeben („Küsschen!"), meistens im Mastdarm befördert, oft aber auch in der Scheide oder im Büstenhalter hereingeschafft. Die Drogen können ungesehen aus der Windel gezogen werden, wenn die besuchende Mama dem lieben Papa das Baby auf ein kleines Küsschen über den Besuchstisch reicht, sie können im hochgesteckten Haar oder im Hohlraum der Gipshand deponiert sein; ein älterer Drogengroßdealer im Kölner Knast ließ sie sich regelmäßig im Krückstock seines greisen Vaters hereinbringen.

Die Verteilung und der Transport der Drogen innerhalb des Knastes wird zumeist von den Dienstleistungsgefangenen — Hausarbeiter, Küchenbullen, Hofreiniger — vorgenommen, die die größte Bewegungsfreiheit im Knast haben. Oft werden aber auch Schließer, deren Gutmütigkeit ausgenutzt wird, als zumeist ahnungslose Transporteure eingesetzt: „Herr Beamter, ich schulde dem Pit noch n Koffer Tabak. Könnten Sie ihm den bitte rüberbringen?" Der Schießer lässt sich aus Gutmütigkeit darauf ein und reicht so die Drogen, die in die Konsumartikel eingearbeitet sind, ungewollt weiter.

Die Drogen-„Ameisenstraße" sorgt für zuverlässigen, beständigen Nachschub. Innerhalb der Gefangenenschaft werden zu allen Tageszeiten und in allen Winkeln Drogen konsumiert, wird nach Drogen „gecheckt", mit Drogen gehandelt, um Drogen gestritten und geprügelt; wird sich für Drogen

prostituiert, werden für Drogen Handlanger- und Zinker-
dienste geleistet und verdienen sich die meist „cleanen" Köpfe
der mafiösen Knastkartelle eine goldene Nase.

Die Drogenproblematik bestimmt in den Knästen den repressiven Charakter der offiziellen Anstaltskultur wie den brutalen Charakter der Gefangenensubkultur. Viele Gefangene
kommen als Drogenabhängige in den Knast und finden dort
ein paradiesisches Angebot vor, das ihnen auch noch über
die Gefangenendienstleister wie den Hausarbeitern mit der
Essenausgabe direkt in die Zelle geliefert wird. Eine große
Anzahl von Gefangenen wiederum wird aufgrund der desolaten Knastsituation und der allseits lauernden Verführung
im Knast drogenabhängig. Das wahre Dorado ist der Strafvollzug für die führenden Dealer, denen ein unerschöpfliches
Reservoir an Abhängigen zur Verfügung steht, das ihnen zudem nicht weglaufen kann. Die Drogenpreise sind im Knast
um ein Vielfaches höher als in Freiheit, sodass es auch die
Gewinnspanne ist. Viele Suchtgefangene haben schon zum
Monatsanfang ihr Monatsbudget für den Supermarkteinkauf
in Drogen verkonsumiert. Viele haben sich völlig an die nicht
zimperlichen Großdealer ausgeliefert, für die sie sich pros-
tituieren oder sich als Schläger und Eintreiber verdingen
müssen. Viele versinken vollständig im Drogensumpf und
müssen Schulden machen, die die verknüpften Netzwerke in
Freiheit bei den Angehörigen eintreiben, andere sind so ver-
schuldet, dass sie auch noch nach der Entlassung in die Freiheit in der Schuld der Großdealer stehen und sich gezwungen
sehen direkt wieder straffällig zu werden.

Die Kriminalisierung der Drogen wie der Drogenkonsumenten bewirkt also neben der Entstehung krimineller Drogenkartelle eine Ausbreitung der Drogen(konsumenten) nicht nur in Freiheit, sondern auch im Knast. Die Kriminalisierung lässt ein kriminelles hierarchisches Netzwerk entstehen − mit Bossen, Zulieferern, Läufern, Eintreibern, Prostituierten −, in das sich manchmal Beamte als Verbindungsglied zu den externen Netzwerken einbinden lassen und sich damit einen lukrativen Nebenverdienst sichern. Die Drogenkrake frisst sich durch die Gefangenensubkultur und bringt eine von Erpressung, Gewalt und Prostitution geprägte Beschaffungskriminalität hervor. Die Drogenkriminalisierung führt zudem zu einer Ausbreitung von Aids- und Hepatitisinfektionen, da die abhängigen Gefangenen untereinander die gebrauchten Spritzen tauschen müssen (In den Schweizer Gefängnissen werden süchtigen Gefangenen seit Jahren von Anstaltsseite Einwegspritzen ausgehändigt, womit die Neuinfektionen drastisch zurückgingen, ohne dass sich der Konsum erhöht hätte). Der leitende Gefängnisarzt Karlheinz Keppler, der die staatliche Untätigkeit angesichts der Infektionsepidemie in den Knästen scharf kritisiert, stellt dazu treffend fest: „Irgendwann lässt man diese Leute wieder frei, dann schwappen die im Gefängnis übertragenen Erkrankungen dieser Risikogruppe in die Bevölkerung über. ‚Prison Health' ist ‚Public Health'".

Dieser Sumpf würde bei einer Entkriminalisierung der Drogen eingedämmt und die Knäste massiv entlastet, wodurch erhebliche Ressourcen für Prävention und nachhaltige

Behandlungs- und Resozialisierungsmaßnahmen freigesetzt werden würden.

Eine Entkriminalisierung der Drogen würde dazu führen, dass Schwerstabhängige flächendeckend therapeutisch begleitet und mit Substituten versorgt werden könnten. Vor allem aber würde die Bereitschaft zur Therapie gesteigert. Die letztlich vom Gesetzgeber erzwungenen Therapien von Angeklagten oder Inhaftierten, die diese nur antreten, um dem Knast zu entgehen, sind vor allem deswegen fast immer erfolglos und führen zu erneutem Konsum, Straffälligkeit und Knastaufenthalt, weil sie nicht aus eigenem Antrieb und innerer Überzeugung angetreten werden.

Ich erlebte in den deutschen Gefängnissen regelmäßig, wie Gefangene damit prahlten, wie sie sich in den Diagnosegesprächen verstellten, um eine Überstellung in eine Therapieeinrichtung zu erreichen, von wo sie nach freimütiger Auskunft sofort wieder in ihre angestammten Drogenszenen entkommen würden. Ich erlebte Gefangene, die diesen Zyklus Verurteilung-Therapie-(Versagen)-Knast-Verurteilung ... als aktuelle Lebensplanung endlos fortsetzten, ohne selbst auf die Idee zu kommen, ihn durchbrechen zu wollen. Im Kölner Knast traf während der Freistunde ein Junkie ein, der während meiner 2½-jährigen Kölner U-Haft schon zum dritten Mal als „Therapieversager" in mein Hafthaus wiedereingeliefert wurde. Er stand am Gitterfenster und brüllte seinen Junkie-Kumpels im Hof zu „Hey, ihr Lutscher, bin wieder da. Iss aber scheißegal, in drei Wochen beantrag ich wieder Therapie, von da hau ich gleich wieder ab."

Ein anderes Beispiel: Zwei Junkies, die gerade zu einer mehrmonatigen Haftstrafe verurteilt worden waren, wurden nach der Urteilsverkündung zu mir in die gemeinsame Gerichtswartezelle im Keller des Kölner Landgerichts gebracht. Sie setzten sich im Schneidersitz auf den Kachelfußboden, ohne mich überhaupt wahrzunehmen. Während sie lauthals fluchten, dass sie noch „drei Monate im Knast" verbringen müssten, bevor sie endlich in die Therapie („Therapie statt Strafe") gehen könnten, aus der sie „am ersten Tag wieder abhauen" wollten, erhitzten und verflüssigten sie auf einer Silberfolie „Brown Sugar"-Heroinkristalle und bliesen sie sich gegenseitig in die Lungenflügel.

Auch dieses Beispiel zeigt, wie sinnlos die aktuelle Drogenpolitik mit der letzten Konsequenz Knast ist. Das Drogenelend geht für den kleinen Junkie im Knast nahtlos weiter, wobei er im Knast keine Alternative zur völligen Auslieferung und Prostitution an Mitgefangene hat, da die Knastpreise für Drogen unerschwinglich hoch sind und im Knast die in Freiheit vorhandenen Möglichkeiten der Beschaffungskriminalität außerhalb des Strichertums – Handel, Diebstahl, Apothekeneinbruch, Raubüberfall – reduziert sind oder ganz wegfallen. Der Drogenabhängige verliert noch mehr seine Würde und versinkt noch tiefer im kriminellen Drogensumpf.

Wie diese Beispiele verdeutlichen, ist die ganze kostspielige deutsche Therapiepolitik eine Absurdität. Ebenfalls grotesk erfolglos sind die aufwendigen Bemühungen, die Drogenflut innerhalb des Knastes durch Repression einzudämmen.

Im Jahr 2000 fand an einem dunklen Februarmorgen um 5 Uhr im großen Kölner Strafhafthaus eine großangelegte Drogenrazzia statt, an der 500 Polizisten, Vollzugsbeamte und SEK-Angehörige mit Drogenhunden aus ganz Nordrhein-Westfalen teilnahmen. Die Klospülungen wurden abgestellt und im Hof aufgestellte Lampenstrahler auf die Fensterfronten gerichtet, um zu verhindern, dass Drogen zum einen die Toiletten hinuntergespült, zum anderen aus dem Fenster geworfen werden konnten.

Nur lächerlich geringe Drogenmengen wurden gefunden, da Beamte die Gefangenen gewarnt hatten. Es wurde zu einer Nacht der langen Messer, wobei so manche alte Rechnung beglichen wurde. Bei den Gefangenenbefragungen durch die Polizei kam es zu ausschweifenden Denunziationen von Gefangenen gegen Gefangene und Vollzugsbeamte, wobei weiblichen Beamten auch sexuelle Verhältnisse zu Gefangenen unterstellt wurden. Es kam infolge zu Verhören und Anklagen. Gefangenen standen neue Verfahren ins Hafthaus und 21 Justizvollzugsbeamte wurden mit Polizeiwannen zu Verhören auf die zentrale Kölner Polizeiwache am Neumarkt gebracht. Parallel zu den Verhören fanden bei den Beamten Hausdurchsuchungen statt, in deren Folge zwei Bedienstete wegen des Besitzes größerer Mengen von Drogen angeklagt wurden. Bei den Gefangenen, vor allem unter den Großdealern, hatte dieser lange Vorbereitungszeit und Unsummen Geldes verschlingende Aktionismus nur schadenfrohe Erheiterung ausgelöst. Nicht einmal die Drogenpreise gingen aufgrund der Razzia in die Höhe, wie es ansonsten bei knast-internen Engpässen der Fall war.

Ich beobachtete noch ein anderes Drogenproblem im Knast: Häufig werden Häftlinge medikamentenabhängig entlassen, weil sie bei der kleinsten Gelegenheit nach irgend-welchen Tabletten verlangen („Ich kann nicht schlafen, ich brauch was"), die viele Justizvollzugsbeamte auch gerne groß-zügig verteilen, bedacht auf ihren eigenen Frieden und einen konfliktarmen Gefängnisalltag („Wenn ich nicht das und das bekomm dreh ich am Rad und schlag alles kaputt"). – Natür-lich hat man als Gefangener in dieser vergewaltigten wider-natürlichen Situation keinen gesunden natürlichen Schlaf und man fühlt sich auch selten glücklich und ausgeglichen. Medikamentenmissbrauch allerdings verstärkt nur die vor-handenen Probleme.

Neben Schlaftabletten sind besonders stärkere Psycho-pharmaka begehrt, die man dem Knastarzt aus dem Gift-schrank zu leiern versucht – um sich selbst ein paar ent-spannte selbstvergessene Stunden zu bereiten, oft aber auch um sie weiterzuverhökern, andere Konsumartikel dagegen einzutauschen oder sich Freundschaft und Schutz zu er-kaufen.

9. Knastterror – Erpressung, Gewalt und Vergewaltigung

„Ich werde heute entlassen", sagte der bleiche Junge in der Morgenfreistunde mit gesenktem Blick. Aus den Augenwinkeln sondierte er ängstlich die um uns herumtrottenden Mitgefangenen. „Ich liege mit zwei Totschläger-Vergewaltigern auf einer 3-Mann-Zelle" stockte er und fuhr zögerlich, doch dann immer schneller sprechend fort. „Sie haben mich immer nur ‚Bumslappen' gerufen, weil ich ihnen sexuell und als Putzfrau für alles dienen musste. Sie haben mir den Großteil meines monatlichen Einkaufs weggenommen, den ich so bestellen musste, wie sie es wollten. Ich musste jeden Morgen Liegestütze machen und sie setzten mir den Fuß aufs Kreuz und drückten mich runter und peitschten mich dazu mit dem Gürtel. Ich musste nackt auf dem Tisch tanzen, wenn sie es wollten und ihre Wäsche waschen und die Zelle auf Hochglanz halten und die Toilette mit der Zahnbürste putzen und musste ihnen die Pornohefte halten und umblättern, wenn sie auf dem Bett lagen und onanierten – und wenn ihnen danach war, vergewaltigten sie mich und ich musste sie mit dem Mund befriedigen und wenn sie nicht mehr konnten, steckten sie mir die Toilettenbürste hinten rein." Der Gefangene, der mir das in seiner letzten Freistunde vor der Entlassung erzählte, war ein junger Einzelhandelskaufmann, der wiederholt beim Fahren ohne Führerschein erwischt worden war und eine Ersatzfreiheitsstrafe abgesessen hatte. Er hatte all die Wochen zu seiner Hafttortur in der 3-Mann-Zelle geschwiegen – aus Angst vor Rache und als Zinker zu gelten. – Zu dem staatlichen Verbrechen, solch völlig unterschiedliche Deliktgruppen in einer Gemeinschaftszelle zu internieren, antwortete in unseren Tagen, Anfang 2017, ein rotgrüner Senatssprecher in Hamburg auf eine diesbezügliche Anfrage der CDU-Opposition, die die Überbelegung der hanseatischen Gefängnisse zum Thema hatte: „Eine strikte Trennung ist gesetzlich nicht vorgesehen."

Was sind das für Menschen, die verantwortlich und auch noch im Namen des Rechts und der Gerechtigkeit, andere Menschen solchen Höllen aussetzen und das auch noch mit einem fragwürdigen Gesetzeshinweis als selbstverständlich abtun?! Man sollte all diese Herrschaften, die anderen Menschen so freigiebig solche Zerstörungen an Leib und Seele zumuten – ob nun Politiker, Staatsanwälte, Richter, JVA-Entscheider – als Teil ihrer Ausbildung einige Monate Erfahrungspraktikum im Gefängnis verordnen. Wobei ich diesem rotgrünen Hamburger Senatsvertreter eine Woche Praktikum in einer zweisamen Notgemeinschaftszelle mit einem sadistischen Totschläger-Vergewaltiger angedeihen lassen würde. Möglicherweise würde eine solche Erweiterung des sinnlichen Erfahrungshorizonts diese Herrschaften in ihrer Bewertungs- und Entscheidungsfindung ein wenig bewusster – und an den Prinzipien der humanistischen Aufklärung orientiert – handeln lassen. Und ich möchte Ihnen allen sagen: Sie sind der Staat und sie haben gerade dort eine Fürsorgepflicht und sind für die Sicherheit ihrer inhaftierten Bürger verantwortlich, wo sie diesen Bürgern alle Freiheitsrechte und Möglichkeiten nehmen, für ihre eigene Sicherheit und ihr Wohlergehen zu sorgen.

Es hat sich nichts geändert. – *Kölner Stadtanzeiger vom 12.10.2017: Missbrauch und Knochenbrüche: Prozess um stundenlange Gewaltorgie in JVA Leipzig ... Am Abend des 14. Januar 2017 schlagen demnach die beiden Hauptangeklagten ihren Mithäftling in der gemeinsamen Zelle erst brutal zusammen, brechen ihm Nase, Jochbein und Brustbein. Anschließend zwingen sie ihn, nackt herumzukriechen wie ein Hund und sich eine Toilettenbürste in den Anus zu stecken. Sie schneiden und stechen ihm in den Penis. Vier Stunden dauert das Martyrium bereits, als die Beschuldigten sich nach Überzeugung der Staatsanwaltschaft entschließen, die Tat zu vertuschen. Sie wollen einen Selbstmord vortäuschen. Ihr Opfer zwingen sie, mit einer Schlinge um den Hals von einer Fensterbank zu springen. Der Verletzte verliert das Bewusstsein.*

Und nichts ändert sich – wie der folgende Artikelausschnitt verdeutlicht, in dem der zuständige Richter bei der Urteilsverkündung über die beschriebenen Taten (6 Jahre bzw. 6 Jahre, 1 Monat Haft) den Finger in dieselben Wunden des aktuellen Strafvollzugs legt.
Mitteldeutsche Zeitung vom 16.11.2017: Richter Kaden (...) machte bei der Urteilsverkündung die „verfehlte Sparpolitik" des Freistaats

dafür mitverantwortlich, dass es zu dem Gewaltexzess kommen konnte. Die JVA sei chronisch mit zu wenig Personal ausgestattet, „die Mitarbeiter kommen an ihre Grenzen", stellte Kaden fest. In der Tatnacht waren zeitweise nur zwei Beamte für die Aufsicht des gesamten Gefängnisses zuständig. Bis heute hat sich die Lage nicht wesentlich gebessert, wie mehrere als Zeugen geladene JVA-Beamte aussagten. Daneben kritisierte Kaden eine „verfehlte Flüchtlingspolitik". Wegen der Vielzahl straffälliger junger Männer, die nach Deutschland gekommen seien, seien die Gefängnisse überfüllt. Das erhöhe das ohnehin große Konfliktpotenzial in den Anstalten.

Während ich im Gefängnishof den Ausführungen Olafs zugehört hatte, zog sich in mir alles zusammen. Ich bewunderte ihn für seinen Mut, Scham und Angst zu überwinden und die Täter anzuklagen und bedankte mich für seine Offenheit. Obwohl ich mich völlig ohnmächtig fühlte, schaute ich ihm fest ins Gesicht und behauptete mit entschlossener Stimme: „Die Täter werden büßen!". – Nun, vielleicht kann diese Veröffentlichung dazu beitragen, dass solche bestialischen Übergriffe eingeschränkt werden.

Olaf, der bleiche Junge im hessischen Knast, hatte mir kurz vor seiner Entlassung seinen Leidensweg geschildert, da er von meinem Ruf im Knast wusste. Ich hatte in dieser fast familiären, rund 200 Gefangene umfassenden JVA mit meinem Mitgefangenen Adelmo, einem kalabrischen Pizzabäcker, der im Entzugswahn seine eigene Pizzeria überfallen hatte, eine Art Regulativ entwickelt. Da es zu immer mehr Willkür von Gefangenen gegen Gefangene, in Form von Vergewaltigung,

Erpressung und Diebstahl, gekommen war, ohne dass die Schließerschaft diese Missstände überhaupt wahrnahm, hatten Adelmo und ich entschieden, dagegen vorzugehen. Wie uns die junge Kunstlehrerin des Knasts anvertraute, die mit Adelmo eine geheime „Amour fou" verband, dessen einziger, schützender Eingeweihter ich war, wurden Adelmo und ich von den Schließern darauf nur als die „Mafia" bezeichnet, wobei ich als Kopf und Adelmo als die ergänzende Faust angesehen wurden:

Ich hörte mir das Leid der Opferhäftlinge an, die sich an uns wandten, sprach darauf mit den Täterhäftlingen, die ich an Adelmo verwies, wenn sie nicht einsichtig waren. Der bullige Adelmo überzeugte jene hierauf mit seiner physischen Präsenz. Wir konnten so einige kleinere Übergriffe ahnden, andere verhindern: Unter massiver Gewaltandrohung unter der Dusche erpresste Uhren oder während der Aufschlusszeiten aus den Zellen gestohlener Einkauf, vor allem „Koffer" (Tabakpäckchen) und „Bomben" (Kaffeegläser), kehrten so zu ihren Eigentümern zurück, Übergriffe auf schwächere Häftlinge gingen ein wenig zurück. Gegen die sadistischen Schwerkriminellen im gegenüberliegenden Flügel, mit denen wir unter einem Dach lebten, konnten wir allerdings nichts ausrichten und hätten auch gar nicht das Potential dazu gehabt. Dort, wo zu langen Haftstrafen verurteilte Berufsverbrecher einsaßen, die auf ihre Verlegung in die Langstrafenknäste warteten, kam es zu den eingangs geschilderten widerlichen Übergriffen.

Obwohl man im Knast zuallererst immer mit seinem eigenen Überleben beschäftigt ist, empfand ich auch diese Ohnmacht als äußerst deprimierend.

All diese Übergriffe — Körperverletzung, Folter und Vergewaltigung — die der Demonstration der Macht und Vorteilsnahme der Täter wie der Demütigung, Unterwerfung und Ausbeutung der Opfer dienen, finden in den Gefängnissen fast immer unbemerkt unter den Augen der Anstaltsoffiziellen statt. Die immer mal wieder sichtbar werdende Spitze des Eisbergs, wie der Foltermord in der JVA Siegburg, bei dem 2006 drei jugendliche Gefangene in der Gemeinschaftszelle ihren Mitgefangenen 12 Stunden lang misshandelt und am Ende zum Selbstmord getrieben hatten, schrecken die Anstalten und die Öffentlichkeit immer nur kurzzeitig auf. Darunter aber gehen die auch für die Anstaltsverantwortlichen zumeist nicht sichtbaren Übergriffe weiter, da die Bedingungen von Knastgefangenschaft in Verbindung mit dem psychischen Status der Häftlinge, diese begünstigen und erst möglich machen.

Zu der Verurteilung zum Freiheitsentzug in engster Käfighaltung kommt eine andere unausgesprochene Verurteilung. Es ist die Verurteilung und Auslieferung an die Mitgefangenen und deren Macht- und Gewaltstrukturen. Im Knast werden überwiegend energiestrotzende junge Männer auf engstem Raum zusammengepfercht und aufeinander losgelassen, die zudem in ihrer Kindheit oft selbst Opfer von Gewalt und Missbrauch waren und häufig aus Milieus stammen, in denen das Faustrecht und die Macht des Stärkeren sozial anerkannt sind. Es kommen zu großen Teilen durch Gewalt geschädigte

Menschen aus einem gesellschaftlichen Gewaltmilieu in die Knastgesellschaft, in der zumeist die Gewalt der Wert ist, nach dem sich Selbstwert und die Stellung in dieser Gesellschaft ausrichten. In der Ausnahmesituation Knast fallen wie in der Ausnahmesituation Krieg Tabus, sinken Hemmschwellen und fallen Schranken. Der Knast bringt wie der Krieg eine situative Verrohung hervor, die die Schwelle zur Gewalt senkt. Wie im Krieg ist im Knast häufig der der Angesehenste, der die meisten Mitmenschen erledigt oder beherrscht. Dabei werden wie im Krieg auch im Knast Menschen die vormals Gewalt nie verinnerlicht haben, in diesen kollektiven Gewaltsog gezogen, den die Knastkultur hervorruft. So wie mancher Soldat, der zum Mörder und Vergewaltiger wurde, sich eine solche Entwicklung vor dem Kriegseinsatz nicht hätte vorstellen können und eine Vorhersage darüber empört von sich gewiesen hätte, so werden auch manche Gefangene, die in Freiheit eher zurückhaltend waren, erst im Knast zu bösartigen Gewalttätern.

Wie rasant im Gefängnis die Verwandlung oftmals sogar sympathischer kleiner und großer Sünder in menschliche Bestien vonstattengehen kann, konnte ich in der Lissabonner Massenzelle beobachten: Nach meiner Einlieferung in das Lissabonner Polizeigefängnis wurde ich in eine 15 Quadratmeter umfassende Wartezelle gesperrt, die ich mit 7 Mitgefangenen teilte. Ich kümmerte mich dort um Nando, einen ebenfalls frisch inhaftierten 21-jährigen portugiesischen Bauarbeiter, der starke, durch Polizeigewalt erlittene Verletzungen hatte. Dabei kamen uns meine während der Zivildienstzeit als Rettungssanitäter erlangten Erfahrungen zugute. Er schwor mir ewige Unterstützung in der Haft. Als wir nach zwei Tagen gemeinsam auf die 26 Gefangene umfassende Massenzelle verlegt wurden, veränderte er sich rasant. Aus dem naiven und hilfsbereiten Jungen wurde ein kalter, zynischer Machtstratege, der den Intrigen, Unterdrückung und Gewalt lehrenden Gefängnisgeist innerhalb kürzester Zeit verinnerlicht hatte. Anfangs spielerisch begann er Mitgefangene zu necken, indem er sie mit Sockenknäueln bewarf. Gingen sie darauf ein, war das eine Aufforderung sie weiter zu traktieren. Zunächst nahmen nur drei Schwarze das Spiel auf und unterstützten ihn. Bald kippten diese Neckereien in immer aggressiver werdende Attacken, die von immer mehr Gefangenen unterstützt und abgesichert wurden, wobei Mitgefangenen nasse Putzlumpen hinterrücks ins Gesicht geschleudert wurden, Gefangenen im Schlaf die Fußsohlen angesengt oder sie mit Toilettenpapier eingewickelt und angezündet wurden. Gefangene wurden, während sie hinter dem Plastikvorhangfetzen über dem einzigen Toilettenloch hockten, in ihre eigenen Exkremente getreten und es kam zu sexuellen Übergriffen auf einen besonders sensiblen wehrlosen Gefangenen, dem regelmäßig die Jogginghosen im Schlaf oder im Vorbeigehen heruntergezogen wurden, um ihn intim zu betatschen. Nandos Gruppe wuchs sich immer mehr aus und es wurde immer schwieriger für mich, gegen ihren Terror vorzugehen, da sie rund um die Uhr in mehreren Schichten unterwegs waren. Sie waren wie eine Meute von Hyänen, die um ihre

Opfer herumschlichen, um sie in einem günstigen Moment der Schwäche anzufallen. Kamen sie zu nahe, musste man sie zurückscheuchen, um eine Zeit lang Ruhe zu haben, bis sie wieder herangepirscht kamen und man sie sich erneut vom Leib halten musste. Sie immer wieder anzufahren war so notwendig wie ermüdend und auf diese Ermüdung setzten sie. Sie waren immer frisch, da der eine Teil von ihnen schlief, während der andere unterwegs war.

Nando, der bleiche, vormals so naive, lebensfrohe Junge, in Freiheit unterwürfiger Handlanger, hatte das Blut der Macht geleckt. Er ließ sich jetzt „Commandante" nennen und wurde immer rücksichtsloser und heimtückischer. Seine stetig wachsende Gefolgschaft folgte seiner immer weiter ausschweifenden Praktizierung des Tabubruchs. Ich sah wie es ihn ergötzte, als Führer in einer Gruppe Gleichgesinnter, über die Unterdrückung und Misshandlung Einzelner und Schwächerer ein omnipotentes Selbstgefühl zu entwickeln. Er labte sich daran, die Inhumanität und Gewalt zu forcieren, wobei sich für ihn die individuelle Verantwortung in der Gruppe auflöste und die Inhumanität zudem durch die jämmerliche Schwäche der Opfer sowie durch die unfreiwillige Extremsituation gerechtfertigt schien.

Die Schwelle zur Inhumanität sank stetig. Sie sank jedoch nicht linear, sondern mit Brüchen. Die Jungen schienen manchmal aufzuwachen und vor ihren eigenen Vorstößen zurückzuschrecken. Sie zeigten für Momente rührend unbeholfene Zeichen von Mitgefühl und sozialem Gewissen – jedoch nur, um sich darauf umso blindwütiger und lustvoller den Angriffen auf ihre schwächeren Leidensgenossen hinzugeben. Hier vollzogen sich Mechanismen wie im offenen Krieg und Faschismus. Die Burschen waren nun wirklich nicht der geheime Traum der kleinbürgerlichen Schwiegermutter. Aber es waren keine sadistischen Bestien ohne Moral. Im Gegenteil, ihre Lust schien gerade darin zu bestehen, sich von den Fesseln der Moral zu befreien. Und sie konnten natürlich nur Lust an der Befreiung von jeglicher moralischer Verpflichtung empfinden, da sie sich vormals in einer solchen eingebunden gefühlt hatten. Erleichtert und erhöht wurde die Lust an dieser „Befreiung" durch die individuelle Auflösung innerhalb der Gruppe, sowie ihre Realisierung im Gleichschritt, abgesichert und belohnt durch den Geleitzug der Gruppe. Und wie im Krieg und Faschismus war der bewusste Tabubruch umso lustvoller zu genießen, je mehr er die eigene Moral und die Angegriffenen empörte und lähmte (Mechanismen wie wir sie im größeren politischen Zusammenhang einst bei den Stalinisten und Nazis und in diesen Tagen bei islamistischen Terrorgruppen beobachten können).

Es war unheimlich anzusehen, wie teils scheue, liebenswert angeberische und manchmal aufrichtig hilfsbereite Burschen, mit scheinbar eigenen Gesichtern, sich innerhalb kürzester Zeit für diese kollektive Zerstörungslust hergaben und ihre Gesichter sich zu aggressiven, sadistisch lustvollen Masken verzerrten, die alle gleich auszusehen schienen. Nando und seine Handlanger lebten nicht nur ihre sadistischen Beherrschungsgelüste aus, sondern sie bestahlen auch Mitgefangene während des Schlafes oder erpressten Schutzgeld in Form von Zigaretten und Schokolade. Obwohl wir alle auf engstem Raum zusammengepfercht waren, bekam ich die Vorgänge um mich herum oft nicht mit, weil ich in meine literarischen Wolkenträume eingetaucht war. Doch war es noch oft genug, um Nando mehrmals täglich zusammenzustauchen. Obwohl es so unendlich ermüdend und ich mittlerweile tödlich übermüdet war, wusste ich, dass ich, wenn ich nur einmal nicht direkt reagierte, es der erste Schritt der moralischen Selbstdemontage wäre und ich mich letztlich in den hässlichen nihilistischen Zellenbrei einrühren lassen würde.

Nando leugnete die Probleme, die durch seine Gefangenschaft zu Hause immer unlösbarer wuchsen. Er sprach offen aus, dass er froh wäre hier zu sein und sich nicht um die Existenzschwierigkeiten seiner Familie, sowie um seine kommende Vaterschaft kümmern zu müssen, die ihm seine Frau dreimal wöchentlich im Besuch mit anschwellendem Bauch vor Augen führte. War er anfangs meist hell und leicht von den Besuchen zurückgekommen, vergrub er sich jetzt immer still und düster in seiner Pritsche, nur um sich, nach einer kurzen Weile auswegloser innerer Emigration, umso böswütiger in die Gefangenschaft zu stürzen.

Ich sah wie immer weniger Gefangene wagten, gegen den Terror auch nur zu protestieren, in der Furcht ihn umso stärker erfahren zu müssen. Und die Opfer versuchten, sich auf die Seite der Täter zu schlagen, in der illusorischen Hoffnung damit ihrem Opferstatus entrinnen zu können. Erfolglos versuchte ich den wenigen Unentschlossenen verständlich zu machen, dass in diesem Mikrokosmos Gefängnis der gleiche Mechanismus herrschte wie im großen historisch politischen Zusammenhang: Wer dem Terror nicht entgegentritt, begünstigt ihn, sodass er sich ausbreiten und jeden und alles durchdringen kann wie ein Krebsgeschwür. Cigano, der lebenslustige verrückte Zigeuner, der auch stellvertretender Stubenchef war, und ich waren schlussendlich die Einzigen die gegen den Terror vorgingen und waren deshalb auch die einzigen vor denen Nando Respekt hatte. Als Cigano verlegt wurde, war ich der letzte Apache, der gegen Nando und seinem Regiment Widerstand leistete und nun auch, wenn auch versteckt, zur Zielscheibe wurde.

War die Qualität auch unterschiedlich, so war die prinzipielle Situation in den deutschen Gefängnissen doch die gleiche wie im portugiesischen Polizeiknast. Geworfen in den unentrinnbaren Knastkessel wird die Gefangenensituation noch verschärft durch Überbelegungen und Deliktvermischungen und die sich gerade auch in deutschen Knästen immer stärkere Ausbreitung organisierter Kriminalität. Wie in Freiheit auch inszenieren sich unterschiedliche ethnische Gruppen in mafiösen Strukturen, häufig verknüpft mit entsprechenden externen Netzwerken, und bekämpfen sich gegenseitig bis aufs Blut. In einem System der Abhängigkeiten und sozialen Kontrolle innerhalb der Gefangenensubkultur basiert ihre Macht auf Erpressung, Gewalt und Drogennetzwerken. (Mehr dazu im „Internationalismus"-Kapitel.)

Zu meiner Haftzeit in den 90er und 00er Jahren war diese Ausbreitung ethnischer Gangs noch nicht so stark ausgeprägt. Sie hatte die Haftanstalten noch nicht so im Griff, sodass das Überleben im Knast für mich damals einfacher war, wo ich heute als Einzelgänger einen bedeutend schwereren Stand hätte. Doch auch damals galt: Wer Intrigantentum, Erpressung, Gewalt und sexuelle Übergriffe nicht unmittelbar am eigenen Leib erlebte, war sich doch der beständig präsenten Gefahr bewusst. Ich persönlich fühlte mich von dieser hässlichen Melange immer umringt, hielt sie mir so fern wie möglich und ging wo ich konnte, dagegen vor. Den wenigen gewalttätigen Angriffen auf meine körperliche Unversehrtheit begegnete ich mit zelebriertem Selbstbewusstsein und im Wissen um die Macht des Geistes.

Als ich einmal beim Hallenfußball als Schiedsrichter eine klare Foulentscheidung gegen einen jungen türkischen Haftneuling verhängt hatte, und sie auch nicht unter seiner Bedrohung zurücknahm, schlug er mir, wie angekündigt, später im überfüllten Duschraum die Faust ins Gesicht. Ich wies die durcheinander brüllenden Gefangenen, die den Jungen festhielten, an ihn loszulassen.

„So, und was jetzt?! Willst du nochmal? Und was dann?", schaute ich ihm scharf in die Augen.

Der Junge senkte den Kopf und drehte sich verschämt weg. Später beim Hofgang entschuldigte er sich bei mir. Infolge wurde er ein eifriger Unterstützer bei meinen beständigen Schlichtungsversuchen.

Nach dem Durchstehen solcher Angriffssituationen war ich immer völlig erschöpft, ohne dass ich mir das natürlich ansehen ließ. Die Willensanstrengung der Selbstkontrolle über die innere Spannung, die Bekämpfung der Angst, sowie die Fokussierung auf die eigenen Instinkte laugten mich jedes Mal aus. Es war ein schmaler Grat, auf dem ich balancierte, und es fordert volle Konzentration, immer den richtigen Schritt zu tun, um nicht abzustürzen.

So sehr dieser Widerstand gegen Grobschlächtigkeit und Gewalt an der Seele zerrten und mich manchmal in reale physische Gefahr brachten, so gab es für mich doch keine Alternative, wollte ich mich als Individuum erhalten. Ich stand mit dem Rücken zur Wand, es gab keine Ausweichmöglichkeit, ich war der Situation nackt und hilflos ausgeliefert, dass ich immer nur geradewegs durch das Zentrum des Hurrikans hindurch schreiten konnte. Ein Ausweichen in die windigen Ausläufer lauer Kompromisse hätte mich seelisch zerfleddert und letztlich als halbwegs eigenständiges Individuum zerstört. Im Leben in Freiheit hat man die Möglichkeit des Ausweichens, Aussuchens, Nichteinmischens, des Abwägens, Zauderns und der physischen Flucht. Dort ist es viel schwieriger, die Angst zu überwinden, sich einzumischen und aufrecht zu bleiben. Im Gefängnis hat man keine Wahl. Man steht zu sich selbst oder wird zertreten.

Natürlich ist die Atmosphäre von Angst, Terror und Gewalt auch davon abhängig, in welche JVA man verlegt wird. In Gießen war die Gewaltatmosphäre stärker ausgeprägt als in Köln oder gar in Remscheid, wo äußerst sensibel auf Entwicklungen krimineller Netzwerke und Gewaltherde geachtet und frühschwellig eingeschritten wurde. Eine aufgeflogene russische Schutzgeldterrortruppe, die vorrangig ihre eigenen

Landsleute im Remscheider Knast ausplünderte, wurde zerschlagen, indem ihre Mitglieder direkt am nächsten Morgen voneinander isoliert auf verschiedenste Haftanstalten verlegt und neuen Strafverfahren ausgesetzt wurden.

Im hessischen Knast wurden im Gegensatz zu allen anderen von mir genossenen Gefängnissen nicht nur die Deliktgruppen, sondern auch Untersuchungshäftlinge (bei denen die Unschuldsvermutung gilt) und (verurteilte) Strafhäftlinge nicht voneinander getrennt. Wie geschildert hatte ich erlebt, wie man harmlose Kleinsünder mit sadistischen Hardcore-Verbrechern zusammenlegte. Doch nicht nur verurteilte Schwarzfahrer, die man in Gießen sadistischen Berufskriminellen auslieferte, auch ein Kinderschänder sollte in „staatlicher Obhut" vor Übergriffen geschützt sein, so sehr es dem „gesunden Volksempfinden" auch widerstreben mag. In Gießen musste ich erleben, dass sich ein Beamter sogar an diesen Übergriffen beteiligte, indem er die Zelle eines „Kinderfickers" anderen Gefangenen öffnete, die sich an jenem Mitgefangenen darauf — in einem verlogenen moralischen Überlegenheitsgefühl — ihrer ganz woanders herrührenden Aggressionen entledigen konnten. In den anderen deutschen Gefängnissen, in die ich kam, wurde aufmerksam auf den Schutz der „Kinderschänder" geachtet. In Lissabon hingegen war alles in der Massenzelle zusammengeworfen und der unkontrollierten Verwahrlosung überantwortet, was das Gesetzbuch an Gesetzesbrechern hergibt: vom Mörder über den Kinderschänder, Vergewaltiger, Dieb und betrügerischen Buchhalter bis zum Junkie.

Bei den fortwährenden Spannungen und Gewaltausbrüchen im Knast muss man sich vorstellen, dass z. B. wir Gefangene in der Lissabonner Massenzelle völlig unkontrolliert, auf unabsehbare Zeit für 24 Stunden täglich in einen stinkenden, überfüllten Hundezwinger zusammengepfercht waren, ohne einen Moment oder Ort der Rückzugsmöglichkeit und permanent den Mitgefangenen sinnlich körperlich ausgeliefert. Bei Spannungen, wie einem unvermeidlichen Rempler oder dem Gefühl innerlich in dieser aggressiven Enge zu ersticken, konnte man nicht mal eben für einen Moment vor die Tür gehen, um allein Atem zu schöpfen und die Spannung herunterzufahren. Würde man eine Horde unterschiedlichster, nicht kommandokonformer und einander nicht vertrauter Hundesorten unkontrolliert in einen völlig überfüllten Käfig werfen, würden sie sich wohl innerhalb kürzester Zeit auch zerfleischen und nach Monaten oder Jahren – ob nun vormals Cockerspaniel, Pudel oder Schäferhund – allesamt als gefährlich paranoide Pitt Bulls in die Freiheit entlassen. Was erwartet man vom komplexeren Tier Mensch?!

Ich, der ich als Pazifist jegliche Gewalt verabscheute, musste in der portugiesischen Massenzelle die knastspezifische Perversion erleben, dass in einer solch extrem vergewaltigenden Zwangssituation die körperliche Auseinandersetzung manchmal der einzige Weg ist, um Spannungen aufzulösen: Ich saß an meinem brüchigen Tischchen unter dem scheppernden Fernsehapparat und schrieb an meinem nicht endenden Brief an Cheyenne, während ich mit dem

Schreibarm vorbeitaumelnde Störer wegstieß und mit dem anderen die durch die Zelle fliegenden Wurfgeschosse abwehrte. Eine gespannte Unruhe hing in unserem überfüllten Verlies, überall Streitgeplänkel, Rempeleien und Drohungen. Als eines der Wurfgeschosse, ein Sockenknäuel, vor mir auf dem Schreibtisch landete, nahm ich es erbost auf und schleuderte es durch die Gitter auf den Hof. Bedauerlicherweise nahm es auf seinem Weg einen Schuh Filipes, der auf einer der Gitterquerstreben gestanden hatte, als Begleitung mit. Filipe, ein junger kapverdischer Junkie, machte darauf auf Englisch eine Bemerkung, die Aide, dem der Entführung angeklagten Türken, nicht gefiel. Aide, wachsam und bereits in Angriffsstellung, forderte ihn lauernd auf die Bemerkung zu wiederholen. Was jener auch bereitwillig tat. Mein türkischer Leidensgenosse wirbelte ihn darauhin mit einer kurzen Links-rechts-Kombination über seine Pritsche, was ihn zu Boden und in die Kniekehle eines der jungen Junkies purzeln ließ. Der verlor sein Gleichgewicht und taumelte gegen Fréderico, der schmerzhaft an das nächste Bettgestell krachte. Frederico verpasste dem Junkie in spontanem Schwung einen Haken, der ihn auf dem mit Karten, Zigaretten und Gläsern vollbepackten Tisch der Kartenrunde landen ließ. An dem saß heute leider auch der weiße, glatzköpfige Gorilla-Totschläger mit dem Hunnenbart. Mit dem brüllenden Aufschrei, dass er das Blatt des Abends in seinen Händen gehalten hätte, warf der Hunne den Junkie auf die aneindergereihten Tische, auf denen der Junkie krachend auf dem Bauch landete. Wie ein lebendiger Rammbock rutschte er ungefähr zwei Meter weit auf meinen Schreibtisch auf der anderen Seite zu und fräste dabei alles hinweg, was auf seinem Weg auf den Tischen stand und lag. Und das waren nicht nur volle Aschenbecher, sondern auch Briefpapier und Brettspiele, die den verdutzten Schreibern und Spielern unter ihren Händen fortgerissen wurden. – Die ganze Geschichte erinnerte mich an die klassischen Saloon-Szenen in Westernfilmen, in denen sich auch in Schneeballdynamik aus einem zu lauten Rülpser im falschen Moment ein Massaker entwickelt, an dessen Ende Saloon und Kombattanten vollständig in Trümmern liegen.

Doch war das erst der Beginn. Zwischen Bronx-Jao und Karate-Jaquim, zwei überzeugten Hardcore-Berufsverbrechern, die nach eigenen Angaben fast das gesamte Gesetzbuch abgearbeitet hatten, hatte vom Tag ihrer gemeinsamen Ankunft eine unterschwellige Spannung geschwelt. Heute waren sie schon den ganzen Tag misstrauisch umeinander hergeschlichen wie zwei Bisonbullen in der Brunftzeit. Nun nahmen sie die freigelassene explosive Spannung in der Zelle zum willkommenen Anlass, um sich wie in gegenseitigem Einverständnis aufeinander zu stürzen. Es begann ein erbarmungsloser Titanenkampf, in dem zwei Kampfmaschinen aufeinander krachten, die keinen Raum mehr ließen für all die anderen Streithähne, die voneinander abließen und zurückwichen. Es war als würden Kampfstier und Raubkatze um die Vormachtstellung ringen.

Eine gespenstische Stille breitete sich unter den Gefangenen aus, in der das angestrengte Stöhnen der Kämpfenden und das Krachen der umgewälzten Stühle, Tische und Bettgestelle umso lauter den toten Raum füllten. Aide, John und ich stürzten uns auf die zwei Kämpfenden, um sie auseinanderzuzerren und wurden von ihnen doch nur mitgerissen wie von einer übermächtigen Lawine, sodass wir in einem Knäuel aus fünf Leibern durch die Zelle walzten. Erst als Gil, Roberto, die beiden brasilianischen Mordverdächtigen und Espanholo-Rui, der Madrider Großdealer, uns zu Hilfe kamen, konnten wir die Lawine stoppen und die beiden Titanen auseinanderzerren. Gleichzeitig hielt Nando einem weißen Junkie, der angsterfüllt, schreiend zur Tür rannte, den zu einer scharfen Klinge geschliffenen Löffelstiel an den Hals, um ihn davon abzuhalten, nach den Guardas zu hämmern.

Die Zelle sah nun wirklich aus wie die Filmsaloons nach einer Westernschlägerei und so räumten wir erst einmal auf. Ich sprach mit den beiden Kampfmaschinen, die sich voller Hass und aus gebührendem Abstand beäugten. Als Karate-Jaquim nun zur Toilette ging und Bronx-Jao, der auf der anderen Seite der Tische stand, den Rücken zuwandte, nahm jener einen Stuhl und warf ihn Jaquim, über die Tische hinweg, ins Kreuz. Jaquim schnellte herum, hechtete auf den Tisch und sprang, einer Raubkatze gleich, zwei Meter durch die Luft und direkt auf den bulligen Kap Verden. Ein erneuter Kampf entbrannte und und die Zelle wurde ein weiters Mal zu Kleinholz zerlegt.

Ich hatte Aide, John und den anderen ein Zeichen gegeben, nicht einzuschreiten. Sollten die beiden sich ihren Hass und ihre überbordende Kraft aneinander auslaugen und die Sache ein für alle Mal regeln. Nun, sie laugten sich aneinander aus, bis sie am Ende nur noch klammernd aufeinander losgehen konnten wie zwei gleichwertige Schwergewichtsboxer nach 14 ½ Runden.

Wir konnten zwar die Bude vollständig wieder aufbauen, aber beide hatten sich nicht wirklich verletzt, es hatte keiner gewonnen und sie hatten beide einen Zustand erschöpfter Entspanntheit erreicht. Die Hauptsache aber war: Es gab in den kommenden gemeinsamen Wochen zwischen ihnen keine Auseinandersetzung mehr. Soweit das in der Enge möglich war, gingen sie sich respektvoll aus dem Weg.

Als wir endlich wieder alles aufgeräumt hatten, legte sich kurzzeitig eine erschöpfte Friedfertigkeit über die Zelle. Ich saß wieder an meinem Schreibtisch und die Jungs lagen wohlig entspannt auf den Pritschen, starrten auf die Mattscheibe und genossen eine der brasilianische Telenovelas, gleichsam in freudiger Erwartung der freitäglichen Playboy-Midnight-show, die darauf folgte. Als ich von meinem Brief hochschaute, hing gerade Linda aus Cleveland ihre Silikonmöpse aus der Mattscheibe, während ihr weißer Duschschaum zwischen den Ballons hinunter ins symmetrisch rasierte Dreieck rutschte und sie in dümmlicher Laszivität in die Zelle hauchte:

„Welcher starke Tamburin-Major möchte mir mit seinem starken Klöppel mal so richtig den Marsch blasen?!"

„Ich", brüllte Gil, und ein Großteil der Zelle brüllte mit. Dann erklärten so um die 15 afro-brasilianisch-portugiesische Tamburin-Majore Linda aus Cleveland, wie sie ihr mit ihren übermächtigen Klöppeln mal so richtig von allen Seiten den Marsch blasen würden.

Als Linda mit dem Duschen fertig war und Mary aus Atlanta mit gespreizten Beinen auf einer Fahrradstange entlangrutschte und dazu meinte, sie möge es am liebsten knüppeldick und eisenhart, griff sich die halbe Zelle in den Schritt und bot ihr schreiend metereisenlange und ewig erigierte Monsterschlegel an, die sie unablässig in ferne Glücksnirwanen rammen würden. So ging das weiter und erst am Ende der Show beruhigte sich die Zelle und die Gefangenen hingen still ihren Fantasien nach. Nach der Midnightshow wollte nur alles schnell unter die Decken. Ich saß allein am Tisch, schrieb und versuchte das unterdrückte Stöhnen und gleichmäßige Rütteln der Pritschengestelle nicht wahrzunehmen.

In dieser Nacht kam es zu keinem gewalttätigen Überfall. Niemandem wurde der nasse Putzlumpen ins schlafende Gesicht geschmettert, niemand im Schlaf mit Toilettenpapier eingewickelt und angezündet, keinem brutal zwischen die Beine gegriffen, niemandem die Fußsohlen mit Zigarettenglut angesengt und auch die Anstreicher-Truppe ließ die Zahnpasta heute Nacht in der Tube. Das gefangene bösartige Tier Mensch war für ein paar Stunden befriedet – nur um seinem Nächsten am kommenden Tag mit der gleichermaßen verzweifelten Wut und sadomasochistischen Lust erneut an die Kehle zu gehen.

10. Gestörte, Verwirrte und irre(gewordene) Gefangene

Alle Gefangenen tragen offene Narben der Gefangenschaft mit sich. Viele sind bleibend gestört, manche lebensunfähig verwirrt, nicht wenige irrsinnig − wobei die Grenze fließend ist und davon abhängt, wie viele „Altlasten" mit in die Gefangenschaft gebracht wurden und was allein durch die zerstörerische Gefangenschaft ausgelöst oder bewirkt wurde.

Das beständig schwelende Unsicherheitsgefühl wie die ständige Abwehrbereitschaft, die den Gefangenen- und Beamtenalltag im Knast bestimmen, werden durch irre Gefangene natürlich noch verstärkt. Sei es, dass man als Gefangener in der Freistunde anlasslos plötzlich von hinten angegriffen werden kann, sei es, dass einem Beamten beim Aufschluss der Zelle heißes Wasser ins Gesicht geschüttet wird. Es leiden also nicht nur die Mitgefangenen unter solchen Gefangenen, deren Störung in plötzliche, nicht kalkulierbare Aggression umschlagen kann, sondern auch die Justizvollzugsbeamten. Nicht nur Gefangene, sondern auch viele Schließer, Sozialarbeiter und Psychologen verstehen in diesem Zusammenhang nicht, wie viele Richter Gefangenen Haft- und Zurechnungsfähigkeit zusprechen, die weder in den Vollzugsalltag integrierbar sind noch die Kontrolle über ihre eigenen Handlungen haben.

„Als ich als Arzt im Knast zu arbeiten begann, konnte ich mir beim besten Willen nicht vorstellen, wie hoch der Anteil der Insassen ist, die chronisch an einem psychischen Leiden erkrankt sind ... Nach nicht einmal drei Tagen hatte ich sie alle gesehen: die ersten Psychotiker, Schizophrenen, Borderliner und chronisch Depressiven."

(Joe Bausch, „Knast")

Ohne werten zu wollen, war es für mich immer unverständlich, wie die verantwortlichen Gefängnisärzte und -psychologen es mit ihrem Berufsethos vereinbaren, wenn sie ihren psychisch kranken Patienten fast nie das zur Heilung verschreiben können, was ihnen ihre eigene Diagnose eigentlich gebieten müsste. Sie können dem Psychotiker, den seine Engraumängste langsam irrsinnig werden lassen, nicht lange Spaziergänge am offenen südländischen Meeresstrand verschreiben oder einen Selbstmordgefährdeten, der daran verzweifelt, dass seine Freundin ihn verlassen will, ein zusammenführendes Wochenende in einem kleinen Waldhotel im Hochschwarzwald. Sie werden Ersteren wieder zurück in seine klaustrophobische Einzelzelle oder in die spannungsgeladene Enge seiner Mehrfachzelle sperren und den zweiten zur Überwachung in die die Isolation noch verschärfende Beobachtungszelle schließen lassen. In beiden Fällen werden sich die Krankheitsbilder weiter verstärken, vordergründig besänftigt durch letztlich noch kränker machende Psychopharmaka. Neben solchen Medizinern und Psychologen, die es draußen in Freiheit auch nicht so richtig geschafft haben und im Knast lustlosen Dienst nach Vorschrift schieben, gibt es natürlich viele engagierte Vertreter ihrer Zunft, die in dem vorgegebenen beschränkten Rahmen des Gefängnisses das Bestmögliche versuchen, wie unser aller geliebter Joe Bausch. – Doch das Dilemma bleibt natürlich.

In allen Gefängnissen traf ich die verschiedenartigsten, zumeist mehr oder weniger stark gestörten Persönlichkeiten und Typen an Gefangenen. Neben der Masse der Rückgratlosen, der Denunzianten und Schleimscheißer, die ein jedes Gefängnis überschwemmen, gab es mehrere Kreise psychisch ge- und zerstörter Gefangener, die häufig gemeinsame Schnittmengen teilen. Da waren zum einen die Selbstverstümmler und Selbstmörder, die ihre eigene gescheitert Existenz und den Irrsinn der Gefangenschaft nicht mehr ertragen konnten und Rasierklingen oder Toilettenreiniger schluckten, sich die Pulsadern aufschnitten oder aufhingen. Die tristen Wochenenden, mit schwacher Personalbesetzung und längstem Zellenverschluss, ohne Freizeitangebote und Arbeit, waren die Zeiten, in denen die meisten Eigenverstümmelungen und Selbsttötungen stattfanden. Dann wurden die zur „Lebendkontrolle" und Frühstücksentgegennahme entriegelten anderen Zellentüren Sonntag oder Montag morgens um 5.30 Uhr gleich wieder abgeschlossen, um die Opfer ungestört aus den „Todeszellen" wegzuschaffen. – Der Suizid gehört zum Strafvollzug wie verzweifelte Einsamkeit und manische Depression und es sterben im Gefängnis natürlich mehr Menschen durch Selbstmord als eines natürlichen Todes.

Neben dem suizidalen Typ traf man im Knast eine ganze Palette von leicht Verwirrten bis komplett Irren. Bekanntlich ist die Unterscheidung zwischen „Normalen" und „Irren" immer relativ, wenn man sieht, dass „Irre" ganze Staaten führen, während andererseits „Normale" an der Wirklichkeit verzweifeln und Stadtstreicher werden oder Selbstmord begehen. Sprechen wir also lieber von „Verhaltensauffälligkeiten".

Man traf die große Gruppe der „harmlos" Verwirrten, die sich temporär von der Wirklichkeit und damit hauptsächlich von der Konfrontation mit ihrer Tat verabschiedeten. Sie funktionierten jedoch noch so ausreichend im Vollzugsalltag, dass sie nicht in B-Zellen (Beobachtungszellen) gesperrt wurden, in denen der Gefangene unter 24-stündiger Überwachung steht. Da waren die ständig überdrehten Clowns, deren Witz unvermittelt ins Bösartige und persönlich Abgründige kippen konnte oder Gefangene, die sich permanent auf einem Bahnsteig wähnten und bei jeder Begegnung nach der Abfahrtszeit des Zugs nach Bielefeld fragten; Gefangene, die in jedem Mitgefangenen ihren Vater wähnten und sich bei ihm bei jeder Gelegenheit wortreich entschuldigten, andere, die ständig Hassgespräche mit einer imaginären Person führten und wieder andere, die mit Fetischen sprachen, die sie mit sich trugen, während es auch Gefangene gab, die es einfach nur liebten, Toilettenschüsseln zu umarmen (vielleicht weil ihr weich geschwungener Korpus sie an lange verblichene Frauenumarmungen erinnerte oder an den Menschen, den sie umgebracht hatten). Lernte man die Hintergründe für ihren Aufenthalt an diesem unseligen Ort kennen, konnte einem das Lachen oft im Hals stecken bleiben.

Diese „leichtgewichtig" verwirrten Gefangenen, die an sich und ihrer Tat, sowie fortschreitendem Kontrollverlust litten, hatten für die meisten Mitgefangenen und Beamten oft nur willkommenen Unterhaltungswert, sie konnten aber manchmal auch eine erhebliche Belastung für Mitgefangene wie Beamte darstellen.

In der Lissabonner Auslieferungshaft wurde ein kleiner dicker, ältlicher Zigeuner aus einer anderen Massenzelle in unsere verfrachtet. Wir verstanden schnell warum. Der Zigeuner lag tagsüber wie gelähmt auf der Pritsche, stöhnend und ertrunken in wehleidigen Schlafgesprächen. Abends stieg er herunter und verbrachte die Nacht über den Tischen, wo er schnaufend und schwitzend und ununterbrochene Verwünschungen ausstoßend, monumentale Hassbriefe an sein unseliges Eheweib schrieb, das ihn offensichtlich betrogen hatte und sich seiner nun nicht mehr erinnerte. Wie die Guardas uns mitteilten, lag es mit gebrochenem Kiefer und einem Lebermesserstich auf der Intensivstation des Hospitals Sao José.

Die Verwünschungen des Zigeuners wurden nur unterbrochen von zotigen Frauenhassballaden, die er in triefender Disharmonie vortrug, ohne sein hasserfülltes Gekritzel zu unterbrechen oder sich um irgendwelche Proteste in der Zelle zu scheren. Wir existierten für ihn überhaupt nicht. Morgens, wenn seine Frau auf dem Papier, wie in seinen

Verwünschungen und Liedern, tausende scheußliche Fol-
ter- und Sexualtode gestorben war und ich mehr portugiesische Schimpfworte für Hure und das primäre weibliche
Geschlechtsorgan kannte als deutsche, brach er regelmäßig
zusammen, sank in herzzerreißendem Wehklagen und mit
tränenüberschwemmtem Gesicht auf die Knie und bat seine
Frau flehentlich um Vergebung, wobei er vor Selbstmitleid zu
zerfließen schien. Nach dem wehleidigen Zusammenbruch
kroch er unter seine Decke, um am kommenden Abend den
Tanz von Neuem zu beginnen.

Der Mann war völlig aus dem seelischen und geistigen
Gleichgewicht gefallen, doch er war auch unerreichbar für
uns, so sehr wir uns auch bemühten. Er wurde zu einer
steigenden Belastung. Wir verlangten von den Guardas im
Tausch einen anderen Gefangenen, zumal die Schließer das
Problem ja einfach nur auf uns abgeschoben hatten, anstatt
es zu lösen. Die Guardas versuchten uns zu vertrösten, doch
wir hatten Glück, denn der unglückliche Zigeuner wurde ein
paar Tage später in die Freiheit entlassen.

Einen der vielen vordergründig harmlosen und amüsanten
Fälle erlebte ich in der Remscheider Haft. An einem tristen
Sonntagnachmittag wartete ich als Kammergefangener unter
der zentralen Aufsichtskanzel im Parterre des mächtigen Ge-
fängnisbaus darauf, in das Kammergebäude abgeholt zu werden, um die Wochenendurlauber zu empfangen und in ihre
Gefängniskluft umzukleiden. Hunderte von Gefangenen
drängten an mir vorbei in die Sonntagsfreistunde. Ein älte-

rer Gefangener, namens Volkert, den ich nicht näher kannte, tappte auf mich zu.

„Auf wen wartest du denn?"

„Wie immer auf Godot."

„Gudoo? – Auf welcher Zelle liegt der denn?"

„Auf jeder und keiner."

„Ach, das ist ja interessant. – Wo ist hier der Bahnsteig, auf dem die Züge nach Bielefeld abfahren?"

„Ich glaube auf der anderen Seite", erwiderte ich.

„Oh, das schaff ich aber noch. Wo fährst du hin?"

„Ich fahr nach Lissabon."

„Wo liegt das?"

„Weit im Südwesten, dort wo immer die Sonne scheint."

„Das ist schön. Musst du auch umsteigen?"

„Ja, einmal, in Paris!"

„Paris. Da ist die Liebe zu Hause."

„Ich glaube, die Liebe ist überall zu Hause, wenn man sie nicht sucht."

„Ich habe meine Mutter erschlagen."

„Ach, wir haben alle keine unbefleckte Seele."

„Ja, wir Menschen sind schlecht, weil wir so allein sind."

„Da hast du Recht."

„Und Gott gibt es nicht, denn wenn er uns gemacht hat, wäre er ja noch schlechter als wir."

„Ja, wir sind einfach Menschen und so ist das Leben."

„Jetzt muss ich aber fahren. Es ist so schön zu fahren und davon zu träumen irgendwo anzukommen."

„Ja, es ist der letzte Traum den wir haben und niemand

kann ihn uns nehmen."

Der muskelbepackte Sanitärgefangene der Anstalt, der eine Kloschüssel mit sich schleppte, zog an uns vorüber.

„Hast du Probleme mit der Blase?", fragte Volkert mitfühlend.

„Nö, Alter, ich fahr Scheiße durch Dortmund, brauchste n Fahrer?"

„Nein, danke, sehr freundlich", antwortete Volkert respektvoll. Dann drehte er sich wieder mir zu und sagte:

„Nun muss ich aber los. Leb wohl, Mutter."

„Leb wohl, mein Junge."

Ohne Hast drehte er sich um und schlurfte zurück in seine Zelle.

Neben diesen leicht Verwirrten gab es im Knast die Irren, die völlig Durchgeknallten, die psychischen Wracks, die nicht in ein Gefängnis, sondern in stationäre therapeutische Obhut gehören. Es sind die in der Kindheit mit vergewaltigtem Urvertrauen, Gewalt und Missbrauch aufgewachsenen Delinquenten, durch Drogen deformierte oder über verzweifelte Lebenserfahrungen wirr und Irregewordene; irregeworden im Geschlechterkampf oder im offenen Krieg, wie z. B. den „ethnischen Säuberungen" im früheren Jugoslawien oder dem heutigen Arabien – als Opfer wie als Täter. Oder aber durch lange Haft so stark Geschädigte, dass bei ihnen die Kontroll- und Sperrmechanismen nicht mehr wertkonform funktionierten. Es sind die Verlorenen, die manchmal in ihrem einsamen Kosmos vor sich hinbrüten, gehetzte Selbstgespräche führen, sich mit ihrem eigenen Kot beschmieren oder nachts unbeirrbar den Mond anheulen und selten, dann aber unvorhersehbar, aggressiv werden und Gefangene wie Wärter angreifen. Ebenso wie gescheiterte Selbstmörder werden sie zumeist auf B-Zellen isoliert und rund um die Uhr überwacht.

Eine andere Gruppierung, die in ihrer Tragik immer untergeht, nicht ernst genommen wird und keine Stimme hat, sind die sprachlosen Rebellen. Jene, die die Ungerechtigkeiten und das ganze Leid sehen und fühlen, die es jedoch nicht in einer fassbaren Struktur ausdrücken können und somit in ihrem aufrichtig rebellischen, aber konturlos in ihnen rumorenden Gerechtigkeits- und Freiheitsgefühl blind und schutzlos gegen kalte Mauern und in vielfältig aufgestellte Fallen rennen und langsam innerlich verbrennen; oftmals unterstützt durch sogenannte „Hammermedikamente", die sie „ruhigstellen" und in einem wattigen Nebel vor sich hindämmern lassen. Die irgendwann erlöschen und nicht mehr zurückkommen können. Lebende Tote.

In Köln traf ich einen jungen Tschetschenen, wild und rebellisch, mit leuchtenden hungrigen Augen. Er kämpfte gegen alles, was ihm ungerecht erschien, sofort und unüberlegt spontan, voller Enthusiasmus und Lebenslust. Sie mauerten ihn ein und schnitten ihm Stück für Stück die Nägel, bis er keine Krallen mehr hatte, sondern nur noch schmerzende blutende Stümpfe. Er versuchte sich umzubringen und sie steckten ihn in eine Beobachtungszelle, wo man ihn der Suizidkontrolle unterwarf (Alle 15 Minuten, auch nachts, wird das Licht eingeschaltet und eine Lebendkontrolle vollzogen). Sie pumpten ihn mit Psychopharmaka voll, bis er sie brauchte, um überhaupt noch schlafen zu können. Er verließ die B-Zelle nur noch zum Duschen und ging nie mehr in die Freistunde, in der ich manchmal die verhüllende Decke in seinem Parterregitterfenster zur Seite schob und mit ihm sprach. Einmal kam er mir auf dem Gang, von der Dusche kommend, in Pantoffeln entgegengeschlurft. Seine Augen waren glasig und tot. Er sprach schleppend, wie durch einen Nebel, und seine Bewegungen waren verlangsamt, so als würde er durch eine erstickende Schwerelosigkeit rudern. Er war aufgeschwemmt und fett geworden.

Zwei Jahre später traf ich ihn im Remscheider Gefängnis wieder. Er war noch fetter geworden. Seine Augen waren leer, doch er arbeitete, er machte Umschluss, er lachte ein totes Lachen – und er funktionierte so angepasst wie sich eine Gefängnisanstalt einen Mustergefangenen nur wünschen kann – Vollzugsziel erreicht.

Ich hatte den Kampf gegen die Haftzerstörung und um den Erhalt meiner inneren Freiheit und geistigen Gesundheit mit dem Rückzug in die Kraft der Selbstreflexion, poetischer Freiheitsreisen in die Fantasie, selbstdisziplinierendem Sport und in der permanenten Rebellion gegen domestizierende Gefängnisleitungen und –strukturen bestritten. Und doch sagte mir ein Freund drei Jahre nach meiner Haftentlassung „Reiner, es hat zwei Jahre gedauert bis der Wahnsinn langsam aus deinen Augen gewichen ist".

11. Unterschiedliche Qualität von Gefangenschaft und Internationalisierung der Knäste

Strafe und Haftbedingungen all der unterschiedlichen Gefangenenmenschen werden zum einen geprägt durch die gefängnisinterne Klassengesellschaft, bestimmt durch die Deliktgruppen (Erfolgreiche Bankräuber und Gangbosse oben, pädophile Sexualstraftäter und entlarvte Spitzel unten, der Rest dazwischen) wie durch den materiellen Status: Der wohlhabende Gefangene lebt im Luxus und macht sich den Mittellosen häufig käuflich.

Im Gegensatz zur portugiesischen Auslieferungshaft war in deutschen Gefängnissen der Besitz von Bargeld verboten. Der Grund war, dass man Drogengeschäfte und Schutzgelderpressungen in der Gefangenensubkultur verhindern wollte. Allerdings konnten mittellose Untersuchungshäftlinge beim Sozialamt ein monatliches Taschengeld von heute um die 35 Euro für ihr Knastkonto beantragen. „Flüssige" privilegierte U-Häftlinge konnten sich Geld von draußen auf ihr Knastkonto überweisen lassen, von dem sie monatlich über maximal rund 210 Euro verfügen konnten. Sie durften davon zweimal monatlich im Gefängnissupermarkt einkaufen oder sich die verschiedensten Konsumartikel – Fernseher, Klamotten,

Schmuck – per Versand schicken lassen. Damit konnten dann wiederum der Drogenhandel und die Schutzgelderpressung, sowie Abhängigkeiten und Hierarchien jeglicher Art – vom Einkauf sexueller Dienstleistungen bis zum Engagement eines persönlichen Leibwächters – organisiert werden. Und natürlich ließen sich gut betuchte Häftlinge regelmäßig Bargeld an der Abteilung *Sicherheit und Ordnung* vorbei, über Besuche, von Hafturlaubern oder versteckt in frisierten Gefangenpäckchen in den Knast schmuggeln (wofür dann auch immer mal wieder ein Beamter geschmiert wurde). Neben Geld war die gängige Knastwährung Tabak, Kaffee, Drogen und Pornos.

Nach der Verurteilung im Prozessverfahren herrscht in der Strafhaft eine Arbeitspflicht. Von außen kommendes Geld darf nicht mehr konsumiert werden, es stehen dem Gefangenen ausschließlich 120 Euro vom Arbeitsentgelt monatlich zum Einkauf zu Verfügung, der Rest wird als Entlassungsgeld zurückgelegt. Natürlich kann aber auch wie bei mir ein Großteil des Arbeitsverdienstes zur Abtragung der Prozesskosten oder aber zur Schadensregulierung gepfändet werden (In meinem Fall hatten die Banken nie einen Pfändungstitel erhoben, zumal sie ja teilweise noch an meinen Banküberfällen verdient hatten. Siehe Kapitel 15, „Schuld und Sühne").

Während der über 4-jährigen U-Haft war ich mittellos, da ich nicht arbeiten konnte. Die Verpflegung war für mich asketisch, da ich in den ersten Monaten keine zusätzliche Einkaufsmöglichkeit wie die anderen Gefangenen hatte. In mir sperrte sich alles, das zustehende monatliche Gefängnistaschengeld beim Sozialamt zu beantragen, wie das alle anderen U-Häftlinge taten, die nicht von außen unterstützt wurden.

Die Mitgefangenen, vor allem Ausländer und/oder Analphabeten, denen ich häufig ihre Taschengeldanträge schrieb, hielten meinen Stolz für „bescheuert" und bestürmten mich, diesem „Scheißstaat, der uns hier einlocht, nicht auch noch was zu schenken". – Nun, ich nahm jedenfalls nicht am monatlich zweimal stattfindenden Einkauf teil. Erst als Cheyenne mir im Oktober '96 in einem Brief in wundervoll weiblichem Pragmatismus vorwarf, ich hätte dem Staat in den vergangenen fünf Monaten ihr halbes Flugticket zu mir in den Rachen geworfen, überwand ich mich und beantragte das Taschengeld. Im folgenden Brief schrieb sie mir „So, und jetzt verwendest du das Geld für dich, ein mögliches Ticket kann ich schon selber zahlen." Ich bestellte mir vom ersten Taschengeld einen Walkman. Nach fast einem Jahr Gefangenschaft ohne meine so geliebten Klänge hatte ich endlich wieder meine Musik. Von da an tanzte ich jede Nacht auf Socken auf den unverstellten 2 ½ Quadratmetern einige Stunden zur Zelle hinaus.

Noch stärker als in Freiheit bedeutete im Gefängnis die Verfügbarkeit über Geld Macht. Es war die Macht, sich die Gefangenschaft über luxuriösen Konsum erträglicher zu gestalten, wie sich andere Gefangene und manchmal auch Schließer dienstbar zu machen. In der Kölner U-Haft arbeitete Bogdan, ein mafiöser rumänischer Großzuhälter auf der

Kammer, wo er nicht nur den Zugängen den gemeinsam mit ihnen hereingeschmuggelten verbotenen Edelschmuck und andere Wertgegenstände (Goldketten, Rolex-Uhren) abkaufte und außerhalb der Anstalt teuer verhökern ließ, er hatte auch monatlich die für einen Gefangenen maximale Summe Geldes auf dem Anstaltskonto zu seiner Verfügung. Zudem riss der illegale Geldfluss, der über seine Besuche hereinströmte, nie ab. Er ließ sich von einem korrupten Kammerbeamten regelmäßig zu festen Preisen verbotene Luxusartikel in den Knast schmuggeln: das Handy zum dreifachen Preis, ½ Kilo Rinderfilet oder eine Flasche Wein 50 Euro, eine Flasche Whisky 100 Euro. Die Bezahlung lief über einen Mafia-Verbindungsmann in Freiheit.

Die Qualität der Haft wie der Status in der gefängnisinternen Subkultur war, wie an diesem Beispiel sichtbar, also nicht nur von den materiellen Möglichkeiten, sondern auch davon abhängig, ob man einen der wenigen Jobs in der Gefängnisdienstleistung hatte, sei es als Kammerarbeiter, Hausarbeiter oder Küchenbulle. Dieses Privileg bedeutete weniger verschlossene Türen, Zugang zu begehrten Gütern sowie Mobilität innerhalb des Gefängnisses, was zudem die Abwicklung von Geschäften und den Austausch von Informationen jeglicher Art begünstigte.

Weiterhin werden Qualität von Strafe und Haftbedingungen entscheidend bedingt durch den Besuchsstatus. Der mit regelmäßigen Besuchen und Familien- wie Sexualkontakten ausgestattete Gefangene befindet sich in einer anderen Haftsituation als der Gefangene der keine Außenkontakte hat und seine Mitteilungs-, Zärtlichkeits- und Sexualbedürfnisse mit sich allein in der Zelle ausmachen muss.

Die Qualität von Strafe und Haft gründet zudem auf ihrer unterschiedlichen Bedeutung und Funktion für den Gefangenen. Sie kann Ausweg und Befreiung sein (für den Täter, der sich aus eigener Kraft nicht aus seiner kriminellen Verstrickung befreien kann und oftmals die Verhaftung selbst provoziert hat), Ansporn und Chance (für den straffällig gewordenen Unterprivilegierten, eine abgeschlossene Schul-/Berufsausbildung zu machen), Schutzraum (für den Sexualstraftäter und Mörder, in paradoxer Umkehrung, vor der Öffentlichkeit), Erholungszone (für den Junkie, der sich wieder aufpäppelt), Mutterersatz (für den zur Freiheit unfähigen Täter, der nie in feste Strukturen eingebunden war und der in der durchstrukturierten Rundumversorgung des Gefängnisses erstmals Geborgenheit erfährt), Freiheit (für den sadistischen Gewalttäter, der hier seinen Gelüsten ungestört frönen kann), Ausbildungsstätte (für den wissbegierigen Kriminellen, der sich hier intensiv fortbilden kann).

Überregional, hinsichtlich des Bundeslandes, stellt sich eine unterschiedliche Haftqualität der deutschen Gefängnisse für einen Straftäter gleich in zweierlei Weise dar: In Hamburg oder Bremen urteilen die Gerichte zum einen milder und ist die Haft zum anderen nicht nur dementsprechend kürzer, sondern auch humaner und erträglicher als in Bayern. Das wissen natürlich auch die meisten Straftäter, von denen viele einen bewussten Kriminalitätstourismus betreiben, bei dem auch der bayrische Straftäter seinen Bruch oder Überfall doch lieber in Hamburg oder Bremen durchführt. Regional, innerhalb des Bundeslandes, ist die Haftqualität von der Anstalt abhängig, in die der Straftäter eingewiesen wird.

Ein weiterer Unterschied in der Haftqualität besteht zwischen gleichen und den etwas gleicheren Gefangenen, den Prominenten. Viele mittellose Gefangene werden zu Gefängnishaft verurteilt, weil sie sich desinteressierten Pflichtverteidigern ausliefern müssen. Viele begüterte (Prominenz-) Gefangene, speziell Wirtschaftskriminelle, werden gar nicht erst zu Gefängnishaft verurteilt, weil sie hochbezahlte, mit allen juristischen Wassern gewaschene Staranwälte haben, die über unerschöpfliche Ressourcen (Zuarbeiterstab, Detekteien) und Machtinstrumente (Politik-, Pressekampagnen) verfügen und in Aussicht auf zusätzliche Boni und Marktwertsteigerung hochmotiviert sind. Und die, falls es doch einmal mit einem Freispruch nicht klappt, für eine Vorzugshaft sorgen und vorzeitige Lockerung und Entlassung erwirken.

In einem Gefängnis sind nicht nur Menschen verschiedenster Herkunft, die sich in Freiheit niemals begegnen würden, sondern auch Gefangene verschiedenster Kulturen, Religionen und Hautfarben unfreiwillig auf engstem Raum zusammengepfercht, was natürlich zu explosiven Konfliktsituationen führt. In Köln setzte sich der internationale Mikrokosmos der ertappten Sünder aus 55 verschiedenen Nationalitäten zusammen. Hier haben wir wiederum eine unterschiedliche Qualität von Gefangenschaft, die sich über die Zugehörigkeit zu einer nationalen Gruppe und deren Machtpotential definiert. Innerhalb der Gruppe entscheidet der individuelle Status über den Grad der (Un)Erträglichkeit der Gefangenschaft, wobei es zwischen den Nationalitäten besondere Allianzen und Feindschaften gibt (Die Russen mit den Serben gegen die Bosnier, Kroaten und Albaner, die Südamerikaner gegen die US-Amerikaner, die Polen und Balten gegen die Russen, die Türken gegen die Araber – und alle gegen die Deutschen, die diese nationalen Zusammenhalte nicht kennen und als Einzelkämpfer oft auf verlorenem Posten stehen).

Wie wenig sich die Anstaltsoffiziellen Gedanken über das fragile Nationalitäten-Geflecht der ihnen anvertrauten Gefangenen machten, wurde am Tage des Einmarsches der Serben in den Kosovo klar. Der junge Kosovoalbaner in der Zelle unter mir, dem ich manchmal kleine Liebesbriefe an seine deutsche Freundin schrieb, jagte in der Freistunde gemeinsam mit zwei Landsleuten die beiden Serben des Hafthauses mit Eisenstangen über den Freihof. Die Eisenstangen, die sie aus den Tischgestellen gebrochen hatten, wurden ihnen von einem vierten Landsmann aus seinem Parterregitterfenster in den Freistundenhof gereicht. In allen Hafthäusern des Gefängnisses kam es zu solchen Zwischenfällen, woraufhin Albaner und Serben auseinandergelegt wurden.

Ein weiterer extremer Unterschied des Charakters der Gefangenschaft gründet sich in der Herkunft des Straftäters. Deutsche Strafhaft wird von einem aus einem armen unterentwickelten und autoritär gewalttätigen Land stammenden

Gefangenen natürlich komplett anders erlebt als von einem aus Deutschland kommenden Häftling. Ich arbeitete auf der Gefängniskammer mit einem rumänischen Berufskriminellen zusammen, der auf Wohnungseinbrüche und Autodiebstähle in Deutschland spezialisiert war, zu denen er aus seinem Heimatland regelmäßig anreiste. Er war schon mehrmals in Deutschland gefasst und verurteilt worden, was ihn jedoch nicht weiter störte, da es Teil seines Geschäftsmodells war. Wie viele andere Ausländer aus unterentwickelten Ländern lebte der junge Rumäne in einer Win-win-Situation: War er bei seinen Wohnungseinbrüchen und Autoaufbrüchen, dessen Ergebnisse über ein mafiöses Netzwerk immer direkt außer Landes geschafft wurden, erfolgreich, so strich er ungestört den Profit ein und konnte in seinem Heimatland königlich davon leben. Fasste man ihn, wurde er in einen deutschen Strafvollzug verbracht, den er, im Gedenken an die katastrophalen Haftbedingungen in seinem Heimatland, wie einen Hotelaufenthalt mit Wellness-Betreuung empfand (bezahlte leichte Arbeit, regelmäßiger Sport, Schokoladenplätzchen-Runde mit dem Pfarrer). Mit dem Gefängnisjob, bei dem er sich ja nun auch kein Bein ausriss, verdiente er ein Vielfaches dessen, was ein rumänischer Facharbeiter verdiente, womit er seine ganze Familie in Rumänien unterstützte und für sich selbst auch noch genügend hatte. Nach der Halbstrafe, also nach dem „Absitzen" der Hälfte der verurteilten Zeit, wurde er nach Rumänien abgeschoben, wo er aber nicht, wie vorgesehen, den Rest der Strafe absaß, sondern direkt freigelassen wurde, um sich nach kurzem Urlaub von den Arbeitsferien wieder auf den Weg nach Deutschland zu machen.

Während eines Gesprächs über seine vollkommene Lebensplanung meinte er, „Deutschland ein gutes Land, deutsche Menschen gute Menschen", mit einem Grinsen im Gesicht, als würde er sagen wollen: „Deutschland ein herrlicher Selbstbedienungsladen, die Deutschen komplette Vollidioten." Er drückte auch ganz offen seine Verachtung gegenüber der deutschen Polizei, Gerichtsbarkeit und Strafvollzug aus, und ich sah, dass er wie viele Nichtdeutsche unsere doch verhältnismäßig humanen, rechtsstaatlichen Regeln und Verfahrensweisen als Schwäche ansah, die es spöttisch auszunutzen galt.

Im Kölner Knast erklärte mir ein arabischer Vergewaltiger und Totschläger einige Tage vor seiner Entlassung mit entspanntem Lächeln, dass die fünf Jahre deutscher Haft die schönsten seines Lebens gewesen seien. Da stellt sich dann die Frage, welchen Sinn eine solche, den Steuerzahler täglich viel Geld kostende Haft für einen Menschen haben kann, der sie als erbaulichen Erholungsurlaub erlebt und sie für ihn weder eine Strafe ist noch ein Abschreckungspotential in sich trägt.

Zum Abschluss dieses Kapitels möchte ich grundsätzlich festhalten: Ob nun Deutscher, Ausländer, Migrant oder Prominenter – Freiheitsentzug ist eine Qual höchst unterschiedlicher Intensität. Da Wirklichkeit an sich nicht existiert, sondern erst in der Brechung durch unseren ganz individuellen

Wahrnehmungsapparat entsteht, hat auch hier das Erleben und Leiden im Gefängnis eine völlig unterschiedliche individuelle Qualität.

Der sensible intellektuelle Gefangene wird die im Gefängnis vorherrschende grobe, ordinär gewalttätige und anti-intellektuelle Grundstimmung, die ihn außer in die realen Mauern auch in die selbsterrichteten Schutzmauern eines zermürbenden Einzelkämpfertums gegen den Hauptstrom zwingt, quälend anders erleben als der im Gefängnis vorherrschende Typ des rüden, grobschlächtigen Gefangenen, der in dieser Grundstimmung unter zumeist Gleichgesinnten aufblüht und darin einen ebenso willkommenen Nährboden findet wie Schmarotzerkulturen in einer aufgeplatzten Eiterbeule.

Ich machte keinen Umschluss mit anderen Gefangenen, joggte in jeder Freistunde anstatt im Freihof mit jemandem herumzuschlurfen und hielt mich aus allen Intrigen, Mauscheleien und Geschäften heraus. Und doch wurde ich zumeist nicht angegriffen für meinen Rückzug in die Wolkenträume, in meine literarischen Kopfreisen und in die Spiritualität des Sports. Das lag daran, dass mir mein Status als Zorro-Bankräuber, der niemals auf frischer Tat ertappt worden war, eine gewisse Aura verlieh. Zum anderen strahlte ich eine natürliche Autorität aus, machte in jedem Gefängnis gleich zu Beginn meinen Stand, befand mich als inoffizieller Gefangenensprecher und in eigener Sache in der ständigen Auseinandersetzung mit den Anstaltsverantwortlichen und half den Gefangenen bei ihren Fällen; formulierte auf meiner Schreibmaschine ihren offiziellen Schriftverkehr und schrieb ihnen für ihre Liebsten Liebesbriefe und -gedichte. Ich war als Schlichter bei Auseinandersetzungen zwischen verschiedenen nationalen Gruppen gefragt, weil ich als Antirassist galt und es mir auch wirklich völlig egal war, ob ein Galgenvogel türkischer, russischer oder deutscher Herkunft war.

Wie brüchig der Schutzkokon dieses Sonderstatus' in der Gefängnishierarchie war, wusste ich und musste ich nicht nur einmal blutig unter der Dusche erfahren – dem abgeschlossenen und völlig unkontrollierten Raum, in dem die meisten Übergriffe stattfinden.

In meiner Haftzeit in den 90er und 00er Jahren war ich überrascht, wie überschaubar im Verhältnis zur erzwungenen Enge und dem individuellen Druck die Spannungen, Auseinandersetzungen und Gewaltausbrüche zwischen all den verschiedenen Ethnien und Religionen in dieser internationalen Zwangsgemeinschaft trotz allem waren. Es war weniger von Bedeutung ob jemand schwarz, gelb oder weiß war, Christ, Moslem oder Atheist, ob er aus Europa, Asien oder Afrika kam, sondern welches Delikt ihn an diesen Ort gebracht hatte. Die Drogendealer bildeten eine Gemeinschaft, ebenso wie die Zuhälter oder die allseits verhassten Betrüger. Heute, im Zuge eines konservativen Rollbacks in Gesellschaft und Politik, erleben wir, dass Religions- und ethnische Unterschiede wieder verstärkt in den Vordergrund gestellt werden (In der Jugendanstalt Adelsheim in Baden-Württemberg z. B. mussten 2017 im Freistundenhof Zäune aufgebaut werden, um die verschiedenen Ethnien auseinanderzuhalten, weil sie in einem regelrechten Krieg miteinander standen).

Wenn ich jetzt mit Günter Wallraff zum Tischtennis in das große Kölner Gefängnis gehe, um über den sportlichen Austausch den Kontakt der Gefangenen zur Außenwelt ein wenig offen zu halten, erklären mir die Beamten, bestätigt durch Gefangenengespräche, dass sie letztlich aufgegeben und die Kontrolle verloren hätten und es immer skrupelloser und brutaler zugehen würde. Der überwiegende Teil der Gefangenen seien mittlerweile Ausländer bzw. Migranten und nationale Gangs beherrschten das Gefängnis. Diese Gangs könnten ihre Aktionen unverhohlen vor ihren Ohren besprechen, da die Wärter die Sprachen der meisten Gefangenen überhaupt nicht verstehen würden. Auch ich hätte heute mit meinem Einzelkämpfertum keine Chance mehr, da wir auf amerikanische Verhältnissen zusteuerten und man nur durch die Orientierung an einer nach Mafiaart strukturierten nationalen Gruppierung eine Chance zum halbwegs unversehrten Überleben hätte.

12. Islamistische Gefahren und Gangwesen

Die weiter zunehmende Internationalisierung der deutschen Gefängnisse, in denen vor allem die Zahlen der muslimischen Gefangenen infolge der Migrationskrise hochgeschnellt sind und wieder zu Überbelegungen führten, veränderten die Qualität der Gefangenschaft für alle Gefangenen. Nicht nur die zunehmende Enge, die verschärften interkulturellen Spannungen und die fehlenden angepassten Betreuungsmaßnahmen, vor allem auch eine kamikazehafte Ignoranz und Aggressivität vieler islamischer Gefangener, vor allem aus den Maghreb-Staaten, lassen den Knastkessel immer mehr brodeln. Wärter wie Mitgefangene werden körperlich angegriffen und mit Exkrementen beworfen, Beleidigungen, Einschüchterungen sowie Suizidandrohungen von Seiten der nordafrikanischen Häftlinge sind an der Tagesordnung, ebenso wie das Demolieren der Zellen und das Beschmieren mit den eigenen Exkrementen als vermeintlichem Druckmittel, erleichterte Haftbedingungen erreichen zu können. Auch die Verweigerung und Verhöhnung der Beamtenanweisungen und das beständige Erheben von Forderungen, wie aggressive Beleidigungen, wenn denen nicht nachgekommen wird, nehmen zu. Besonders weibliche Bedienstete sind mangelndem Respekt – Ignoranz, Verachtung und sexistischem Spott – ausgesetzt. Es kommt im Vollzugsalltag häufig zu körperlichen Attacken, nach denen die Delinquenten in der Zelle oder auf dem Gang von hinzugeeilten Beamten niedergerungen werden müssen und parallel dazu sofort alle anderen Zellen verriegelt werden.

Was ich sporadisch als vereinzelte Ausfälle erlebte, ist in vielen Knästen, die mit der Maghreb-Klientel belastet sind, mittlerweile (2017) Knastalltag. Auffällig ist dabei eine tiefe Verachtung für das zurückhaltende Auftreten der Beamten, die als „eierlose Waschweiber" verhöhnt werden, da sie sich (zumeist) an die vorgegebenen Regeln halten, die im demokratischen Findungsprozess entwickelt wurden. Womit sie auch eine tiefe grundsätzliche Verachtung für unsere humanistische westliche Kultur und Gesellschaft ausdrücken, die sie als verweichlicht und degeneriert empfinden.

Nicht nur unter dem höheren allgemeinen Aggressions- und Lärmpegel leiden die anderen Gefangenen und Beamten. Weil wegen Überlastung des Gefängnissystems Ausführungen, Sport- und Freizeitangebote sowie abendliche Aufschlüsse und Besuche ausfallen, sind die anderen Gefangenen einem zunehmenden Wegschlussvollzug ausgesetzt. Der Stress, die Spannungen und gewalttätigen Ausfälle bei den anderen Gefangenen sowie der Hass auf die arabische Problemklientel schaukeln sich hoch und explodieren regelmäßig. Überforderte Beamte wiederum fallen nicht nur aufgrund eines hohen Krankenstands aus, der sich aus personeller Unterbesetzung, steigendem Arbeitsdruck und zunehmender

Gewalt speist, sondern auch weil sie verstärkt Fortbildung zum Umgang mit Gefangenen aus anderen Kulturen machen müssen. Die Folge: Die Anstalten können aufgrund mangelnder Kapazitäten noch weniger ihrem Sozialisierungsauftrag nachkommen.

Diese Art destruktiver Gefangener, die ich glücklicherweise nur sporadisch erlebt habe, isolieren und grenzen sich selbst aus, verachten die elementarsten Regeln menschlichen Zusammenlebens und verhöhnen die Geduld und pädagogischen Bemühungen der Justizbeamten als erbärmliche Schwäche. Bei diesem Menschentypus, der keinerlei Respekt vor anderen Menschen und Kulturen hat, wirken nur klare unmissverständliche Ansagen und Maßnahmen. Treten Häftlinge offen beleidigend, bedrohend, erpresserisch oder gewalttätig auf, kann darauf im Gefängnisalltag mit einer ganzen Reihe von gesetzlich legitimierten Maßnahmen geantwortet werden, die ein jeder Häftling kennt. Denn nur ein einziger (selbst)zerstörerischer Häftling auf der Station kann seinen Mithäftlingen ebenso wie den Beamten das Knastleben zur Hölle machen.

Ebenso wie ihre unauffälligen muslimischen Glaubensbrüder im Gefängnis, die sich im Gespräch mit mir über „naiven deutschen Toleranzwahn" und einen „lächerlichen Bemutterungskomplex" amüsierten, die ausschließlich „als Schwäche verstanden" werden, sehe auch ich mittlerweile bei vielen dieser mit verwüsteten Seelen geschlagenen Gefangenen letztlich keinen Sinn und Nutzen in aufwendigen betreuerischen Maßnahmen, da dieser Flüchtlingstypus sich weder ändern noch integrieren will. Und diese Gefangenen flohen einst offensichtlich weniger wegen der freiheitlichen Werte und Chancen, die dieses Land bietet, nach Deutschland, als wegen der Möglichkeiten, diese mit kriminellen Mitteln für den persönlichen Vorteil zu missbrauchen. Das mag hart klingen, doch sollte man Ressourcen, die ja nicht unlimitiert sind, nicht sinnlos verschwenden, sondern sie für wirklich Bedürftige einsetzen, denen sie auch helfen.

Im Frühjahr 2017 machte in nordrhein-westfälischen Gefängnissen der Anteil ausländischer Strafhäftlinge aus insgesamt 116 Staaten nach Angaben der Landesregierung 33,6 Prozent aus, wogegen er bei den Untersuchungshäftlingen bei 61,2 Prozent liegt (Bei einem ausländischen Bevölkerungsanteil in NRW von rund 12 Prozent). Migrantische Straftäter mit deutschem Pass fallen aus diesen Statistiken natürlich heraus.

Bereits Mitte 2016 wurde eine Integrationsoffensive mit einem intensiven Ausbau von Sprach- und Integrationskursen in den 36 NRW-Haftanstalten eingeleitet, um die Probleme mit ausländischen Gefangenen anzugehen, womit auch einer islamistischen Radikalisierung vorgebeugt werden sollte. Das Finanzvolumen dafür betrug rund 7,3 Millionen Euro.

Den Teil der aufwendigen Integrationsmaßnahmen in den JVAs, der der Vorbeugung gegen eine islamistische Radikalisierung gewidmet werden soll, sehe ich als positiv und dringend notwendig an. Der Mensch neigt dazu, sich in einer desolaten Situation an einer scheinbar unantastbaren Autorität zu orientieren und einfachen Erklärungs- und Glaubenssätzen zu folgen. Solch totalitäre Ideologien wie der faschistoide Islamismus korrespondieren immer auch mit dem Ausschluss und der Zerstörung des Andersartigen. Die Verantwortung für das eigene Handeln wird abgenommen, jede begangene Scheußlichkeit reingewaschen und mit dem Hinweis auf ein vermeintliches Paradies sogar befördert.

So wie die Masse der Gefängnisinsassen aus äußerst frustrierten, ungebildeten und schlichten, und somit leicht empfängliche Geistern besteht, so besteht auch die Masse der islamistischen Terroristen aus frustrierten, ungebildeten und äußerst schlichten Geistern, die zumeist vormals Gefängnisinsassen waren. Islamistische Terroristen fangen meistens als „normale" Kriminelle an. In den Biographien europäischer IS Terroristen ist die Haftstrafe oft das einschneidende Erlebnis, das den Beginn einer islamistischen Radikalisierung auslöste. Gescheiterter Lebenslauf, schwache, leicht zu beeindruckende Egos, Verzweiflung im Jetzt und fehlende Perspektive für die Zeit nach der Haft sind in den Knästen die idealen Voraussetzungen für die salafistischen Einflüsterer. Sie füllen das Vakuum der Hoffnungslosigkeit gerade bei frisch eingelieferten Sträflingen mit dem Angebot von emotionalem Beistand, einem solidarischen Gemeinschaftsgefühl sowie einem verlockend schlichten und scheinbar beglückenden Weltbild. Wobei den oftmals zerstörten Gefangenenmenschen auch noch eine besondere Bedeutung in einem größeren „heiligen" Zusammenhang suggeriert wird.

Da die Anforderungsprofile von Kriminellen denen von islamistischen Terroristen in vielen Punkten ähneln – Skrupellosigkeit, Brutalität, mangelnde Empathie sowie Erfahrung im Umgang mit Waffen/Sprengstoff und illegaler Geldbeschaffung – bieten sie sich den salafistischen Rekrutierern natürlich zusätzlich an.

Ich sah die Entwicklung in ihren Anfängen, doch nahm ich sie damals, wie wohl die meisten, nicht weiter ernst. Heute sehen wir, dass Gefängnisse immer mehr zu Brutstätten islamistischer Gewalttäter werden. Im Dezember 2016 ermordete ein islamistischer Terrorist mit einem Selbstmordanschlag auf einen Berliner Weihnachtsmarkt 12 Menschen und verletzte 49 teilweise schwer. Der Täter, ein tunesischer Schwerkrimineller und Asylbewerber mit 14 verschiedenen Identitäten, hatte sich im Knast islamistisch radikalisiert. Spätestens hier sollten die „Alles einfach nur wegsperren"-Forderer aufwachen, sonst könnte die Zeitungsüberschrift „Als Dieb hinter Gitter. Entlassen als islamistischer Terrorist" eine sich ausbreitende, irrsinnige Normalität werden.

In Deutschland steigt die Zahl der Ermittlungsverfahren gegen Islamisten stetig und sie wird weiterhin steigen, wenn immer mehr ehemalige IS-Terroristen mit deutschem Pass infolge der Niederlage der Terrororganisation im Nahen Osten nach Deutschland zurückkehren. In allen Haftanstalten Nordrhein-Westfalens wurden Integrationsbeauftragte eingestellt. In der JVA Remscheid, in der ich am Ende meiner Haftzeit einsaß, arbeiten mittlerweile Islamwissenschaftler, die auch zentrale Ansprechpartner für die anderen Haftanstalten des

Landes sind, in denen sie bereits viele JVA-Beamte im Umgang mit muslimischen Gefangenen geschult haben. Nach Aussage der Islamwissenschaftler liege der Schwerpunkt ihrer Arbeit in der „Wissensvermittlung an die Bediensteten, Wertevermittlung an die Gefangenen". „Wir geben den Kollegen Informationen an die Hand zu Fragen, was gehört zur islamischen Religion, und wo fängt extremes Denken an, was ist Religion, und was ist Kultur, welche religiösen Bücher sind Standardbücher und welche sind stark ideologisch." (Mich würde interessieren wie in diesem Zusammenhang der Koran, das islamische Standardbuch, einzuschätzen ist.)

Darüber hinaus gingen mittlerweile allein in NRW über 100 Imame in die Haftanstalten und leiteten muslimische „Gebetskreise" und „Islamrunden", in denen muslimische Gefangene nicht nur ihren Glauben praktizieren können, sondern auch Radikalisierungen vorgebeugt werden soll. Doch was passiert in diesen „Gebetskreisen" und „Islamrunden" und werden durch sie, ebenso wie im Leben draußen, nicht gerade Konträrgesellschaften gefördert und „legalisiert", anstatt sie zu verhindern und die Integration zu unterstützen? Insbesondere dann wenn es Imame vom Islamverband der mächtigen DITIB sind, die den bei weitem überwiegenden Anteil der entsandten Religionsprediger ausmachten und von der türkischen Religionsbehörde als verlängerter Arm des islamautoritären türkischen Staates ausgesucht sind. Die auch mit deutschen Steuergeldern unterstützte DITIB ist strukturell, finanziell und ideologisch abhängig von der türkischen Religionsbehörde Diyanet, die aus der Türkei Imame für die rund 900 DITIB-Gemeinden in Deutschland entsendet. Der angesehene und von Muslimen mit dem Tode bedrohte muslimische Islamwissenschaftler Hamed Abdel-Samad beschreibt Islamverbände wie die DITIB eher als Teil des Integrationsproblems denn als seine Lösung:

„Genau diese Verbände bieten sich als Partner des Staates für Integration und Kampf gegen die Radikalisierung an. Dabei sind sie die Letzten, die daran Interesse haben, dass Muslime sich in die deutsche Gesellschaft integrieren. Denn sie leben von der Kluft, die zwischen Muslimen und Andersgläubigen bzw. Nichtgläubigen immer größer wird. Genau in dieser Kluft liegt ihre Existenzberechtigung."

Nach Hinweisen, DITIB-Imame würden angebliche Gegner des türkischen Staatspräsidenten bespitzeln und die erkundeten Informationen an türkische Generalkonsulate weitergeben und als „Konsequenz aus dem Comic der Religionsbehörde Diyanet, in dem der Märtyrertod verherrlicht wird" (NRW Justizminister), mussten sich die Imame der DITIB infolge einer Sicherheitsüberprüfung durch den Verfassungsschutz unterziehen, bevor sie in die Gefängnisse gelassen wurden. Die meisten DITIB-Imame verweigerten sich dieser Überprüfung.

Ich frage mich grundsätzlich: Sollte man nicht, anstatt Imame einzustellen, die die Kluft und kulturellen Unterschiede zu einer säkular aufgeklärten, offenen Gesellschaft möglicherweise noch verstärken, nicht vielleicht universelle Lehrer der Aufklärung aus allen Bereichen einstellen, die die integrativen humanistischen Werte und Grundlagen einer

toleranten demokratischen Gesellschaft nicht nur muslimischen, sondern allen Gefangenen, ob sie nun einer wie
immer gearteten Religion folgen oder Nichtgläubige sind,
vermitteln?

Grundsätzlich halte ich Religionen in ihrer praktischen
Ausprägung für die größten Geißeln der Menschheit – ob
nun christlich, jüdisch, muslimisch, hinduistisch oder bud-
dhistisch. Zu der auch von der offiziellen Politik immer wieder verbreiteten Mär von unserer christlich-jüdischen Tra-
dition, die unser Gemeinwesen bestimmen würde, möchte
ich sagen: Die einzige verbindliche Leitlinie unseres Zusammenlebens sind die Werte der Aufklärung, die auch die
Abfassung unseres Grundgesetzes bestimmt haben. Die Aufklärung hat in unserer westlichen Zivilisation gerade auch die
christlichen und jüdischen Religionen mit ihren intoleranten,
antidemokratischen, frauenfeindlichen und gewaltaffinen
Grundelementen in die Schranken gewiesen und in eine
Trennung von Staat und Religion, die sich auf das Private
zu beschränken hat, überführt. Und dieses Primat der Aufklärung, in Form des Grundgesetzes, muss in diesem Land
natürlich für alle (religiösen) Kulturen gelten. Dann ist auch
eine multikulturelle Gesellschaft möglich, die meiner Ansicht
nach die fruchtbarste Form eines Gemeinwesens überhaupt
ist. Allerdings sind gewisse rückwärts gewandte Kultur-
formen nicht mit der Aufklärung kompatibel – insbesondere
rechtsradikale Ausformungen, sei es nun deutscher Ethno-
faschismus oder afrikanisch/asiatischer Islamfaschismus.

Auch das ist eine Erfahrung, die ich in der unentrinnbaren

Enge des internationalen Gefängniskosmos' machte, wo ich mit den unterschiedlichsten Menschen aus den unterschiedlichsten Kulturen zusammenleben musste, die jenseits ihrer Delikte ja zumeist ganz normale Menschenbürger dieser Welt waren: Mir war nicht nur der New Yorker Student näher, mir war auch der peruanische Bauer und der Fischer von den Molukken vertrauter als der deutsche Neonazi oder der türkischstämmige Anhänger des politischen Islam, die beide womöglich aus derselben Stadt kamen wie ich und die mir doch so fremd waren, als kämen sie von einem anderen Stern.

Auch weil sich im Mikrokosmos Gefängnis gesellschaftliche Entwicklungen und Konflikte wie durch ein Brennglas viel früher, unausweichlicher und drastischer als in Freiheit spiegeln, erlebte ich dort erstmals hautnah, wie manche Ausländergruppierungen in ganz eigenen Konträrwelten leben. Dort herrschen ganz eigene Regeln und Familien- und Ehrbegriffe. Es ist eine fatale Fehleinschätzung zu glauben, alle Menschen bewegten sich in den gleichen grundlegenden Gedanken-, Gefühls- und moralischen Überzeugungswelten wie die westliche Mehrheitsgesellschaft. Im Knast wie im Leben in Freiheit sehe ich in dieser grundlegenden Fehleinschätzung – neben mangelnder Bildung vieler Migranten und der bedingungslosen staatlichen Vollversorgung (die für die meisten einen ungeahnten sozialen Aufstieg bedeutet, den es zu erhalten und nicht zu verlassen gilt) – das zentrale Entwicklungs- und Integrationshindernis. Eine solche Fehleinschätzung und eine leidenschaftslose Zaghaftigkeit, die eigenen Freiheitswerte selbstbewusst, konfliktfreudig und fordernd zu verteidigen und zerstörerischer Intoleranz kompromisslos entgegenzutreten, sowie ein nur halbherziges Einfordern von Eigeniniative und Verantwortung für das eigene Sein, sind nicht ausländerfreundlich, sondern ausländerfeindlich, da sie Integration verhindern und das Entstehen von Konträrwelten fördern.

Ich mache für die derzeitige Orientierungslosigkeit – im Knast wie in der freien Gesellschaft – auch den schludrigen Umgang mit Sprache und damit mit der Benennung wie der Analyse von Fakten und Entwicklungen verantwortlich. Schon zu meiner Knastzeit gab es eine Durcheinanderwirbelung der drei maßgeblichen Begriffe „Assimilierung, Integration und Multikulturalität", an der sich bis heute auch im freiheitlichen Gesellschaftskosmos nichts geändert hat.

Mit einem türkischstämmigen Gefangenen entwickelte sich im Kölner Knast folgendes Gespräch, das im Kern auch heute so stattfinden könnte:

„Was soll das ganze Geschwafel?!", erklärte Murat, „Wir schulden euch nichts. Wenn ihr uns lasst, dann ist Integration okay, Assimilierung allerdings niemals und unsere islamische Kultur leben wir wie wir wollen."

„Nein", Murat", entgegnete ich. „Da liegst du falsch. Natürlich ist von den hier mit allen Rechten und Vorteilen Lebenden – ob nun biodeutsche oder aus welchem Land auch immer kommende Menschen – eine nicht verhandelbare Assimilierung an die humanistischen, von der Aufklärung geprägten Werte, Regeln und Gesetze unserer Gesellschaft zu fordern. Eine Integration sollte über die Arbeitswelt und die Austauschmöglichkeiten einer offenen Gesellschaft stattfinden und eine Multikulturalität im privaten wie im öffentlichen Raum möglich sein, solange sie die verbindlichen Werte der Aufklärung respektiert."

Wie gleichermaßen verheerend in Gesellschaft und Gefängnis die Wirkung einer antiaufklärerischen Ideologie und die dogmatische Auslegung insbesondere des Islam sein kann, zeigen Beispiele in Deutschland geborener junger muslimischer Migranten, die ich in deutschen Gefängnissen traf. In allen erlebten Fällen hatte sich eine aus einer konservativen muslimischen Familie stammende Tochter von den Traditionen und vergewaltigenden Diktaten ihrer teilweise schon seit zwei, drei Generationen in Deutschland lebenden Familien emanzipieren wollen. Ein konkreter Fall: Die minderjährige Tochter war zwangsverheiratet worden. Sie befreite sich innerhalb weniger Jahre von der ungewollten Fremdbestimmung, verließ den Ehemann, begann eine Ausbildung und lebte, materiell und von der Familie unabhängig, als alleinerziehende Mutter und am liberalen westlichen Lebensstil orientiert ihr Leben. Die Familie sah durch ihre Selbstbestimmung die „Familienehre beschmutzt" und entschied, dass sie zur Wiederherstellung der „Familienehre" getötet werden müsste. Ihr Vater und Ihre Brüder entschieden, dass der jüngste, 17-jährige Bruder diese Aufgabe übernehmen sollte, da er als Minderjähriger eine bedeutend niedrigere Strafe als ein Erwachsener erhalten würde. Der Junge führte die gemeinsam beschlossene Tat in vollster Überzeugung aus und nahm die alleinige Verantwortung auf sich, während der Vater und die Brüder unbehelligt blieben. Er wurde erwartungsgemäß zu einer verhältnismäßig milden Jugendstrafe verurteilt, die er zunächst im Jugendstrafvollzug absolvierte. Später im Erwachsenenvollzug, wo ich ihn traf, konnte ich sehen, dass er voller Stolz nicht nur darüber war, die „Ehre" seiner Familie gerettet zu haben, sondern auch darauf, für sie das Opfer der „ungerechtfertigten" Strafe auf sich genommen zu haben. Verstärkt wurde dieses sich spreizende Selbstverständnis im Knast nicht nur durch seine Familie, die ihn in den Besuchszeiten stützte und wie einen Prinzen verhätschelte − er genoss auch bei fast allen muslimischen Gefangenen besondere Achtung und einen Ausnahmestatus, da er „die beschmutzte Familienehre gerettet" hatte. Anstatt ihn als infamen Mörder seiner Schwester zu ächten verehrten sie ihn als „guten Muslim". In den Diagnosegesprächen Einsicht und Reue heuchelnd, erreichte er die 2/3-Entlassung nach 6 ½ Jahren Haft und kehrte als gepriesener Held in den Schoß seiner Familie und seines Ghettos zurück. Ich konnte bei diesem und ähnlich gelagerten Fällen erkennen, wie tief menschenverachtende Islamtraditionen bei vielen Muslimen im Knast verankert waren und wie wenig sie sich wirklich öffneten; Muslime, die ich bis zur Konfrontation mit einem solchen Fall als freundlich und bemüht weltoffen erlebt hatte.

Intensive Betreuung und Bildung für Straftäter des ideologischen Islams klingt so schön wie zwingend, doch wie soll sie aussehen, wenn solche Straftäter sich selbst ausgrenzen und nach Verbüßung der Haft in die Konträrwelten ihrer traditionellen Familien und Ghettos, und damit der gelebten fundamentalistischen Weltbilder, zurückkehren?!

Neben islamfundamentalistischen Straftätern in ihren geschlossenen Zirkeln existieren im Knast aber auch noch andere ethnische Gruppierungen. Es sind Gangs, die in ganz eigenen ideologischen und sozialen Systemen leben. Diese in sich abgeschotteten Gruppen, seien es russische, arabische, türkische, albanische oder kolumbianische Gangs, stehen in oft blutiger Konkurrenz zueinander und sind von der offiziellen Anstaltskultur so wenig zu erreichen wie zu kontrollieren. Die stärkste Gruppe sind „Die Russen", worunter alle aus den ehemaligen sowjetischen Republiken stammenden Häftlinge zählten. Dabei handelte es sich zu großen Teilen um sogenannte Russlanddeutsche, die nach dem Zusammenbruch der Sowjetunion nach Deutschland übersiedelten und hier keine Wurzeln schlagen konnten. Die Macht dieser mafiösen Gemeinschaft liegt, stärker noch als bei anderen Gruppierungen, in einer sich völlig von der Außenwelt abschottenden Identität und einer strikten hierarchischen Organisation. Sie liegt in einer engmaschigen Verflechtung mit der Russenmafia in Freiheit, einer dichten Vernetzung mit den anderen Knästen, in denen „Russen" einsitzen, der totalen Kontrolle untereinander und der Einforderung unabdingbarer Hörigkeit und Unterwerfung unter die Organisation und deren Hackordnung, Regeln und (Straf)Maßnahmen. Die Macht- und Hierarchiepyramide geht von den Bossen über verschiedene Führungsebenen bis hinunter zu den ausführenden Fußsoldaten. Die Bewährungs- und Aufstiegskriterien sind klar umrissen, die Handlungsmittel hauptsächlich rohe Gewalt. Das Betätigungsfeld ist im Knast, wie in Freiheit alles was Mehrwert einbringt, hauptsächlich das Drogengeschäft, aber auch Schutzgelderpressung und Prostitution. Die Macht und Effizienz der Russenmafia wie ihre Verachtung des bürgerlichen Systems war so weitreichend, dass sie manchmal selbst die Anstaltsoffiziellen unter Druck zu setzen versuchten. Fuhr ein Deutscher, Türke oder Araber einen Schließer in einem Wutausbruch an mit „Wir sehen uns draußen"/„Wir wissen wo du wohnst", was öfter vorkam, so war das nicht weiter ernst zu nehmen. Gab das allerdings ein „Russe" mit ruhigem, unterkühltem Tonfall von sich, war zumindest Vorsicht geboten, wie mir ein Anstaltsoffizieller anvertraute. Anders als die Türken oder Araber, die mit ihrem Religions-, Familien- und Ehrgeschwurbel häufig emotionalisiert, reizbar und aggressiv auftraten und darüber manchmal ihre eigentlichen kriminellen Interessen aus dem Auge verloren, waren die „Russen" Teil eines kühl kalkulierenden kriminellen Wirtschaftsunternehmens, das ausschließlich auf seine Mehrwertinteressen fokussiert war. Sie erschienen mir wie die höchstentwickelte Form des skrupellosen Raubtierkapitalismus, der auch noch die letzten Beschränkungen durch bürgerliche Moralvorstellungen über Bord geworfen hatte. („In der Mafia verbindet sich der höchstmögliche Grad wirtschaftlicher Entwicklung mit der untersten Stufe kultureller Entwicklung." (Roberto Saviano))

Wie jedes Wirtschaftsunternehmen hatten auch die Russen einen Verhaltenskodex mit klar umrissenen Sanktionierungsmaßnahmen. Diese Maßnahmen konnten bei Vergehen eines Mitgliedes gegen die Regeln der Gemeinschaft bis zur Anordnung zum Selbstmord gehen. Ein anderer von der Führung ausgesprochener Urteilsspruch konnte „vogelfrei" lauten. Das bedeutete, dass der von der eigenen Gang verurteilte Regelverletzer von allen Gruppenmitgliedern anlasslos gequält werden durfte, er auf Anordnung für die anderen putzen und ihnen seinen Einkauf abgeben musste und er für sexuelle Dienstleistungen jederzeit zur Verfügung zu stehen hatte. Durchgesetzt wurden solche Strafmaßnahmen mit der Drohung, dass ansonsten die Angehörigen in Freiheit gequält, vergewaltigt oder getötet würden. Niemand wird sich diesem so schlichten wie teuflisch effektiven System widersetzen. Nicht nur das eiserne Gesetz des Schweigens, mit dem die Gruppe sich abschottete und zusammenhielt, verhindert einen Hilferuf an die Anstaltsoffiziellen, sondern auch das Wissen darüber, dass nicht nur die Angehörigen sondern auch der Gebrandmarkte der Krake Mafia niemals entkommen konnte, da eine sogenannte Sicherheitsverlegung in einen anderen Knast dazu führen würde, dass er dort schon von den „Russen" erwartet werden würde.

Die „Diebe im Gesetz" wie sich die russische Subkultur nennt, die einst in den russischen Gulags entstand, entwickelten eine Karte mit allen deutschen Knästen, auf der jene blau eingefärbt sind, die von ihnen dominiert werden und rot jene, in denen sie noch nicht herrschen („Es gibt kaum noch rote", so ein Abteilungsleiter aus einem deutschen Justizministerium).

Als „Russe" konnte man sich diesem System nicht entziehen. Wenn es auch totale Unterwerfung und Auslieferung bedeutete, waren die meisten Mitglieder froh darüber, Teil dieser Maschinerie zu sein, da es ihnen Schutz, Macht, Ansehen und ein kriminelles Einkommen im Knast garantierte.

Im Remscheider Knast flogen einmal die Machenschaften einer Russenmafia-Gruppe auf. Sie wurde auf verschiedene Anstalten auseinandergelegt. In der Nacht vor der Verlegung erhängte sich einer der „Russen". Die Mitgefangenen spekulierten, dass er der drogensüchtige Denunziant gewesen sein könnte, der Drogen der Organisation veruntreut haben sollte und einen Selbstmordauftrag erhalten hätte.

Ich kam nur selten in Berührung mit den „Russen". Einmal, als ich gerade während des Hofgangs die Volleyballhausmannschaft im Kölner Knast aufstellte, baute sich ein flachstirniger Fußsoldat der Russen vor mir auf.

„Zorro, ich will, dass du mich aufstellst!"

„Mache ich gerne, wenn du ausgiebig trainierst und die Klasse dafür hast."

„Ich will aber jetzt."

„Wie gesagt, trainieren, und dann sehen wir weiter."

„Wir sprechen uns noch."

„Du weißt, wo ich wohne."

Es ergab sich nichts Weiteres daraus, wohl auch weil ich seinem „Vorgesetzten" kürzlich bei der Gerichtspost geholfen hatte.

Neben Russen-, Türken-, Araber- und südosteuropäischen Gangs erlebte ich im Knast auch noch die Rockergangs – sowie die kleine Gruppe der kolumbianischen Mafia. Obwohl die „zurückhaltende und ehrenwerte Gesellschaft" der italienischen 'Ndrangheta-Mafiaorganisation besonders auch in Nordrhein-Westfalen aktiv ist, bin ich in den dortigen Gefängnissen niemals bewusst mit ihren Mitgliedern in Kontakt geraten.

13. Verbotene Früchte – Fraternisierung und Korruption, Sex und Liebe zwischen Gefangenen und Beamten

„Reiner, und was wäre, wenn ich Sie herausschmuggeln würde?", schaute mich die Psychologin angestrengt an.

„Nun, dann wäre ich draußen und Sie drinnen". Schon allein aus diesem Grund hätte ich ein solches Angebot nicht angenommen, abgesehen davon, dass ich mich schon in Lissabon, wo eine Verabschiedung aus der Auslieferungshaft ein Einfaches gewesen wäre, gegen einen Ausbruch und ein Leben auf der Flucht entschieden hatte.

Diese liebenswerte und von einer weitgehend ungeschützten Sensibilität getragene Psychologin, die so völlig verloren in diesem von Grobschlächtigkeit und Berechnung geprägten Zwangskosmos Knast war, hatte glücklicherweise bald erkannt, dass sie am falschen Ort war und das Gefängniswesen schon nach einem knappen Jahr wieder verlassen.

Wie das Gefängnis beim Gefangenen den wahren Charakter ans Licht befördert, so tut es das auch bei den Justizvollzugsbeamten. JVA-Beamte sind keine besseren Menschen, sie sind aber auch nicht korrupter als Angehörige anderer Berufssparten. Ich erlebte immer wieder mal wie Justizvollzugsbeamte die Grenzen zwischen sich und den ihnen anvertrauten Gefangenen verschwimmen ließen, wobei oft eine mir unbegreifliche Naivität zutage trat. Es kam zu Grenzüberschreitungen, die in Abhängigkeiten und damit in Erpressbarkeit mündeten. Wobei bei Aufdeckung nie die Gefangenen, jedoch immer die Beamten weitreichende Konsequenzen zu tragen hatten, die von Zwangsversetzung bis zur Entlassung aus dem Beamtenstatus und dem Verlust der Altersversorgung reichten. Neben grenzüberschreitenden Fraternisierungen, neben sexuellen und Liebesverhältnissen mit Gefangenen, auf die sie sich einließen, waren Vollzugsbeamte auch in kriminelle Machenschaften wie Drogenhandel, Vorteilsnahme, Förderung der Prostitution oder Verstoß gegen den Datenschutz verwickelt.

Die Anforderung an den JVA-Beamten, eine professionelle Balance zwischen Nähe und Distanz zu finden, ist naturgemäß ein Tanz auf dünnem Eis. Auch sind Beamte manchmal schwach, auch sie haben manchmal seelische Krisen, auch sie können Opfer der menschlichen Gier werden, auch sie haben menschliche Regungen und sind manchmal empfänglich für erotische Signale. Und das in einem Umfeld, in dem sie mit Menschen hautnah zusammenarbeiten, die oftmals nur auf eine Schwäche lauern, auf eine offene Flanke, über die sie eindringen, Macht ausüben und sich Vorteile verschaffen können. JVA-Beamte sind bekanntermaßen umringt von Kriminellen, wodurch eine kriminelle Verführung naturgemäß größer ist als in einem normalen bürgerlichen Umfeld. Auch fühlen sie sich oft in einer Schicksalsgemeinschaft mit den Häftlingen, zumal wenn sie das Gefühl haben, dass niemand in der äußeren Welt ihre Situation auch nur annähernd nachvollziehen kann, in der sie sich, zumal mit einem negativen „Schließer"-Image versehen, oft alleingelassen fühlen. (Zitat eines Anstaltsleiters dazu: „Dass solche Leidensgemeinschaften entstehen – und auch Abhängigkeiten – das ist wohl unvermeidlich.")

Gefängnisbeamte werden auch „Bezahlte Gefangene" genannt, da sie mit den ihnen anvertrauten Gefangenen quasi mit eingesperrt sind und oft mehr Zeit mit den Häftlingen verbringen als mit ihrer Familie. Ausdruck für diesen symbiotischen Zustand ist, dass Häftlinge Schließern regelmäßig entgegengrinsen: „Ich komm hier irgendwann wieder raus – du hast lebenslänglich." Eine Aussage, die Schließer, unter umgekehrten Vorzeichen, gerne auch mal machen. So entwickeln sich oftmals Vertrauensbeziehungen zwischen insbesondere langstrafigen Gefangenen und Schließern, bei denen es dann zu Grenzüberschreitungen kommen kann. Grenzen verschwimmen und Beamte geraten, anfangs noch unbewusst, in einen Sog aus Abhängigkeit und Erpressbarkeit, der letztlich in einem existenziellen Desaster für die Beamten enden kann. Denn herauskommen diese Grenzüberschreitungen am Ende fast immer. Dafür sorgen die Beamten schon selbst, entweder weil sie erwischt werden oder weil sie sich unter steigendem Leidensdruck den Vorgesetzten gegenüber offenbaren. Wenn nicht sie selbst, sind es „aufmerksame" Kollegen die dafür sorgen, ansonsten finden sich todsicher Häftlinge die das übernehmen.

Dass manche Beamte oft an der Belastungsgrenze und manchmal verzweifelt vereinsamt sind, liegt nicht nur an dem steigenden Anforderungsdruck (vor allem auch durch steigende Migrantenzahlen und dem damit steigenden interkulturellen Konfliktpotential), der Überstunden-Anhäufung und der chronischen personellen Unterbesetzung der Knäste, es hat auch andere Gründe: Neben des Sich-Nicht-Verstanden- und Anerkannt-Fühlens in der äußeren Welt kommt hinzu, dass das Dienstgeheimnis verbietet, sich zu öffnen und die Probleme hinter den Gefängnismauern zu kommunizieren. Zudem ist die Situation innerhalb der Beamtenschaft oft Grund für die Vereinsamung und, so paradox es klingen mag, auch Hinwendung zu den Gefangenen: Den miefig wabernden Dunst aus Eifersüchteleien, Denunziation und offenem Mobbing innerhalb der Vollzugsbeamtenschaft hatte ich schon in meiner ersten deutschen Knaststation wahrgenommen. In diese unterschwelligen Konflikte ließen sich Gefangene manchmal unbewusst einbeziehen, meist jedoch nutzten sie sie und verstärkten sie ganz bewusst zwecks eigener Vorteilsnahme oder aber auch nur zur persönlichen Erbauung und Genugtuung.

„Reiner", hatte mir in Köln einst ein leitender Beamter, der mich außerhalb der regulären Zeiten zum Tischtennis aus der Zelle holte, anvertraut, „was bei euch Gefangenen läuft ist gar nichts gegen die Hetzereien und die Bösartigkeiten, mit denen sich hier die Beamten gegenseitig das Leben schwermachen".

In der JVA Remscheid las ich zufällig in einem Monatsheft für Justizvollzugsbeamte, dass der erste und hauptsächliche Stressfaktor für den modernen Kerkermeister nicht in den möglichen Spannungen, Auseinandersetzungen und Angriffen mit und von Gefangenen besteht, sondern dass das Zermürbendste für den Beamten von heute die Situation innerhalb seiner Kollegenschaft ist, die von verdeckter Missgunst bis zu offenem Mobbing geprägt sei.

Die Motivation korrupter Beamter, sich zu bereichern, liegt in der schnöden Gier, auch etwas vom großen Kuchen abbekommen zu wollen – zumal wenn man sich unterbezahlt fühlt. Das war bei den Beamten der Fall, die, wie erlebt, Drogen, Handys und alle im Knast nicht erschwinglichen Luxuswaren gegen ebenso luxuriöse Bezahlung hereinschmuggelten oder aber sich als hochbezahlte Mittelsmänner in einem ausgeklügelten Netz zwischen Drogendealern in Freiheit und solchen im Knast verdingten.

Wie im „Zinker"-Kapitel geschildert, machten sich auch Beamte des Verstoßes gegen den Datenschutz schuldig, was ich als besonders verwerflich empfand, da solche Verstöße weitreichende Konsequenzen für die Opfer haben konnten. Natürlich ist auch das Hereinschmuggeln eines Handys nicht akzeptabel, da, wie erlebt, darüber Zeugen beeinflusst, eingeschüchtert und auf Häftlingslinie gebracht werden können, Racheaktionen in Freiheit gelenkt oder aber die kriminellen Geschäfte aus dem Knast ungebrochen weitergeführt werden.

Was das Delikt der Förderung der Prostitution betrifft, so geht es auch hier natürlich nur um profane Bereicherung.

Ich weiß von einem Fall in dem ein JVA-Beamter die Rolle eines inhaftierten Zuhälters übernahm, solange jener durch die Haft verhindert war. Der Beamte kassierte die jungen Frauen regelmäßig ab, steckte eine dicke Provision ein und zahlte das, was er dem Gefangenen nicht bar in den Knast schmuggelte, auf dessen Konto ein. Bald hatte er Blut geleckt, stieg eigenverantwortlich ins Geschäft ein und unterhielt am Ende einen eigenen Ring von Prostituierten, die nur für ihn arbeiteten.

Die zu meiner Zeit im Kölner Knast und der Presse aufkommenden Gerüchte, dass Beamte Prostituierte gegen Bezahlung in die Zellen schmuggelten, bzw. Gefangene nachts für einen Bordellbesuch aus dem Gefängnis entließen, kann ich nicht bestätigen, da ich diesbezüglich keine unmittelbaren Informationen habe und im Knast (ebenso wie in Freiheit) die meisten Gerüchte eben Gerüchte sind. Da wir aber wissen, dass es in Köln möglich ist, dass ein ganzes historisches Archiv von einem Moment auf den anderen im Orkus einer U-Bahnbaustelle verschwinden kann, halte ich in meiner schönen Stadt nichts für unmöglich.

Was die sexuellen und Liebesverhältnisse betrifft, lechzen Beamte nicht weniger nach dem anderen oder gleichen Geschlecht wie jeder andere Mensch auch, und sie haben auch nicht weniger Sehnsucht nach Liebe. Und so werden sie manchmal eben schwach. Obwohl Gefangene diese Verhältnisse oft zu inszenieren wissen, um sie zu ihrem eigenen Vorteil zu nutzen, gibt es auch seltene Fälle aufrichtiger, tiefer Liebesbeziehungen zwischen Fachdienst-MitabeiterInnen oder SchließerInnen und Gefangenen, die weit über die Haft hinaus halten.

Wie entwickeln sich Grenzüberschreitungen im Knast? Gewöhnlich gemächlich, der Häftling hat ja alle Zeit der Welt. Gefangene, aber auch Beamte öffnen sich, bauen Vertrauensverhältnisse auf, sprechen, besonders in Krisensituationen, über ihre privaten Probleme, wobei der Gefangene letztlich nicht angreifbar ist, solange er nicht von eigenen Straftaten spricht. Es entsteht ein Geflecht von gegenseitigen Gefälligkeiten und Abhängigkeiten, in dem sich der Beamte verliert und am Ende immer der Dumme ist. Es ist eine ständige Verführung, gegen die er sich wehren muss. Hier werden also nicht Häftlinge von den Anstaltsverantwortlichen auf den „rechten Weg" geführt, sondern Anstaltsverantwortliche von Häftlingen auf die „schiefe Bahn". Für mich waren solche Fälle nie Grund zur Schadenfreude – sie zeigten lediglich, dass wir alle Menschen sind, mit allen dazugehörigen Schwächen und Möglichkeiten.

Die meisten Gefangenen lauern auf eine Schwachstelle in der Panzerung der Beamten, doch in den seltensten Fällen riskieren sie ein direktes Korruptionsangebot. Der Häftling lässt die Dinge ruhig angehen. Er fühlt zunächst vor, inwieweit der Beamte empfänglich ist für kleine Gefälligkeiten – in beide Richtungen. Er fragt den Schließer zunächst, ob der ihm sein Feuerzeug leihen kann. Beim nächsten Mal ob er einem Kumpel auf der anderen Zelle ein „Koffer"-Päckchen Tabak hinüberbringen kann, in das Drogen eingearbeitet sind. Infolge entwickelt sich daraus eine Gewohnheit. Der

Gefangene hat dafür immer ein interessiert offenes Ohr für die Jobprobleme des Beamten, später für die mit der Familie. Darüber hinaus hat auch er praktische Gefälligkeiten zu bieten. Der Hausarbeiter oder Kammerarbeiter bringt dem Beamten von der Kammer Reinigungsmittel für den Privatgebrauch mit, der Küchenarbeiter aus der Küche immer das schönste Stück Steak, der Akkordarbeiter aus der Spielzeugproduktion die neuesten Spielmobile für den Kleinen zuhause, der Arbeitsgefangene aus der Tischlerei fertigt ihm das schon immer gewünschte Regal – alles natürlich „gratis". Irgendwann wird es für den Beamten selbstverständlich und er gibt regelmäßige Bestellungen auf. Dann kommen die Forderungen nach Gegenleistungen und Angebote in immer größerem Stil, sich an für beide Seiten lukrativen kriminellen Machenschaften, wie Handy- und Drogenschmuggel, zu beteiligen. Schon ist aus einem vielleicht vormals rechtschaffenen Menschen ein erpressbarer Krimineller geworden.

Sexuelle und Liebesbeziehungen zwischen JVA-Bediensteten und Gefangenen sind offiziell nicht nur geächtet, sondern sie werden disziplinarrechtlich geahndet und können strafrechtlich verfolgt werden, da sie den Tatbestand des „sexuellen Missbrauchs von Schutzbefohlenen" erfüllen. Was in der Praxis natürlich ein paradoxer Scherz ist, da die Absicht und Inszenierung einer solchen Beziehung zumeist von mit allen Wassern gewaschenen Straftätern ausgeht. JVA-Bedienstete geraten dabei in eine Verstrickung aus Liebe, Abhängigkeit und Erpressbarkeit, die soweit führen kann, dass sie dem Häftling alles Gewünschte – von Handys und Drogen bis zu Zweitschlüsseln und Pistolen – in den Knast schmuggeln oder aber gar dem Geliebten zur Flucht verhelfen und mit ihm untertauchen. Werden bei einer gemeinsamen Flucht beide gefasst, so droht dem Häftling keine zusätzliche Strafe, da ja jeder Gefangene das Grundrecht auf Flucht hat. Er wird allenfalls in eine andere Anstalt verlegt. Die Anstaltsangestellte hingegen wird strafrechtlich verfolgt, zu Gefängnishaft verurteilt und verliert Beamtenstatus und Pensionsansprüche. Natürlich sind solche grenzüberschreitenden Beziehungen nicht die Regel, doch ich habe sie in allen deutschen Gefängnissen erlebt.

In meiner Zeit im Kölner Knast wusste und schützte ein kleiner Kreis eingeweihter Gefangener das rein sexuelle Verhältnis einer hoch sexualisierten und allseits beliebten jungen deutschen Beamtin mit einem sympathischen, muskelbepackten türkischen Gefangenen, der in Freiheit Türsteher im Rotlichtviertel war. Es kam schon mal vor, dass einer der eingeweihten Gefangenen, der auf dem Gefängnisgang die Wache übernommen hatte, mit einem „Dreht mal den Pegel runter, ihr schreit ja das ganze Hafthaus zusammen" an die Zellentür klopfte, wenn der lodernde Liebesreigen in der Zelle völlig außer Kontrolle geriet. Es kam, wie es kommen musste, ein Mitgefangener denunzierte das Verhältnis, die Beamtin wurde versetzt, der Gefangene musste sich wieder seinen Pornoheften widmen.

Wie mir ein Beamter im Kölner Knast berichtete, wurde der für die gesamten Schul- und Fortbildungskurse verantwortliche Oberlehrer von einer Gefangenen der Vergewaltigung bezichtigt. Sie relativierte vor Gericht ihre Aussage zu einem beidseitig gewollten sexuellen Verhältnis, wofür der Oberlehrer, der kurz vor der Pensionierung stand, wegen sexuellen Missbrauchs einer Schutzbefohlenen zu einer Bewährungsstrafe verurteilt wurde. Er wurde in eine andere Anstalt versetzt. Die „sexuell missbrauchte" Gefangene, eine hübsche blonde Mittdreißigerin mit ausgeprägter Libido, die in den Kulturgruppen wechselnde Toilettenverhältnisse mit männlichen Mitgefangenen hatte, saß „lebenslänglich" ein, weil sie ihrem Mann in der Hitze des Liebeskriegs einst den Schwanz abgeschnitten hatte.

Im Gießener Knast war ich Zeuge und einziger Eingeweihter der Entwicklung einer verbotenen Liebesbeziehung. Helga war Psychologin und hatte außerhalb des Knasts eine Festanstellung als Lehrerin. Sie arbeitete als freie Mitarbeiterin im Gefängnis und leitete die Kulturgruppen, in denen auch ich und Adelmo, der bullige Pizzabäcker und Knastprofi, der wegen verschiedenster Delikte schon einige Gefängnisvorstrafen hatte, teilnahmen. Helga kam aus einer vieljährigen gutbürgerlichen Beziehung, die enttäuschend geendet hatte, und war nun alleinziehende Mutter zweier Kinder. Sie war wild und ungestüm und voller verträumter Ideale und hatte den heißen Erlebnishunger einer Frau, die es endlich geschafft hatte aus der Agonie einer langen Zweierbeziehung auszubrechen.

Die Beziehung zwischen Helga und Adelmo bahnte sich an, wie sich auch in Freiheit ein Liebesverhältnis oft anbahnt: Die beiden empfanden eine prickelnde Zuneigung zueinander, wobei das bei Adelmo natürlich keine so gänzlich freie Wahl war, da Helga die einzige weibliche Bezugsperson in seinem Häftlingsdasein war. Es entwickelte sich ein leiser Flirt, über einen etwas längeren Blick, ein flüchtig aufflatterndes Lächeln, kleine harmlose verbale Kabbeleien, eine kurz aufleuchtende Zärtlichkeit in den Augen, durch die eine gegenseitige Anziehung und ein unausgesprochenes Einverständnis funkelten. Was niemand außer mir wahrnahm, ebenso wie die Tatsache, dass beide immer mehr, wie z. B. in der Theatergruppe, die körperliche Nähe suchten, sich in Gesprächen verstärkt aufeinander konzentrierten und sich wie unbeabsichtigt berührten, eine Hand unverfänglich über den Arm streifte oder Helgas Haare über Adelmos Wange fielen, wenn sie sich von hinten über seinen Stuhl beugte, um ihm etwas zu erklären. Ich registrierte all diese kleinen Veränderungen nicht nur, ich wurde auch von beiden darüber eingeweiht. Von Beginn an versuchte ich die sich anbahnende Liebesgeschichte zu schützen wo ich konnte. Ich wies die beiden darauf hin, dass es in dem Gefängnisrattenstall schon Gerüchte gäbe, die sicherlich bald auch die Anstaltsangestellten erreichen würden, machte ihnen manchmal warnende Zeichen, sich vor den anderen zurückzunehmen, wenn sie allzu sorglos waren, oder zog die Aufmerksamkeit auf mich, wenn unangekündigt ein Schließer zur Tür hereinkam, um sie von den beiden abzulenken, die gerade wieder einmal in inniger Vertrautheit zusammenstanden und die erotische Spannung zwischen ihnen kaum übersehbar war.

Infolge beantragte Adelmo, der einen Volksschulabschluss hatte, den von Helga der Anstalt angebotenen Einzelunterricht, um ihn auf die mittlere Reife vorzubereiten. Bei einem dieser zweisamen Treffen im verwaisten Gruppenraum wurden sie durch einen plötzlich eintretenden Schließer überrascht, der sie in inniger Umarmung antraf. Helga verlor ihren Gefängnisjob, was sie nicht weiter störte, da sie existenziell nicht darauf angewiesen war und nun in den Besuchszeiten ganz offen mit Adelmo als Paar zusammen sein konnte. Die Aufsicht führenden Beamten, die schon im Vorfeld gegen diese freigeistige, liebenswerte Frau intrigiert hatten, sodass ihr in ihrer letzten Zeit auch der Generalschlüssel entzogen worden war, mussten diesen von Liebe und Zärtlichkeit bestimmten Besuchen auch noch zähneknirschend beiwohnen. Was auch mir eine große Genugtuung bereitete.

Wie sich diese Liebesgeschichte weiterentwickelte, weiß ich nicht, da ich verlegt wurde. Ob sie den Realitätstest in Freiheit bestand, bezweifle ich allerdings nicht nur wegen der bei Adelmo doch offensichtlich erheblich geringeren geistigen, aber auch emotionalen Reife und Kapazität: Adelmo begann infolge unter der Gemeinschaftsdusche vor den Mitgefangenen zu prahlen, dass er die junge Psychologin „vollständig um den Finger gewickelt" und sie „ganz und gar in der Hand" hätte. Mich machte diese Entwicklung als Liebhaber romantischer Liebesgeschichten einfach nur traurig. Wie so oft auch in Freiheit scheiterte auch hier eine „Liebe" an charakterlicher Unzulänglichkeit, ein kostbares Geschenk wurde sinnlos und unwiderruflich verworfen. Für uns Mitgefangene hatte die Geschichte die Konsequenz, dass der Vollzug noch verschlossener wurde, da die Kulturgruppen mit der Entlassung von Helga aufgelöst waren.

Ein besonders skurriles Beispiel von Fraternisierung zwischen Beamten und Gefangenen trat in meiner ersten Zeit in der JVA Remscheid zu Tage. Eine junge Vollzugsbeamtin, die sich vor Gefangenen freimütig zur lesbischen Liebe bekannte hatte, und diesem Outing durch ihre androgyne Erscheinung und einem burschikos-autoritären Auftreten Nachdruck verliehen hatte, war gefeuert worden, da ein intimer Brief- und Handyverkehr, den sie mit einem langjährigen Gefangenen gepflegt hatte, aufgeflogen war. Neben Handy, Briefen und anderen im Gefängnis nicht erhältlichen Gegenständen hatte man bei einer Zellendurchsuchung dieses wegen Mordes an einem Taxifahrer zu lebenslänglicher Haft verurteilten Gefangenen ein „obszön aufreizendes Nacktfoto" (Schließerbeschreibung) der Beamtin gefunden (Als Kammergefangener wurde ich Zeuge, wie das Foto, den bürokratischen Vorgaben folgend, zu der verplombten Habe des Gefangenen gegeben wurde, die ihm zur Haftentlassung ausgehändigt wird).

Dieser Fall machte das oben erwähnte Problem deutlich, auf das ich in allen Knästen stieß. Eben diese Beamtin hatte mir einmal auf der Kammer geklagt, wie sehr die Atmosphäre innerhalb der Beamtenschaft von Missgunst, Verleumdung und Intrige geprägt sei. Mit den Gefangenen käme sie gut zurecht, der Stress mit den Kollegen jedoch zermürbe sie. Diese Stresssituation wie die unglückliche Vereinsamung der Beamtin hatte sich der Gefangene zunutze gemacht, der zwar ein grobschlächtiger Zeitgenosse, jedoch mit den Sensoren des Knastprofis ausgestattet war, der feinnervig jede Chance des eigenen Vorteils wittert. Nachdem das Verhältnis aufgeflogen war, verlor die Beamtin, die sich noch in der Probezeit befand, ihren Job und jede zukünftige Chance auf eine Verbeamtung, für den lebenslänglichen Gefangenen hatte die Affäre hingegen keinerlei Konsequenzen. Er wurde nicht einmal verlegt. Im Gegenteil, er stieg im Ansehen der Mitgefangenen, das er noch steigerte mit seinen Prahlereien darüber, wie er die Beamtin auf der Zelle „geknallt" und was sie ihm alles hereingeschmuggelt hätte.

Bei den in meiner Knastzeit erlebten Beziehungen zwischen weiblichen JVA-Anstaltsangestellten und Gefangenen war auffällig, dass die Frauen ausgesprochen zerbrechlich wirkten und sie offensichtlich Vereinsamte und Suchende waren, die enttäuschende Beziehungserfahrungen hinter sich hatten. Bei den Gefangenen-Partnern fiel auf, dass sie alle jünger und von muskelbepackter bulliger Statur waren und ein omnipotentes, auf roher Kraft basierendes Selbstbewusstsein ausstrahlten, wobei sie ausschließlich wegen Gewaltdelikten einsaßen.

Als ich mich mit diesen ungewöhnlichen Beziehungen beschäftigte und sah, dass es neben den angestellten Frauen im Knast auch viele Frauen in Freiheit gibt, die die Nähe zu Häftlingen suchen und sich dabei oftmals in besonders brutale Totschläger, Mörder und Vergewaltiger verlieben, stieß ich auf das Phänomen der Hybristophilie, auch Bonnie-und-Clyde-Syndrom genannt. Der Sexualforscher Professor John Money hat das Phänomen als eine Variation analysiert, bei der Menschen „sexuelle Erregung und Lust daraus ziehen, dass ihr Sexualpartner ein bekannter Gewalttäter oder Verbrecher ist. Das betrifft Verbrechen wie Missbrauch, Mord oder bewaffnete Raubüberfälle." Unterschieden wird dabei zwischen einer „aggressiven" und einer „passiven" Hybristophilie: Bei der aggressiven Ausformung ist der Drang vorhanden, gemeinsam mit dem Partner Verbrechen zu vollziehen, bei der passiven besteht kein Wunsch an den Gewaltverbrechen des geliebten Partners teilzuhaben.

Hybristophiline Frauen, beruhigenderweise in überwiegenden Maße in der passiven Ausprägung, kommen nachgewiesenermaßen aus allen gesellschaftlichen Schichten. Es sind Wärterinnen darunter, Krankenschwestern, Nonnen, Lehrerinnen, Psychologinnen und Anwältinnen. Wobei auffällt, dass es soziale und heilende Berufe sind, in denen oft ein ausgeprägtes Helfersyndrom den Ausschlag zur Berufswahl gegeben hat.

Der österreichische Psychiater Reinhard Haller, der mehr als 400 Gewalttäter (Mörder, Vergewaltiger, Totschläger) und die Frauen, die Beziehungen zu solchen Männern eingingen, begutachtete, unterteilt die Frauen in drei Gruppen:

Gruppe 1: Die Retterinnen. Entgegen aller Fakten glauben sie an „die edle Seele des Mannes ihrer Wahl" und daran, dass allein sie „die vom rechten Weg abgekommenen Geliebten wieder auf den Pfad der Tugend zurückführen" können.

Gruppe 2: Die Seelenforscherinnen. Sie sind angetrieben von der Faszination des Bösen, das sie erforschen wollen „wie einen Spiegel für etwas, das sie selbst in sich vermuten, in den Abgründen der Seele".

Gruppe 3: Die Gruppe, die einem archaischen Drang folgt. „Da gehört Morden, Töten und Schlachten zum Männlichen, die Frau identifiziert es mit Stärke, Schutz und Sicherheit", worin der besondere erotische Reiz liegt.

Haller stellt dabei fest, dass gerade brutale Gewaltverbrecher „mit dem manipulativen Charme des Psychopathen" versehen sind. Außerdem ist meine eigene Erfahrung, dass manche langjährige Gefangene, die zwangsläufig mehr Zeit mit sich selbst verbringen, reflektierter sind und sich auch differenzierter auszudrücken vermögen als viele gehetzte Männer im alltäglichen Hamsterrad der Freiheit. Das befähigt sie dazu, sich nicht nur besser in die (Krisen-)Situation der Frauen zu versetzen, sondern sich auch einfühlsam als den stigmatisierten heiligen Sünder darzustellen um bei den Frauen den drängenden Wunsch zu wecken, nur sie könnten ihn erlösen, während gleichzeitig des Gefangenen Nachdenklichkeit, die zur Schau gestellte Zerrissenheit, sein Spiel mit dem Dunklen und Abgründigen wie seine rohe männliche Ausstrahlung eine soghafte erotische Faszination auslösen. Es scheint den Gefangenen eine dunkel-mysteriöse Aura zu umgeben, gerade auch durch seine extremen, nicht nachvollziehbaren Erfahrungswerte, gegen die ein alltäglicher Nine-to-five-Büromensch in seiner scheinbaren Vorhersehbarkeit langweilig wirkt.

Die menschliche Seele ist ein zu komplexes Gebilde, um die von der Wissenschaft unterschiedenen Gruppen hybristophiler Frauen genau zu definieren, da im realen Einzelfall die Konstellation der einzelnen Antriebsstränge in verschiedensten Gewichtungen bei jeder Frau anders und nicht klar unterscheidbar ist. Außerdem gibt es auch noch andere Erklärungsmuster.

Der Hintergrund für Hybristrophilie kann sein, dass die Frauen mit enttäuschenden Beziehungserfahrungen belastet sind, dass sie selbst Gewalt und Missbrauch erfahren haben und paradoxerweise glauben, dass sie mit der Liebe zu einem inhaftierten Gewaltverbrecher eine Beziehung hätten, in der sie sicher sind und die Kontrolle haben. Denn der Geliebte kann ihnen nicht zu nahekommen, nicht übergriffig werden, er kann ihnen nicht weglaufen und sie nicht mit anderen Frauen betrügen. Grundsätzlich kann er sie nicht in ihrer Unabhängigkeit und Lebensfreiheit einschränken, während er selbst vollständig abhängig von ihr und ihren Entscheidungen ist. Es kann etwas bei den Frauen stattfinden, das Haller die „Täter-Opfer-Umkehr" nennt. Die Frauen, oft einst Opfer von Dominanz, Gewalt und Missbrauch, haben nun scheinbar die Kontrolle und der Mann ist scheinbar ihre Marionette, deren emotionale, soziale und finanzielle Fäden sie allein in der Hand halten. Für den gefangenen Mann erleichtert eine solche Beziehung nicht nur den Leidensdruck der Haft, sie wird für ihn auch existenziell, da sie die Bewertung seiner Sozialprognose entscheidend beeinflusst, zu seiner vorzeitigen Entlassung führen und ihm in der kommenden Freiheit fürs Erste einen Unterschlupf bieten kann. Ich selbst habe oft Mithäftlinge erlebt, die Beziehungen benutzten, um sich umsorgen zu lassen, in den Genuss der Liebeszelle zu kommen und vor allem früher in Freiheit zu gelangen, wobei sie die Frauen bald nach der Entlassung verließen.

Die Experten, die über dieses Tabuthema geforscht haben, sprechen bei vielen der hybristophilen Frauen nicht nur davon, dass es ihnen um Kontrolle und um eigene Traumabewältigung geht, sondern auch davon, dass es Frauen sind, die unfähig sind, überhaupt Nähe zuzulassen. Ihre Liebe ist eine Schimäre, eine Fantasie, in die sie all ihre Traumvorstellungen von einem Liebesideal projizieren können, wohl wissend, dass sie ihre Fantasie nicht dem alltäglichen Realitätstest aussetzen müssen. „Der Geliebte ist unbedeutend. Er ist ein Traum-Liebhaber, ein Phantom", wie es der Psychologe Stuart Fischoff formuliert. Die geliebten Männer in Haft sind für die Frauen im realen Leben, aber auch für ihre Fantasien keine Gefahr.

Die Frauen bagatellisieren und reden sich die Taten der geliebten Männer zudem schön, obwohl sie insgeheim um die brutale Gewalttätigkeit wissen, die letztlich die besondere erotische Attraktivität ihrer Geliebten ausmacht (Sind sie Anstaltsangestellte, wissen sie um die Taten ihrer Geliebten sogar bis ins letzte brutale Detail aus den Akten).

Die Liebesromanze mit einem gewalttätigen Häftling verspricht eine aufregende Verheißung, einen Aufbruch jenseits eingefahrener bürgerlicher Beziehungskonzepte. Der Psychotherapeut Theo R. Payk erklärt, dass ein Verständnis der Frauen, die sich von besonders abscheulichen Gewalttätern sexuell angezogen fühlen, darin liegen könnte, dass im Hirn die Zentren für Lust- und Angstempfinden bei manchen Menschen nah beieinanderliegen und es so zu einer sogenannten „Angstlust" kommen könne. Angstlust, das ist der aufregende Nervenkitzel einer Grenzüberschreitung, die ich in meiner Bankräuberzeit ebenfalls erlebte, in der ich mich bewusst in gefährliche Situationen begab, die mich jederzeit in den Abgrund kippen konnten, vor allem auch um diesen Funken sprühenden Adrenalin-Ausstoß, eine einmalige Lebensintensität, zu erfahren und mich der mit der grenzüberschreitenden Situation verbundenen Furcht zu stellen und sie zu überwinden.

Frauen könnten also auch deshalb die Nähe brutaler Gewalttäter suchen, vor denen sie eigentlich Angst haben, um die eigenen Ängste zu überwinden. Es könnte auch daran liegen, dass die liebenden Frauen verhasste Aggressionsanteile in ihrer eigenen Persönlichkeit abspalten und sich dadurch Erleichterung verschaffen, dass sie einen Gewalttäter vergöttern der ihre Gewaltfantasien stellvertretend für sie ausgelebt hat. Andererseits sind sie dem träumerischen Glauben verfallen, nur sie könnten die Seele des geliebten Gewaltverbrechers retten, nur sie könnten ihn zu einem „guten Menschen" verändern, während sie beim sogenannten „Dompteusen-Syndrom" die Illusion des berauschenden Machtgefühls genießen, die menschliche „Bestie" domestiziert zu haben.

Wobei sie in ihrem blind naiven Eifer völlig unterschätzen, wie schwer extreme Gewalttäter zu therapieren und damit zu verändern sind.

Ein anderer Grund für den Liebeshang zu einem Gewaltverbrecher liegt in der Faszination des Bösen. Der Psychiater Payk, der sympathischerweise einräumt, dass menschliche Handlungsweisen nicht immer erklärbar sind, sagt zu der Faszination durch das Böse, die ja jeden Abend Millionen brave Menschenbürger vor die Krimi-TV-Bildschirme lockt, so nebulös unwissenschaftlich wie treffend: „Das Böse fasziniert durch den Sog des Unheimlichen, Unbegreiflichen, durch den Nervenkitzel beim Blick in den Abgrund." Wenn Frauen vom Animalischen, dem Bösen des Täters fasziniert sind, spricht man auch vom „Rotkäppchen-Syndrom".

Hier möchte ich, der ich viele Jahre mit Gewaltverbrechern eingesperrt war, etwas feststellen: Das Böse, das Abgründige hat – entgegen der häufigen Darstellung in Film, Literatur und Theater – keinen mephistophelischen Charme, es hat keinen düster-morbiden Glamour. Weder im Knast noch in Freiheit. Es ist, wenn man ihm auf den Grund geht, immer banal, geistlos und ordinär und am Ende in seiner Selbstentschuldigung immer nur triefend selbstmitleidig. Es basiert auch in seinen grauenhaftesten Ausprägungen von sadistisch-sexueller Gewalt schlicht auf einem gestört-schwachen Selbstwertgefühl, wobei die Nähe zu fehlendem Mitgefühl, Dissozialität, Missbrauch und offener Gewalt fast immer dort zu verorten ist, wo all das selbst in Kindheit und Jugend erfahren wurde.

Die USA gehören zu den wenigen Ländern, aus denen es Studien zu Beziehungen zwischen (fast immer) weiblichen Gefängnisangestellten und Häftlingen gibt. Auch weil dort der Straftatbestand des *sexual misconduct* (sexuelles Fehlverhalten) rigoros bestraft wird. Über eine Million Strafverfahren sind in den USA in den letzten 20 Jahren gegen JVA-Angestellte wegen sexueller Beziehungen zu Häftlingen durchgeführt worden.

Manchmal geben Frauen für einen Gewaltverbrecher eine gesicherte Existenz und Ehe mit einem fürsorglichen, gutbürgerlichen Durchschnittsgatten auf, wie im nicht lange zurückliegenden Fall einer Schweizer Gefängnisaufseherin, die einen in ihrer Gefängnisarbeitsstelle einsitzenden Vergewaltiger befreite und gemeinsam mit ihm nach Italien flüchtete.

Der vielleicht bekannteste Fall in Deutschland ist der des Thomas Holst, der einst drei Frauen vergewaltigte, folterte und zerstückelte. Obwohl ein psychiatrisches Gutachten über den sogenannten „Heidemörder" feststellte, er sei „untherapierbar bei extremer Rückfallwahrscheinlichkeit", organisierte seine Therapeutin für ihn die erfolgreiche Flucht.

Bekannt werden immer wieder Fälle, in denen unabhängige Frauen einsitzenden brutalen Vielfachmördern verfallen, die zumeist unfassbar bestialisch vorgegangen waren. Ob Serienmörder wie der US-amerikanische Ted Bundy, der seine überwiegend weiblichen Opfer folterte und nach der Ermordung zerstückelte, ob Charles Manson, der mit seinen aggressiv hybristophilen Gespielinnen mörderische Blutbäder anrichtete, ob der rechtsextreme Massenmörder Anders Behring Breivik aus Norwegen, der 77 Menschen ermordete und nie bereute, ob der österreichische Prostituierten-Mörder Jack Unterweger oder auch der deutsche „Heidemörder" Thomas Holst und der bestialische belgische Kinderschänder und Mörder Marc Dutroux – sie alle erhielten oder erhalten wäschekörbeweise Liebesbriefe und Heiratsanträge von jungen Mädchen und älteren Damen.

Der bereits erwähnte Psychiater Haller berichtete, dass ihm der Prostituierten-Mörder Jack Unterweger, dem insbesondere auch seine Anwältin verfallen war, einmal 42 Briefe von Frauen vorlegte, die er allein am Vortag erhalten hatte. „Alle des Inhalts, dass sie ihn unendlich bewundern, ihn lieben, ihn retten wollen, zu ihm stehen", berichtete Haller. „Unter den Absenderinnen waren eine Juristin, eine Burgschauspielerin, eine Nonne."

Das Phänomen ist zeitlos. 1922 wurde der französische Heiratsschwindler und Serienkiller Henri Désiré Landru, der einst Charlie Chaplin zu seinem Spätwerk *Monsieur Verdoux – Der Frauenmörder von Paris* (1947) inspirierte, enthauptet. Wie kolportiert wird, starb er in dem erbaulichen Bewusstsein, vorher 800 Heiratsanträge bekommen zu haben.

Auffällig ist bei all diesen Fällen, dass die Opfer dieser von Frauen so abgöttisch „geliebten" Massenmörder fast immer bestialisch vergewaltigte und ermordete Frauen waren. Ganz abgesehen davon, dass die wundervolle Rätselhaftigkeit der weiblichen Seele jeden logischen Verstand kapitulieren lässt, ist natürlich schwer auszumachen wo eine erotische Anziehungskraft oder ein Liebesgefühl aufgrund verschiedenster, nicht genau zu trennender Faktoren zwischen einer Anstaltsangestellten (oder einer Frau von „draußen") und einem Häftling beginnt und wo die Hybristophilie, die die Psychologie als Perversion einordnet.

Der geschilderte Fall der liebenswerten Gießener Psychologin und dem italienischen Häftling hatte offensichtliche Merkmale der Hybristophilie, doch hatte diese Liebesgeschichte für mich ganz und gar nichts Krankhaftes. Nach meiner Einschätzung lag der Anreiz für die Anstaltsangestellte, die aus einer enttäuschend endenden langjährigen bürgerlichen Beziehung kam, in dem exotischen Kitzel und der Verheißung einer neuen und verbotenen Liebe, die eingefahrene Gefühlsbahnen aufriss, der Anziehungskraft durch die Mischung aus roher Männlichkeit, die der jüngere Adelmo ausstrahlte, und seiner Einfühlsamkeit, einem überschätzten Kontrollgefühl und einem idealistischen, naiv gläubigen Helfersyndrom. Abgesehen davon, Liebe macht bekanntlich immer blind, und die Grenze wo sie krankhafte Züge annimmt, ist schwimmend und sowieso Ansichtssache.

Letztlich liegt bei den Beziehungen zwischen inhaftierten Gewalttätern und Anstaltsangestellten für mich – aufgrund meiner Erfahrungswerte und aller psychologischen Erklärungen – der Hauptantrieb für die Frauen in der sexuellen Anziehungskraft durch den Gewaltverbrecher. Was auf den ersten Blick verwirrend, auf den zweiten aber gar nicht so abwegig scheint: Die Anziehungskraft für die Frauen liegt darin, dass Gewaltverbrecher zum einen Gefährlichkeit ausstrahlen und das Verbotene verheißen, und sie zum anderen eine aggressive und hypermaskuline Aura umgibt. Beides wirkt sexuell äußerst attraktiv. – Eine Hybristophile erklärt dazu: „Ich stelle mir gerne vor, dass [der Mann] ein gut aussehender Urmensch ist. Dabei werden alle sozialen Standards über Bord geworfen und die Leute werden gezwungen, ihre höflichen, gepflegten Manieren abzulegen. Das macht mich ziemlich an (...) Männer [die Gewaltverbrechen begehen] geben dem Tier in sich nach. Ich liebe es, mir ihr rohes, ungezähmtes Ich vorzustellen." – Sie erlebt sie als besonders sexy, weil sie „mehr Eier haben als andere." Schaue ich mir Untersuchungen zu weiblichen Masturbationsfantasien an, stelle ich mir die Frage: Wirkt diese Ausstrahlung nur auf hybristophiline Frauen sexuell attraktiv oder nicht doch auf die meisten Frauen, die diese dunkle Seite jedoch unter Kontrolle haben und sie ausschließlich in ihren (Selbstbefriedigungs) Fantasien ausleben?

Welche diesbezüglichen Erfahrungen unmittelbarer Natur konnte ich nun aufweisen? – Ich hatte 11 Jahre lang als Zorro-Bankräuber mit souveränem Gestus, spielerischer Eleganz und einer (ungeladenen) Kanone in der Hand erfolgreich Banken ausgeraubt. Ich hatte einen ganzen internationalen Polizeiapparat über Jahre am Nasenring herumgeführt und trat während des mehrmonatigen Prozesses, über den nach jedem Verhandlungstag in der Presse und zudem einmalig länger im RTL-Fernsehen berichtet wurde, mit spöttisch dandyhafter Arroganz auf. Außerdem sah ich bei aller Bescheidenheit unverschämt gut aus und war in Freiheit ein Frauenliebling gewesen. – Wie viele Wäschekörbe voller Verehrerinnenpost überschwemmten meine Gefängniszelle? Ich erhielt in den 7 ½ Jahren Haft nicht einen Liebesbrief, nicht einen Heiratsantrag einer unbekannten Verehrerin und es machte mir auch keine Anstaltsangestellte erotische Avancen. Der Grund meiner Nichtbeachtung durch liebeswütige Frauen in dieser Zeit mag darin liegen, dass ich ein gewaltloser Outlaw war, mich keine roh-gewalttätige Aura umgab und ich auch keine verlorene Bedürftigkeit ausstrahlte. Vor allem aber daran, dass diese außergewöhnlichen Beziehungen nicht die Regel sind. Sie finden regelmäßig statt, dennoch sind es natürlich Ausnahmen.

Unbestritten üben gewisse Rechtsbrecher eine ganz eigene Faszination auf das weibliche Geschlecht aus, was aber zu großen Teilen an der Langweiligkeit vieler durchnormierter rechtschaffener bürgerlicher Männer liegen mag. Als bei einer meiner Lesungen über meine Bankräuberzeit im Museum Biberach der Museumsdirektor am Ende ins Publikum fragte, ob ein (wohlgemerkt höflicher und die Betroffenen beruhigender) Gentleman-Bankräuber wie ich „sexy" sei, krähte ein verbissenes Großmütterchen aus dem hinteren Dunkel „Nee", während das halbe Dutzend hübscher Studentinnen in den vorderen Reihen grinsend nickte. Auf die Frage warum, drucksten sie zunächst, um darauf umso eifriger hervorzustoßen: „Es ist die Faszination des Wilden, des Rebellischen" ... „eine Furchtlosigkeit, die keine Angst vor Konsequenzen hat" ... „die spielerische Eleganz des Desperados" ... „das Gegenteil von der langweiligen Absehbarkeit und Ängstlichkeit vieler gutbürgerlicher Männer ..."

Ich hatte während meiner Gefängniszeit immer eine klare Trennlinie zwischen mir und den JVA-Beamten (wie den Mitgefangenen) gezogen, die ich niemals überschritt. Was aus dem Willen heraus geschah, mich in diesem gleichmacherischen Zwangssystem als eigenständiges Individuum zu behaupten – und mich auch nicht in den Fallstricken kleinster Abhängigkeiten zu verheddern. Wie süß verbotene Früchte schmecken, hatte ich allerdings nicht nur einmal in Freiheit erfahren.

14. Knast als Schule des Verbrechens – aber auch als moralische Schule

Wie auch der Krieg bringt das Gefängnis zumeist das Schlechteste im Menschen hervor, und manchmal auch das Beste. Wie der Krieg zertrümmert das Gefängnis die zerbrechlich dünne Kulturschicht, die sich über die brodelnde menschliche Natur gelegt hat, und legt die hässlichen Fratzen aber manchmal auch ein schönes Antlitz darunter frei. Ein Gefängnisaufenthalt offenbart den wahren Charakter des Menschen. Im Gefängnis ist der Häftling der steten Verlockung ausgesetzt, sich als würdevolles, soziales Individuum aufzugeben. Sei es aus Angst oder um des eigenen Vorteils willen in der Gefangenensubkultur an Intrigen und Verleumdungen teilzuhaben, sich an Erpressungen, Nötigungen und Gewaltakten zu beteiligen oder den Angeboten zur Verfeinerung des kriminellen Erfahrungsschatzes nachzugeben. Sei es, sich für Vorteile im Haftalltag (Telefongenehmigung, Zusatzpaket, Extrabesuch) und Vollzugslockerungen (Ausführung, Hafturlaub, Überstellung in offenen Vollzug) als Beamtenspitzel zu verdingen oder anderweitig den Unterwerfungserwartungen der Anstaltsoffiziellen zu entsprechen.

In diesem permanenten Ausnahmezustand der Gefangenschaft, in der ständigen Auseinandersetzung mit seinen tagtäglichen kleinen Entscheidungen, konturiert und stärkt sich entweder der Charakter oder er gibt nach und zerbröselt — wenn er denn nicht schon zuvor konturlos gewesen war. Deswegen kann das Gefängnis für einen Sträfling eine Schule der Selbstaufgabe und des Verbrechens, aber auch eine moralische Schule sein. Somit war die Gefangenschaft vor allem anderen eine Prüfung des Charakters, eine Prüfung der moralischen Kräfte eines jeden einzelnen Gefangenen, der er sich nicht entziehen konnte. Klare Werte und nicht unüberschreitbare rote Linien sind in einer solchen Auseinandersetzung mit sich und seiner erzwungenen Umgebung überlebensnotwendig. Wie ich nicht nur in der portugiesischen Massenzelle, sondern in gleichem Ausmaß in den deutschen Gefängnissen sah, zerbrachen die weitaus meisten der Gefangenen in dieser Extremsituation und lösten sich als moralisch eigenständige Individuen nahezu auf. Nahm man den Kampf offensiv auf und bestand ihn, so stärkten und festigten sich hingegen in einer solchen Prüfung individueller Wille, Charakter und Geist. Nach meiner Einschätzung bestanden den Kampf an die 99 % der Gefangenen nicht, wobei die meisten ihn erst gar nicht aufnahmen.

Wie funktioniert im Gefängnis solch ein Prozess der Verrohung und Amoralisierung wie Kriminalisierung, wie andererseits auch der der moralischen Festigung? Atemberaubend schnell, wie die Schilderungen aus der portugiesischen Massenzelle veranschaulichen, wobei das Tempo abhängig ist vom Maß der scheinbaren Unerträglichkeit der Verhältnisse, also vom Grad der Herausforderung.

In unserem humanistischen Kosmos teilen sich die Menschen im weitesten Sinne in gute und schlechte Menschen auf. Im Gefängnis lernte ich, dass es nicht nur um die Unterscheidung in moralisch gute oder moralisch schlechte Menschen geht, sondern vor allem um die Unterscheidung zwischen Feiglingen und Nichtfeiglingen. Ich schätze, bei dieser Unterscheidung machen die Feiglinge im Knast, die unter wirklich hartem Druck zu jedem Verrat und jeder Selbstaufgabe fähig sind, mindestens 90 % aus. Bei den „unbescholtenen" Bürgern in Freiheit würde ich übrigens die gleiche Prozentzahl annehmen.

Wie schon erwähnt, gehört zum gefährlichsten solch einer Gefangenschaft, dass sich die Maßstäbe verschieben. In dieser Situation, in der es hauptsächlich darauf ankommt, ob jemand ein Feigling ist oder nicht, kann es sein, dass man froh ist, einen eiskalten Killer auf seiner Seite zu haben und nicht einen sensiblen, moralisch geschulten Feingeist, der, wenn es darauf ankommt, wie gelähmt ist oder schwitzend zusammenbricht.

Unter der Drohung physischer Gewalt oder fortlaufender psychischer Erpressung, knicken die weitaus meisten Menschen im Gefängnis ein. Moralisch gut zu sein ist nicht schwer, wenn die Bedingungen komfortabel sind und man sich behütet in einem positiven und von Respekt getragenen persönlichen Umfeld bewegt, das ebenfalls hohe moralische Standards hegt. Und es ist einfach, gut zu sein, solange man seine moralische Güte nicht unter Inkaufnahme elementarer Gefahren und Opfer verteidigen muss. Und man kann sich in Freiheit, wenn man in eine Situation gezwungen wird, die zivilcouragiertes Handeln erfordert – wie ein Überfall auf den Nebenstehenden in der U-Bahnstation – verschämt davonschleichen und dieses moralische Versagen dann durch verstärktes Engagement bei *Amnesty International* oder einer Spende für den „Weißen Ring" verdrängen. All das funktioniert im Gefängnis nicht, die moralische Selbstaufgabe wird beim Häftling immer bleibende existentielle Folgen haben.

Ich sah, wie sich im Rattenloch Gefängnis die meisten Gefangenen gegenseitig quälten, denunzierten und sich mit schikanösen Wärtern und zynischen Vernehmungsbeamten einließen. Ich sah, wie sie sich damit vollständig an Strafvollzugspersonal und Polizei verkauften. Und ich musste erkennen, dass es letztlich bei den sich unter bedeutend weniger Druck stehenden lieben Mitmenschen „in Freiheit" nicht anders war. Wie ich bei den meisten meiner früheren deutschen Freunde und Bekannten sehen konnte, zerbrachen selbst jene und verrieten Freundschaft, Mut und Rechtschaffenheit und arbeiteten eilfertig und über das erwartete Maß hinaus den staatlichen Autoritäten zu, die jene Autoritäten theoretisch, im risikofreien Raum, immer in couragierter Radikalität abgelehnt und verhöhnt hatten.

Im geschlossenen Mikrokosmos Gefängnis herrschen die gleichen einsamen Macht- und Verteilungskämpfe wie im Leben draußen, nur unverbrämter und brutaler. Im leeren

Raum der realen Einzelzelle sah ich so klar wie nie zuvor, was mir als genuinem Melancholiker immer bewusst war: Wir sind alle einsame Gefangene, denn wir alle schleppen unsere Einzelzelle mit uns herum – eine Einzelzelle, bestehend aus unseren eingefahrenen Gefühls-, Denk- und Verhaltensmustern und einer Schleppe von ureigenen, oft schmerzhaften Erinnerungen, einschließlich unserer ganz individuellen Traumata und deren immer wieder aufplatzenden Narben.

Ich habe in meinem Leben so manche gravierenden Fehler gemacht und elementare Fehlentscheidung getroffen. In den 7 ½ Jahren der Gefangenschaft, in der man als Gefangener täglich unter Druck in vielen kleinen Situationen die Entscheidung treffen muss, seine Integrität zu bewahren oder sich zu erniedrigen und zu verkaufen, habe ich, glaube ich, keine einzige selbstentwürdigende Fehlentscheidung getroffen – zumindest keine gravierende. Was dazu führte, dass ich Jahre länger als im Fall des üblichen Selbstausverkaufs in Haft war. Sind der Mensch und das Leben auch komplex, so hatte ich direkt zu Beginn der Gefangenschaft erkannt, dass die Wahl im Gefängnis letztlich einfach und klar ist. Man unterwirft sich dem den Menschen langsam auffressenden Gefängnisgeist mit all seinen Verlockungen des scheinbar bequemsten Weges oder nicht, man geht in die Knie oder nicht, man verkauft sich oder nicht, man zerbricht oder man wird stärker. Es gibt keine Zwischentöne wie in Freiheit, mit all seinen abgestuften Wahlmöglichkeiten und verschiedenen Formen der Verschleierung und des Selbstbetrugs. Wenn diese Klarheit im Einzelkampf gegen den zerstörerischen Gefängnisgeist auch mit Anstrengung und Opfern verbunden war, so empfand ich sie doch als erfrischend unkompliziert. Im Knast sagte ich einfach nur „Ja" oder „Nein" — und führte das „Nein", das immer der Ruf der Freiheit war, zu einer Blessur, zu Vollzugsnachteilen und längerer Haftdauer, so sah ich sie als Trophäe, die mich nur noch stärkte.

Das „Nein", wenn es auch immer einen Preis einfordert, bewahrt davor, später einmal eine Erinnerung an Schuld und Scham zu haben, öffnet dafür aber den Horizont zur Freiheit. Auch das hatte ich früh als Kind gelernt. Als mein grobschlächtiger Vater an einem Silvesterabend einmal eine Entschuldigung für etwas verlangte, dass ich nicht einsah und die Entschuldigung verweigerte, wurde ich ohne Jacke draußen vor der Verandatür auf die Terrasse vor den vereisten Swimmingpool in die Winterkälte gestellt. Nur kurz sah ich durch die große Glastür in das warme erleuchtete Wohnzimmer, in dem meine Eltern irgendeine dümmliche Silvestershow im Fernsehen schauten. Nicht sehnsüchtig, sondern voller Verachtung drehte ich mich um und schaute hinaus in die stille Einsamkeit der weiten kalten Winternacht, während langsam Schneefall einsetzte. Mein Vater öffnete immer mal wieder die Tür und fragte, ob ich mich denn jetzt entschuldigen würde. Ich sagte „Nein" und die Tür schloss sich wieder hinter meinem Rücken. Während ich immer stärker zitterte und mit den Zähnen klapperte, breitete sich in mir immer heißer der Triumph der Freiheit aus. Als ich langsam blau anlief, überredete meine Mutter („Der Junge erfriert ja") meinen Vater mich auch ohne Entschuldigung hereinzuholen. Was mein Vater zerknirscht tat.

Im Knast hatte ich das große „Nein" gegen die Erwartungshaltung der Anstaltsverantwortlichen ausgesprochen, was
mich länger in Haft hielt. Doch es waren auch viele kleine
„Neins" im Vollzugsalltag, ausgesprochen gegenüber Beamten wie Mitgefangenen, die mir meine innere Freiheit erhielten.
Ein „Nein" gegenüber der Anstalt, an ihrer Farce einer zen-
sierten Gefangenenzeitung mitzuwirken, ein „Nein" für die
Beamten, Aufsichtsaufgaben zu übernehmen, ein „Nein" an
Gefangenenintrigen und -geschäften teilzuhaben, ein „Nein"
zu einer schäbigen gewalttätigen Falle gegen einen Kinderschänder.

Ich glaube, dass wir uns am Ende – ob nun einer Beziehung, einer Haftzeit, eines Lebens – immer zwei Fragen
stellen: Wann habe ich eine Möglichkeit, zu den Sternen aufzubrechen, verstreichen lassen und wann war ich zu feige
„Nein" zu sagen?

Die meisten Gefangenen nahmen die Extremsituation als
Rechtfertigung dafür, dass sie ihre moralischen Maßstäbe
durch den Knast verschieben oder ganz auflösen ließen („Das
ist Knast, da kann man nichts machen"). Dabei waren die
Gefangenen, die sich auf die denunziatorische Kollaboration
mit Wärtern und Gefängnisleitung einließen, die sich an Gefangenenintrigen und -übergriffen beteiligten, entweder in
Freiheit schon potentielle Verräter und rückgratlose Kriecher
oder erst das Gefängnis hatte sie gebrochen und sie würden
nach dieser Erfahrung wahrscheinlich auch in Freiheit jederzeit zu Ratten werden. Natürlich ist die rechtfertigende Be-

hauptung, im Knast hätte man keine Wahl, falsch. Man hat immer eine Wahl. Wir haben alle einen individuellen Entscheidungskorridor in diesem von so vielen Faktoren (vor)bestimmten Leben. Er ist abhängig von Intellekt und Charakter und von den äußeren Bedingungen. Somit ist dieser Korridor unterschiedlich breit. In Gefängnis ist es ein unterschiedlich enger Entscheidungskorridor, doch er ist für jeden vorhanden, solange der Gefangene nicht komplett geisteskrank ist.

Die Extremsituation der Gefangenschaft sah ich gerade als Herausforderung und Prüfung an, meine Überzeugungen zu verteidigen und meine moralischen Kräfte zu stärken. Ich will mich hier nicht beweihräuchern. Im Gegenteil, für mich als Einzelgänger und Rebell, der sich in diesem Leben in der permanenten Revolte sah, dessen stärkste und kreativste Kraft seit der Kindheit der Zorn über ungerechte Behandlung und gegen ungerechte Verhältnisse war, erlebte diesen Kampf gegen den langsamen Gefängnistod der moralischen und geistigen Resilienz als überaus belebend und stärkend.

Einst glaubte ich durch die Gärten der Ausschweifung zum Tempel der Erkenntnis und inneren Befreiung zu gelangen. Das war ein gefährlicher Trugschluss, so wundervoll die Zeit auch war. Später, im Gefängnis, verfolgte ich zum selben Zweck genauso konsequent den Weg der Askese, was dort die einzig richtige Entscheidung war. Heute glaube ich − auch weil mir jeglicher Fundamentalismus zuwider ist − dass wir im kontrastierenden Wechsel von Askese und Sinnlichkeit den höchsten Grad an Glückseligkeit und Lebensweisheit erreichen können.

Dass sich die Maßstäbe verrücken und der Mensch das fremdbestimmte Leben annimmt, verinnerlicht und nur noch lebt wie ein Hund, ist das Gefährlichste an einer Knastgefangenschaft.

Ich wollte das bei mir nicht zulassen. Ich würde dieses Loch nicht mit verödeter Seele und ausgehöhltem Herzen verlassen, wie ich es bei den meisten Gefangenen erlebt hatte. So wie die moralischen Kräfte sich bei den meisten Gefangenen im Verlauf des Gefängnislebens zersetzten, zersetzten sich auch die Widerstände gegen die allseits vorhandene Verführung, seine kriminellen Potentiale zu vertiefen bzw. überhaupt erst wecken zu lassen. Wahr ist, dass wir Menschen alle Möglichkeiten in uns tragen, den Heiligen wie den Verbrecher und alles andere dazwischen, doch wahr ist auch, dass das Gefängnis mehr eine Schule des Verbrechens, denn ein Kloster der spirituellen Läuterung zum Besseren ist.

Wie sieht eine solche kriminelle Schule in der Praxis aus? – Die portugiesische Massenzelle war geradezu ein Wohnzimmer des Verbrechens. Bei Tee und Chips hockten die einzelnen Deliktgruppen zusammen, tauschten ihre Erkenntnisse aus und planten für die Zukunft. Die Überfallräuber hockten in einer Gruppe zusammen, die Einbrecher, die Entführer, die Betrüger, die Diebe, die Dealer und Junkies jeweils in einer anderen. Doch waren die Grenzen fließend und es gab Überschneidungen – wenn das Wissen einer anderen Gruppe gefragt war oder jemand das Ressort wechseln wollte, zumeist um auf der kriminellen Leiter aufzusteigen. Die einzige Gruppe, die sich völlig abschottete, waren die „Großen Jungs", die Hardcore-Berufskriminellen, denen man nichts mehr erzählen konnte. Sie kannten sich in allen Ressorts aus und beherrschten vom Diebstahl über Einbruch bis zum Raubüberfall, unterfüttert durch schwere Körperverletzung und Totschlag, den Großteil des kriminellen Spektrums. Wobei sie alle klein angefangen hatten und im Laufe ihrer Karriere Sprosse für Sprosse die kriminelle Leiter aufgestiegen waren. Ein Gefängnisaufenthalt gehörte für sie zum Berufsrisiko und war integraler Bestandteil ihrer Lebensplanung. Es war ein exklusiver Kreis, der manchmal über Stunden die Köpfe zusammensteckte und millionenschwere vermeintlich todsichere Dinger ausbaldowerte. – Die Mörder und Kinderschänder hingegen tauschten wahrscheinlich keine Erfahrungen aus, doch auch sie suchten ihresgleichen, um der Isolation zu entgehen.

Auch in der deutschen Haft konnte ich sehen, dass die Gemeinschaftszellen und die Freizeitmöglichkeiten genutzt wurden, um sich über kriminelle Karrieren auszutauschen und neue Straftaten zu planen. Der junge Anfänger kann sich schulen und vorbereiten lassen von Profis, die in allen Sparten des Verbrechens zuhause sind. Er bekommt Zugang zu Netzwerken, tauscht Anlaufstellen aus und bekommt eine Adressliste, sodass er nicht weniger kriminell, sondern gefährlicher und geschulter in allen Segmenten des Verbrechens als zuvor in Freiheit kommt.

Die Erlebnisgeschichten der „alten Hasen" waren immer prahlerisch und geschönt, doch sollte man ihre Wirkung gerade auf die jungen Gefangenen nicht unterschätzen. Die Jungen hingen voller Andacht und mit leuchtenden Augen an den Lippen der Profis. Die Berufskriminellen wurden zu ihren Vorbildern, denen sie nacheifern, von denen sie lernen wollten, um irgendwann auch einmal solche Heldenstreiche zu vollbringen. Ebenso gefährlich wie das Angebot krimineller Schulung in allen möglichen Verbrechensbereichen war, dass jungen Ersttätern von den Professionellen das Freiheitsversprechen einer kriminellen Welt vorgegaukelt wurde. Diese Gangsterwelt mit seiner vermeintlichen Überlegenheitskultur lockte mit einem angenehmen Leben voller „Champus, Weiber, Cha-Cha-Cha", das dem mühseligen Hamsterrad eines legalen gesellschaftlichen Überlebenskampfes weit überlegen schien (Beispiel Gangsta-Rapper). Es wurde eine Verbrechenskultur angepriesen und begierig aufgesogen, die eine vermeintliche Heimstatt und Sicherheit in einem kriminellen Netzwerk vorspiegelte, das die Scham und Verantwortung für eigenes zerstörerisches Handeln nahm und die gesellschaftliche Ächtung mit hochmütigem Stolz auch noch zur eigenen Identitätsbestätigung nutzte.

Neben dem Angebot krimineller Schulung in allen Bereichen und den Verlockungen eines unredlich glorifizierten Verbrecherlebens ist die größte Gefahr für den jungen, noch leicht formbaren Sträfling, dass er die falschen Vorbilder annimmt und die verzerrten moralischen Maßstäbe des Knastlebens auf sein späteres Leben in Freiheit überträgt. Sodass letztlich im Knast einer kriminellen Karriere das „kulturelle" Fundament wie das praktische Rüstzeug erst gegeben wird und sie dort ihre Vorprägung erhält.

Ich sprach in all den Gefängnisjahren nie über meine „Karriere" als „Zorro-Gentleman-Bankräuber". Stattdessen beriet ich meine Mitgefangenen und nutzte meine Autorität und den „Starstatus", den ich als „Moderner Jesse James" (Presseformulierung) hatte, um ihnen jeglichen kriminellen Weg auszureden. Die Jungen hörten eher auf einen respektierten, nicht vorbestraften Outlaw, der selbst lange erfolgreich war, als auf die im Knast vorherrschenden Verlierer, die teilweise 25 bis 43 Mal vorbestraft waren.

Immer wieder wurde ich von zumeist jungen Mitgefangenen angesprochen, wie „Zorro es denn gemacht" hätte, ohne je während oder nach einem Überfall gefasst worden zu sein. Ich machte ihnen dann immer deutlich, dass man mit dem gesetzeswidrigen Weg letztlich immer scheitert, auch wenn es eine Zeit lang scheinbar „gutging" oder man wie in meinem äußerst seltenen Fall sogar elf Jahre lang unbehelligt blieb. Letztlich endet man immer in der Knastgefangenschaft und nichts konnte den Verlust der Freiheit aufwiegen. Und auch ich musste ja offensichtlich einen Fehler begangen haben, ansonsten würde ich hier nicht mit ihnen im Blaumann herumstehen. Also konnte ich kein Vorbild für sie sein. – Gerade die letzten Worte machten sie dann doch etwas nachdenklich, gerade wenn ich auch noch darauf hinwies, dass die alten lockenden Prahlhänse fast alle den Großteil ihres Lebens im Knast verbracht hatten und allesamt Gescheiterte und Verlierer waren.

Obwohl ich in jedem Knast direkt eingangs unmissverständlich deutlich gemacht hatte, dass ich nicht einmal inte-

ressehalber etwas von irgendwelchen zukünftigen kriminellen Unternehmungen hören wollte, versuchte man auch mich
mit Angeboten zu locken. Natürlich sprachen mich nicht
irgendwelche Möchtegerngangster mit Offerten für irgendwelche grandiosen Coups an. Es waren Mafiagrößen rumänischer, polnischer oder rumänischer Nationalität, denen ich,
wie anderen Mitgefangenen auch, bei der Übersetzung von
Gerichtspost geholfen hatte, die meine Nähe suchten. Ich
lehnte alle Angebote unmissverständlich ab, bewahrte meine
allgemeine freundliche Distanz und spülte die heimlich zu-
gesteckten Telefonnummern die Toilette hinunter.

Bogdan war ein oben schon erwähnter rumänischer Mafia-
boss, der auf der Kammer arbeitete. Er war an allen größeren
Geschäften im Knast beteiligt und hatte mindestens einen
Beamten geschmiert, der ihm alles Erwünschte – vom Handy
bis zum Wildfilet, Koks und Cognac – zu überteuerten Preisen in den Knast schmuggelte. Wie die Betrüger, die auch im
Knast ihre Mitmenschen übers Ohr hauten, wie die Dealer,
die auch hier dealten, wie die Kinderschänder, die sich für Zigaretten und Kaffee blutjunge Junkies ins Zellenbett holten,
so machten auch die Mafiatypen im Gefängnis das, was sie
auch draußen gemacht hatten: korrumpieren, erpressen, andere für sich die Schmutzarbeit machen lassen und im Luxus
leben. Bogdan hatte mich in seine Einzelzelle gebeten, um
ihm bei einem Gerichtsbrief zu helfen. Bald rückte er mit
seinem eigentlichen Anliegen heraus. Bei einem Gläschen
„Grasovka"-Wodka erklärte er mir das Kerngeschäft seiner
„Arbeit" und die Organisationsstruktur seines Mafiarings.

Am Ende seiner Ausführungen bot er mir einen Job an.

„Reiner, ich will dich als meinen Verwalter, der die Kontrolle über alle geschäftlichen Transaktionen hat. Der die Bücher unter sich hat, aber auch die „Soldaten" überwacht und vor allem den direkten Kontakt zu den Anwälten pflegt und alles Notwendige mit ihnen regelt. Du wärst meine rechte Hand und nur mir untergeben, sowas wie der – wie heißt das im „Paten", du weißt, den der Duvall spielt?"

„Du meinst „Consiglière", sowas wie Ratgeber, Stabschef."

„Genau das, mein Sohn hat nicht das Zeug zu führen, hat keine Verantwortung, treibt sich lieber in Fitnesscentern rum und mit seinen Kokskumpeln zum Freificken in meinen Puffs."

Bogdans „Kerngeschäft" war, junge rumänische Mädchen vom Lande aus desolaten perspektivlosen Verhältnissen mit falschen Versprechungen aus ihren Dörfern zu locken und sie in seinen Bordellen für sich arbeiten zu lassen. Willfährigkeit wurde durch Gewalt und der Drohung eingefordert, jederzeit die Familie in Rumänien für eventuelle Widerspenstigkeit bluten zu lassen.

Ich hatte Bogdan sprechen lassen, weil ich gerade kurz zuvor Günter Wallraff kennengelernt hatte, der regelmäßig mit einer Gruppe munterer Alt68er zum Tischtennisspiel in den Knast kam, wo ich Spielführer der Gefängnismannschaft war. Mir war die Idee gekommen, mich undercover an leitender Stelle in einen Frauenhändlerring einschleusen zu lassen, um deren Organisationsnetz mit den Hintermännern aufzudecken. Günter Wallraff hatte mir dringend abgeraten, da das zu gefährlich sei und ich nie mehr Frieden finden würde. Als Bogdan fortfuhr, sah ich, dass ich bei aller Vorliebe für riskante Aktionen dazu gar nicht fähig war.

„Wie gesagt, du hättest völlig freie Hand, und du könntest jedes Stück Frischfleisch, das hier ankommt, als erster einreiten. Na, wie wär`s?"

Während mir bei diesem Angebot vor Abscheu das Herz gefror, erwiderte ich freundlich aber bestimmt, mit einem spöttischen Lächeln auf dem Gesicht „Nein, danke, Bogdan, dazu liebe ich die Frauen zu sehr, außerdem habe ich andere Pläne."

„Ach, Reiner, du bist viel zu empfindlich und anständig. – Aber, na ja, weil du so unverschämt zuverlässig bist, wollte ich dich ja unbedingt haben. In dem Metier kannste ja keinem trauen. 15.000 Minimum im Monat?", fügte er mit einem schelmischen Grinsen hinzu.

„Komm, lass gut sein, Bogdan" lachte ich, versuchend die Bilder aus meinem Kopf zu wischen. „Ich stelle für morgen die Volleyball-Hausmannschaft zusammen und habe dich nominiert."

„Schade, schade" knurrte er. „Na gut, ich bin dabei."

Gleich zu Beginn der Auslieferungshaft sah ich, wie sich durch die Knastsituation die moralischen Relationen verschoben und alles relativ zu werden schien: Wenn man sich, wie in dieser Gefangenschaft, auf engstem Raum zusammengepfercht, mit Menschen auseinandersetzen muss, die man in freier Entscheidung nicht einmal näher wahrnehmen wollte, bewertet man und trifft Unterscheidungen, wo man in Freiheit grundsätzlich auf Distanz gegangen wäre.

Nachdem ich in der Massenzelle vom Fußboden ins Parterre eines der acht Dreistockpritschen gewechselt war, hatte neben mir ein verwahrloster vielfacher Jungmädchenvergewaltiger und Mörder auf dem Boden gelegen und mir nachts seinen stinkenden Atem ins Gesicht geblasen. Als er nun in eine freigewordene Pritsche wechselte und der Neuzugang Zé, ein schmieriger Zigeuner, seinen Platz neben mir einnahm, war ich geradezu erleichtert. Ich konnte zwar nicht schlafen, denn Zé wälzte sich röchelnd neben mir im Entzugshalbschlaf auf der Matratze, schreckte immer wieder schreiend hoch, brabbelte Unverständliches, rauchte hastig eine Zigarette, wobei er mich gleichfalls einnebelte, und fiel erschöpft zurück ins Gespensterreich des Heroinentzugs. Auch war er nicht nur hier, weil er mit Drogen gedealt, sondern weil er zudem bei einer Messerstecherei, am Hafen unten, fast jemanden abgekehlt hatte. Im Verhältnis zu einem mehrfachen Kindervergewaltiger und -mörder jedoch erschien ein Drogendealer und versuchter Totschläger fast wie ein Gutmensch.

Zu der labilen psychischen Grundverfassung, die eine Gefangenschaft bewirkt, kam ein nicht greifbares Grauen, wenn man, wie in der Lissabonner Massenzelle erlebt, unentrinnbar und atemnah mit einem bestialischen Kinderschänder und Mörder zusammenlag. Oder aber, wie im Remscheider Knast geschehen, mit einem jungen Mann zusammenarbeiten musste, der seine Frau und seine beiden kleinen Kinder erschlagen hatte.

Wenn der geneigte Leser jetzt vielleicht einwenden mag, dass es auch bei diesen Menschen Gründe gäbe, die ihr Handeln verstehbar machen, so hat er natürlich Recht. Nur muss und will ich nicht alles verstehen. Im Gegenteil, im Gefängnis, wo es keine physischen Grenzen gibt, muss ich mich mental abgrenzen, vor manchen Gedankengängen schützen und im täglichen Umgang sogar eine gewisse Small-Talk-Oberflächlichkeit kultivieren, um nicht selber irrezuwerden.

Schien die Situation in der Gefangenschaft unerträglich zu werden, wandte ich eine Technik an, die ich mir schon als Kind in meiner grobschlächtigen, gewalttätigen Familie angeeignet hatte, wo ich mir in einsamen, tief verletzten Momenten andere Kinder in noch viel schlimmeren Situationen vorstellte. Diese Technik der Relativierung half mir oft, mich aus lähmender Verzweiflung herauszuziehen.

In einer Nacht in der portugiesischen Massenzelle, nach einem langen Tag mit erschöpfenden Abwehr- und Schlichtungskämpfen in auswegloser stickiger Körperenge, breitete sich in mir die Panik aus, mein tödlich übermüdeter, von weißen Blitzen durchzuckter Schädel würde die Spannung nicht mehr ertragen und implodieren und ich würde durchdrehen. Mit letzter Kraft war ich unter den ewig lauernden Blicken meiner Mitgefangenen konzentrierten Schrittes in die Duschecke hinter den Vorhangfetzen gegangen. Dort hatte ich meinen Hinterkopf unter dem Duschrohr so lange gegen die Wand gestoßen, bis ich fühlte, wie mit dem laukalten Wasser warmes Blut den Kopf hinab und über Hals und Nacken den Rücken hinunterlief. Das verschaffte mir einen dieser wenige Momente einsamer Einkehr, wohliger Erleichterung und Klarheit, die reichten, um die zerfledderten und auseinandertreibenden Teile meines Ichs wieder zu einer Einheit zusammenzufügen.

Es gab Momente in diesen Tagen, an denen ich das Gefühl hatte, dass meine Reserven verbraucht waren und ich vollkommen aufgrund lief. In diesen Zeiten, wenn mich die Gefangenschaft zu ersticken drohte, erinnerte ich mich gefangener Menschen, die ganz anderen Höllen ausgeliefert gewesen waren und stellte mir die Situation in einer brasilianischen Massenzelle vor. Eine portugiesische Massenzelle erscheint human und erträglich im Verhältnis zur Gefangenschaft in einem brasilianischen Kerker. Und der wiederum bekommt geradezu menschliche Züge in Relation zu einem nordkoreanischen Konzentrationslager. Die Vorstellung stärkeren Leids anderer erleichtert das eigene Leid, ohne dass sich damit das Mitleid mit dem Leid anderer Menschen aufhebt. Gerade dieses Mitleid mit dem viel stärkeren Leid anderer schafft eine befreiende Distanz zu sich selbst und bewirkt eine selbstironische, sich selbst nicht so ernst nehmende Relativierung der eigenen Situation, die mich immer wieder beschämt die Zähne zusammenbeißen und die Knie durchdrücken ließ.

Im Knast lauern in der isolierten, vergewaltigenden Gefangenschaft neben vielen sichtbaren auch unsichtbare Fallstricke, die einen Gefangenen in seiner moralischen Kraft zersetzen können. Neben vor allem Dummheit und Charakterschwäche sind das Neurotisierungen und Depressionen aller

Art. Hervorgerufen durch die Isolation, die Knastmonotonie, das permanente Angst- und Unsicherheitsgefühl, Verlust- und Zukunftsängste, die „Gefangeneneifersucht".

In der Lissabonner Auslieferungshaft machte ich erstmals Bekanntschaft mit dieser „Gefangeneneifersucht". Es zerfraß mich, wie Cheyenne und mir unser gemeinsames Leben genommen wurde und ich geradezu sinnlich fühlte, wie es uns mit jedem Moment dieser Gefangenschaft sinnlos zwischen den Händen vertropfte; wie ich in dem düsteren Schlangenloch des Gefängniszwingers um die nackte (platonische) Existenz unserer Liebe kämpfte, während draußen, im aufbrechenden Frühling Lissabons, jeder dumpfe Kretin die Freiheit hatte, Cheyenne in all ihrer sinnlichen Schönheit zu erleben und auch noch anzusprechen.

Ich hatte nie einen Zweifel an Cheyenne, was ein Fundament dafür war, dass wir diesen auseinanderstrebenden Weg so lange gemeinsam gehen konnten. Ich hatte bei ihr nie das eigentliche Gefühl der Eifersucht empfunden, also Zweifel und Misstrauen. Was ich empfand, war das, was ich Gefangeneneifersucht nenne; eine Eifersucht auf die ganze Welt, die den eigenen Traum sinnlich erleben konnte, während man selbst, gewalttätig von ihm abgetrennt, in ein dunkles Loch gesperrt ist.

Ich denke, diese Gefangeneneifersucht ist ebenso verständlich wie geistig ungesund. Auch ich hatte meine einsamen Kämpfe mit dieser Gefangenenneurose, doch so sehr sie mir auch zu schaffen machte, so konnte sie doch letztlich weder mein Herz noch unsere Liebe vergiften. Ich begriff jetzt nicht nur theoretisch: Die Wirklichkeit der Perspektive bestimmt die Perspektive der Wirklichkeit. So verstand ich, um mir in dieser Gefangenschaft den klaren offenen Blick ins Licht und in die Freiheit nicht durch neurotische Geschwüre zuwachsen zu lassen, bedurfte ich der ständigen Imagination und Reflexion. Zusammengefasst könnte man sagen: Freiheit als Imagination und Reflexion, das heißt, der Versuch des Erkämpfens und Erhaltens der inneren Freiheit durch die Imagination der äußeren Freiheit, sowie durch die Reflexion der inneren, der psychischen, wie der äußeren, der gefängnisdynamischen Abläufe einer Gefangenschaft.

Innere Emigration, asketische Unabhängigkeit und Abwehr aller Vereinnahmungen durch die Gefängniskultur waren in diesem Freiheitskampf ebenso wichtig wie literarische Selbstvergewisserung und ein tägliches Sportprogramm. Die stärkste Kraft jedoch war die Liebe. Und mit der Liebe war es die Hoffnung, die mir all die Jahre wie ein helles Licht durch die modrige Gefangenschaft leuchtete.

15. Schuld und Sühne

Eigentlich sollte man das Gefängnis auch als einen Ort der Auseinandersetzung mit Schuld und Sühne wähnen. Doch obwohl ich dort eine ganze Palette menschlicher Regungen und innerer Kämpfe — von Reue, Zweifel, Scham bis versuchter Rechtfertigung — erwartet hatte, sollte ich davon nicht viel bemerken. Wie meine Erfahrungen auch ein mir verbundener Gefängnispsychologe bestätigte, verdrängen fast alle Gefangenen ihre Taten, schieben ihren Leidensdruck in den Vordergrund und sind fast ausschließlich damit beschäftigt, sich den Gefängnisaufenthalt so erträglich und kurz wie möglich zu gestalten.

Natürlich ist das menschlich. Menschlich sind aber auch das Leiden, die Scham und die Sühne einer Schuld. Die Erfahrung zeigt jedoch, dass fast nie die Täter, aber immer die Opfer — die Vergewaltigten, die Missbrauchten, die Betrogenen und Gedemütigten, sowie die Angehörigen der Opfer — Scham empfinden und oft lebenslang leiden. Zu meiner Schuld später mehr.

Häftlinge mutieren in ihren eigenen Geschichten hingegen oft zu Opfern, die ihre Verantwortlichkeit für ihren Aufenthalt an diesem unheiligen Ort völlig verdrängt haben. Wobei sie dennoch in der Lage sind, in den psychologischen

Diagnosegesprächen in einer schizophren überzeugenden Doppelgesichtigkeit die erwartete Einsicht und Reue zu heucheln, die ihnen Hafterleichterungen, Überstellung in den offenen Vollzug und vorzeitige Entlassung bescheren können. Manchmal steigern sich Gefangene außerhalb dieser kühl berechneten Schauspielereien für die Anstaltsverantwortlichen so weit in ihre Opferrolle hinein, dass sie einen grotesken brennenden, von Rachegelüsten durchzogenen Hass auf ihre Opfer entwickeln, die sie, anstelle ihrer selbst, für ihr Schicksal verantwortlich machen. So kann ein Einbrecher Hass auf den Hausbesitzer entwickeln, der ihn überrascht und den er beim Fluchtversuch schwer verletzt hatte. Oder ein Totschläger Hass auf das Opfer, das er umgebracht hatte. Ebenso häufig trifft man Gefangene, die voller Hass- und Rachegedanken ihren Richtern gegenüber waren, da jene die Unverschämtheit besaßen, sie für ihre Vergehen zu verurteilen. Ich dachte oft, sie sollten vielleicht einmal kalt duschen gehen.

Doch keine Angst, liebe Opfer und Richter, die Hass- und Rachemotoren in den Sträflingen, die anfangs meist völlig überdrehen, tuckern im Verlauf der Gefangenschaft immer schwächer und saufen irgendwann einfach ab, ohne dass die Gefangenen es überhaupt noch realisieren. Die Rachebilder verblassen und lösen sich auf. Nur in Ausnahmen, z. B. bei albanischen, arabischen und türkischen Blutracheverschworenen, deren Geschwafel von Ehre und Familie mich eher an eine Geisteskrankheit erinnert, kann der Hass Häftlinge durch die gesamte Gefangenschaft treiben.

Wenn Gefangenen die Auseinandersetzung mit Schuld und Sühne so völlig fremd war, lag das auch an einer einfachen Rechnung: „Ich habe eine Straftat begangen, wurde dafür verurteilt und sitze meine Strafe ab. Damit ist die Schuld gesühnt." – Wobei sich fast alle Gefangenen als zu schwer bestraft ansahen. Bei denen, die ihre Strafe als „O. k." bezeichneten, lag es zumeist daran, dass nur ein Teil ihrer Straftaten aufgedeckt und bestraft worden war (Womit sie gerne vor Mitgefangenen prahlten).

Ein anderer gewichtiger Grund für fehlende Reuegefühle liegt sicher auch darin begründet, dass Schuld und Sühne in unserer Gesellschaft ungerecht zugewiesen werden. Ein mittelloser Schwarzfahrer, der ein paar mal die 2,30 Euro für die Stadtbahn nicht hatte, wird in den zerstörerischen Knast gesteckt; der millionenschwere Banker, der Millionen und zahllose menschliche Existenzen vernichtet hat, führt weiter unbehelligt sein obszönes Luxusleben. Diese Gerechtigkeitskluft, die auch den überwiegenden Teil der nicht straffälligen Öffentlichkeit empört, wird von Gefängnisinsassen verständlicherweise noch um ein Vielfaches stärker wahrgenommen. Sie, die Verlierer und Vergessenen, die fast alle aus dem sozialen Unterholz der Wohlstandsgesellschaft kommen, tragen häufig unter all dem menschlichen Schmodder aus Niedertracht, Neid und Gier ein wütendes Gerechtigkeitsgefühl in sich. Das umso stärker ausgeprägt ist, als sie sich als die Hauptleidtragenden einer grundsätzlichen gesellschaftlichen Ungerechtigkeit empfinden. Gleichzeitig sehen sie die destruktive Kraft der Knastgefangenschaft und ihrer Folgen, die ihre ohnehin minimalen Chancen in diesem Leben weiter reduzieren.

Neben dieser häufig anzutreffenden, selbstentlastenden Erklärung für die Abwesenheit von Reue traf ich während der langen Gefangenschaft auch Häftlinge, die keine Reue zeigten, da in ihren Fällen die Verortung von Täter und Opfer nicht klar zu bestimmen war. In denen, kausal gesehen, das letztendliche Opfer der vorherige Täter war. Ich denke voll warmherziger Sympathie an die Großväter, die von einem Banker aus niederen egoistischen Gründen bewusst falsch beraten wurden und darüber ihre Altersvorsorge verloren. Infolge entführten die Opas den gesellschaftlich anerkannten Kapital-Verbrecher und forderten ihr Geld zurück. Sie wurden nach geltendem Recht verurteilt (während der Banker unbehelligt blieb), hatten aber das Recht im Sinne einer allgemeinmenschlichen Gerechtigkeit auf ihrer Seite (Solche Fälle traten infolge der Bankenkrise mehrfach in der Welt auf und inspirierten zu dem 2017er Hollywoodfilm „Abgang mit Stil").

In Remscheid lag in meiner Nachbarzelle ein 75 Jahre alter Mann. Er war ein Leben lang ein hart arbeitender, selbstständiger Handwerksmeister und ein penibel gesetzestreuer Staatsbürger gewesen. Wie im Prozess offenbar wurde, hatte ihn sein Eheweib über viele Jahre gequält, ihn täglich beschimpft und geschlagen, und er hatte es duldend geschluckt. Nach fünfzig Jahren stumm geduldeter Ehehölle hatte er eines Morgens beim Frühstück einen Revolver in der Hand. Er sagte „Du hältst jetzt den Mund" und schoss ihr ins Gesicht. – Wer ist hier der Schuldige? Er wurde wegen Mordes zu lebenslänglicher Haft verurteilt. Eines Abends vor dem Nachtverschluss in die Einzelzelle sagte er zu mir auf dem Gefängnisgang: „Ich habe mich noch nie so frei gefühlt wie an diesem Ort. Wenn nur nicht all die Verbrecher hier wären." Dass sich seine Reue in Grenzen hielt, konnte ich nachvollziehen. Er würde als freier Mann in einer Gefängniszelle sterben.

Grundsätzlich ist das mit der Reue natürlich eine heikle Sache. Oft ist die Reue nicht von ihrer hässlichen Zwillingsschwester, der Heuchelei, zu unterscheiden, zumal wenn ihre Demonstration vor Gericht eine mildere Strafe, und im Knast eine vorzeitige Entlassung in die Freiheit bewirken kann.

Warum zeigten Häftlinge im Knastalltag fast nie wirkliche Reue, warum kam es fast nie zu einer wirklichen Sühne? In der Gegenwart des Gefangenen ist das Leben bestimmt von der Konsequenz seiner Tat, vom Leidensdruck der sanktionierenden Gefangenschaft. Die Tat selbst liegt in einer fernen Vergangenheit und lässt sich dadurch in der Erinnerung, unterstützt durch das allgemein-menschliche Bedürfnis nach Selbstentlastung, leichter weichzeichnen. Ein oftmals erodiertes Über-Ich tut ein Übriges.

Ein Täter-Opfer-Ausgleich findet selten statt. Die meisten Straftäter haben sich niemals von Täter- zu Opferangesicht mit den Folgen ihrer Taten und dem Leiden ihrer Opfer auseinandersetzen müssen. Was nicht nur zu Lasten der Opfer geht, sondern auch zu ihren eigenen, da sie so nie zu einer wirklichen Aufarbeitung ihrer Tat kommen. Nur in den kurzen Momenten vor Gericht werden die Täter mit den Opfern und den Folgen ihrer Tat konfrontiert. Wobei eine Gerichtsverhandlung natürlich so angelegt ist, dass das Gegenteil von Auseinandersetzung und Aufarbeitung stattfindet: Täter und Verteidiger versuchen, die angeklagte Tat zu leugnen, kleinzureden, das Opfer zu denunzieren, um einen Freispruch oder eine möglichst geringe Strafe zu erzielen. Die Opfer wiederum sind als Gerichtszeugen für den Staat nur Mittel zum Zweck der Verurteilung des Täters. Ihre Gefühle, Bedürfnisse und Interessen werden wenig berücksichtigt. Im Gegenteil, sie müssen als Zeugenobjekt nochmals die Tat durchleben, sind dem Geifer und der Instrumentalisierung durch sensationslüsterne Öffentlichkeit, Presse und Politik ausgesetzt, werden von der Verteidigung oft herabgewürdigt und als unglaubwürdig denunziert und müssen so ein weiteres Mal ungeschützt Opferleid ertragen. Wobei sie weder direkten Einfluss auf das Verfahren noch auf die Sanktionierung des Täters haben. Wiedergutmachungsansprüche der Opfer sind ins Zivilrecht verlagert, abgetrennt vom Strafprozess, der den Rechtsfrieden nur insofern wiederherstellt, als vom Staat das Unrecht der Tat mit dem Leid des Täters in Form einer Gefängnisstrafe abgegolten wird. Obwohl Wiedergutmachung und sozialer Ausgleich mittlerweile wieder im Strafrecht verankert sind, liegt der Schwerpunkt der Strafjustiz viel zu sehr auf dem Täter, wogegen die Bedürfnisse der Opfer viel zu wenig berücksichtigt werden. Der Täter-Opfer-Ausgleich, bei dem die Aufarbeitung der Folgen einer Straftat wie eine materielle Regulierung des aus dieser Tat hervorgegangenen Schadens im Zentrum stehen, werden in der Praxis sträflich vernachlässigt. Noch immer stehen als Konsequenz einer Straftat staatlicherseits Vergeltung, Abschreckung sowie mittlerweile auch Resozialisierung des Täters im Vordergrund. Die Interessen und Bedürfnisse des Opfers nach Anerkennung seines Leids, nach Sühne, Konfliktregelung und möglicher Schadensregulierung sollten jedoch im Straf- wie im Aufarbeitungs- und Resozialisierungsprozess des Täters zumindest so bedeutsam sein wie der soziale Hintergrund und die Fehlentwicklungen des Täters.

Beim außergerichtlichen Täter-Opfer-Ausgleich soll es, moderiert von einem geschulten Vermittler, entweder ohne direktes Aufeinandertreffen oder aber in direkten Begegnungen, zu einer Aufarbeitung der Ursachen und Folgen der Tat, zu einer Vereinbarung über Wiedergutmachungsleistungen und im besten Fall auch zu einer Aussöhnung kommen. Doch wie soll das in der Praxis aussehen, wenn der Täter sich nur berechnend darauf einlässt, um seine Strafzeit zu reduzieren, und das Opfer kein Heiliger ist? Das Instrument des Täter-Opfer-Ausgleichs sehe ich als erstrebenswert und aller Bemühungen wert vor allem bei jugendlichen Straftätern an, die noch am Scheideweg stehen, bei denen die Entwicklung noch offen und beeinflussbar ist. Wenn ich allerdings erinnere wie selten verurteilte Straftäter auch nur anerkannt haben, dass sie berechtigterweise bestraft worden waren, geschweige denn dass sie das Opferleid gesehen und ein Reuegefühl entwickelt haben, sehe ich dieses Instrument äußerst kritisch. Ich habe im Gefängnis Vergewaltiger erlebt, die mit ihren (Un)Taten prahlten und nicht aufhörten, das Opfer zu denunzieren und zu verhöhnen, indem sie das Verbrechen als eine von ihnen gewährte Wohltat darstellten („Der Fotze hat es doch Spaß gemacht, dass es ihr mal so richtig besorgt wurde."). Gleichzeitig überzogen sie das Opfer mit Hass, da es sie mit einer „Falschaussage" ins Gefängnis gebracht hätte. Bestärkt in ihrem zynisch-verlogenen Selbstbild wurden sie von Mitgefangenen, die einerseits sabbernd nach Einzelheiten des Verbrechens gierten und andererseits ihre Version bestätigten („Genau, die Fotzen wollen doch richtig rangenommen werden. Und wenn man ihnen den Gefallen tut, zeigen die Schlampen einen an und versauen einem das Leben."). Ich traf Einbrecher, die das Hausbesitzeropfer, das sie überraschte, lebensgefährlich verletzten und es während der Haft verfluchten („Ohne diese Drecksau wäre ich nicht hier"). Und ich überraschte einmal in der Wärterkanzel einen Kindervergewaltiger und -mörder mit einem JVA-Beamten, wie sie sich genüsslich lachend und in inniger Eintracht mit dem Betrachten von Hardcore-Lolita-Pornobildern vergnügten.

Opfer dieser erlebten Täter sind, wenn sie denn noch leben, fast immer traumatisiert. Die Opfer müssen mit körperlichen, seelischen und sozialen Beeinträchtigungen leben, sind Erinnerungs- und Angstattacken ausgesetzt und werden von Schuld- und Schamgefühlen heimgesucht. Sie leben in unkontrollierbar schwankenden Gemütszuständen, die zwischen Verzweiflung und Wut taumeln, erdulden destabilisierende Albträume und müssen mit Konzentrationsschwächen und

Gedächtnisstörungen weiterleben. Oft hat eine tiefsitzende Angst vor einer Wiederholung des erduldeten Verbrechens von den Opfern Besitz ergriffen und ihr persönliches Sicherheitsgefühl ist gestört, wenn nicht gänzlich zertrümmert. (Letzteres kann sogar geschehen, wenn das Opfer, wie zum Beispiel bei einem Einbruch, gar nicht in direktem Kontakt mit dem Täter kam, weil es während der Tat nicht anwesend war.)

Wie sollen die Opfer, die vor Gericht vom Täter, in Gestalt des Anwalts, oft noch zusätzlich denunziert und gedemütigt wurden, eine aussöhnende Verständigung mit dem Täter finden, wenn sie zudem befürchten müssen, dass der Täter aus nachvollziehbaren Gründen Einsicht, Reue und Wiedergutmachungswillen nur vortäuscht und es innerlich noch verhöhnt?!

Glücklicherweise gibt es natürlich auch Fälle, in denen es zu einem erfolgreichen Täter-Opfer-Ausgleich kommt. Die jährlichen Fallzahlen in Deutschland bewegen sich zwischen 25.000 und 30.000, wobei es sich bei der Hälfte um Körperverletzungsdelikte handelt. Man sollte sich in der Justiz und ihren ausführenden Institutionen noch viel stärker auf dieses Instrument fokussieren, da es insbesondere im Jugendbereich, trotz aller Vorbehalte, eines der effektivsten Instrumente zur Wiederherstellung des Rechtsfriedens und der zukünftigen Kriminalitätsprävention ist.

Ich möchte im Zusammenhang dieses Schuld-und-Sühne-Komplexes auf etwas mir völlig Unverständliches hinweisen:

Die Strafmilderung die durch vorherigen Alkohol- oder anderen Drogenmissbrauch bewirkt wird. Ich finde, dass ich immer für das verantwortlich bin was ich tue – und wenn ich es unter Alkohol- und Drogeneinfluss tue, bin ich es nicht weniger, da ich ja für die Alkohol- bzw. Drogeneinnahme verantwortlich und gewöhnlich nicht zu ihr gezwungen worden bin (Ich selbst habe in meinem (besonders jugendlichen) Leben den größten (nichtkriminellen) Mist eigentlich immer unter Alkoholeinfluss gemacht, habe das aber nie damit entschuldigt, sondern mich selbst für den Mist verflucht, den ich begangen habe). Und ich sehe in dieser Strafmilderung auch eine kontraproduktive Entschuldigung für den Täter, der infolge nicht nur eine geringere Strafe erhält, sondern dessen Tat, mit gerichtlicher Unterstützung, verharmlost und für den Täter entschuldbarer wird, während das Opfer damit verhöhnt wird („Ohne 3 Promille im Schädel hätte ich die Alte nicht vergewaltigt – sacht ja auch der Richter."). Was auch zu einer berechnenden Kalkulation führen kann, die sich im folgenden, mitgehörten Dialog zwischen zwei Strafgefangenen manifestiert.

„Meckie, warum hast du für die fast gleiche Anzahl von Brüchen zwei Jahre weniger bekommen?! – Ist doch ne Sauerei!"

„Alter, warste breit?", lachte Meckie. „Ich sauf mir vor jedem Bruch so richtig einen an, weil das nen fetten Strafrabatt bringt, wenn se mich krallen."

„Mann, Alter, iss ja geil, werd ich in Zukunft auch machen."

Doch wie ging ich selbst nun mit der Auseinandersetzung mit Schuld und Sühne um? – Den Banken gegenüber, die ich überfallen hatte, empfand ich keine Schuld. Im Gegenteil, die großen Ausplünderer ein wenig ausgeplündert zu haben, hatte mir Genugtuung und viel Freude bereitet. Wie gesagt, mein Credo war gewesen: Wo das Gesetz das Unrecht, die Ausplünderung durch die Banken schützt, muss man zum Gesetzlosen werden, um die Dinge wenigstens im privaten Rahmen ein wenig zurechtzurücken. Mein Ziel war es gewesen, ein smarter Cavalheiro des Bankraubs zu werden, und ich wurde es. Kölner Prozessurteil: „Der Angeklagte war", heißt es da, „während der Überfälle bemerkenswert ruhig, zielstrebig" vorgegangen, „sehr konzentriert, routiniert, schnell und direkt". Und: „Die Taten spielten sich in Minutenschnelle ab" – sodass viele der in der Bank anwesenden Angestellten und Kunden die Überfälle gar nicht mitbekommen hatten oder erst, wenn alles bereits vorüber war. Aufgrund der „ruhigen, konzentrierten und schnellen" Vorgehensweise kam es zu „keinen schwerwiegenden Folgen für die Opfer". In einem Fall „hat der Angeklagte in einer Bank einer alten Dame einen Sitzplatz angeboten".

Erst im Gefängnis wurde mir allerdings bewusst: Bei aller kalkulierenden Voraussicht hatte ich völlig ausgeblendet, dass auch ein ruhig, höflich, schnell und mit einer nichtscharfen Waffe durchgeführter Banküberfall ein gewaltsamer Akt ist, da die Opfer, wenn auch nur kurzzeitig, in Geiselhaft genommen werden. Während des Prozesses fragte der Richter eindringlich die betroffenen Zeugen – Bankangestellte wie

Kunden – nach möglichen traumatischen Nachwirkungen der Überfälle. Alle Zeugen verneinten etwaige Folgen und auf Nachfrage auch, dass sie infolge auch nur je einen Albtraum gehabt hätten.

Einige Zeugen wurden sogar zu meinen Fürsprechern: „Er war die ganze Zeit sehr höflich." – „Ich habe mich immer sicher gefühlt" – „Es ist ja auch gar nichts passiert." Eine studentische Zeugin lachte, „Ich fand das Ganze total cool. War wie in nem Film. Er sah ja auch klasse aus, so ganz in Schwarz, mit der Zorromaske.". Manche Zeugen sprachen aber auch von einem momentanen Schrecken, den ich ausgelöst hatte. Das ist meine Schuld.

So wie ich das Recht auf den Banküberfall allein für mich in Anspruch genommen hatte, so versuchte ich anderen eine solch abwegige Idee auszureden. Wie oben geschildert, bemühte ich mich im Gefängnis besonders um junge Straftäter. In langen Gesprächen versuchte ich sie davon zu überzeugen, ihre Potentiale für eine Ausbildung und eine befriedigende, gesellschaftlich anerkannte Arbeit zu nutzen, anstatt für eine kriminelle Karriere, die immer im Scheitern und hinter Gittern enden würde. Nach der Analyse meiner Zeit als Bankräuber und der Konsequenz, dass dieser Weg heute für mich inakzeptabel ist, war für mich das Engagement für junge Häftlinge der sinnvollste und fruchtbarste Weg mit meiner Vergangenheit umzugehen.

Angesichts der Tatsache, dass ich nach den viereinhalb Jahren Untersuchungshaft durch die falsche Strafzeitberechnung nicht in den offenen Vollzug und infolge nicht bald in Freiheit kam, sondern noch über drei Jahre im geschlossenen Vollzug gefangen sein sollte, sind in meinen Augen mit der verbüßten Haftzeit von siebeneinhalb Jahren (im geschlossenen Vollzug) auch alle begangenen Banküberfälle abgegolten.

Schaue ich auf meine Schuld und Sühne, so war meine eigentliche Sühne der unentrinnbare Schmerz und die ewig lastende Verantwortung und Schuld dafür, Cheyenne, diese engelhafte Wölfin des Himmels, zu einer jahrelangen Mitgefangenen meiner Gefangenschaft gemacht zu haben. Nicht nur ich war eingekerkert. Cheyennes Leiden mit meiner Situation, ihr Mitgefühl machten sie einsam und entfremdeten sie ihres freien Lebens, trennten sie von ihrer Umwelt, ihren Freunden und Arbeitskollegen ab und umstellte sie mit imaginären Mauern, die bis in ihre Träume hineinreichten. Es war das Letzte, was ich gewollt hatte, doch ich hatte es zugelassen. Meine aufrichtigen Versuche, mich von ihr zu trennen, waren schon in der Lissabonner Auslieferungshaft vordergründig an Cheyennes rigorosem Widerstand, letzlich aber an meiner mangelnden Konsequenz und Schwäche gescheitert.

Da viele Häftlinge Freundin, Frau, Kinder und fast alle eine Familie hatten, waren viele Menschen außerhalb des Knasts zur Mitgefangenschaft verdammt. Statt an dieser von ihnen verursachten Mitgefangenschaft zu leiden und zu versuchen, diese zu mildern, verstärkten viele Häftlinge den Leidensdruck der Angehörigen noch durch die Demonstration ihres Häftlingsleids in fortwährenden Jammereien bei Besuchen und in Briefen. – Zumindest dessen hatte ich mich nicht schuldig gemacht.

Als Günter Wallraff das Nachwort zu meinem ersten Buch schrieb, versuchte er über den Direktor einer überfallenen Kölner Bank, die auch noch seine eigene Bank war, Kontakt zu Bankangestellten zu bekommen, die an meinen beiden Überfällen auf diese Bank zugegen gewesen waren. Er wollte ihre Sicht erfahren. Der Bankdirektor antwortete mit einer harschen Ablehnung des Anliegens, mit der beleidigenden Unterstellung, man wisse ja wohin „das bei Günter Wallraff führen würde". Günter Wallraff wollte nichts als aus Gründen der Ausgewogenheit und journalistischen Ethik nicht nur meine, sondern auch die Sicht der Menschen auf der anderen Seite des Bankschalters erfahren. Ich strebte es nicht an, da ich darin nach so langer Zeit wenig Sinn sah, doch hätte ich auf Wunsch natürlich auch einer Begegnung und Aussprache mit den damaligen Bankangestellten zugestimmt. Bei diesem Vorfall erinnerte ich mich daran, dass eine andere Bankfiliale in Köln, die ich ebenfalls zweimal überfallen hatte, bei der Auflistung des geraubten Kassenbestandes einige tausend Euro mehr als wirklich entwendet angegeben hatte und somit − über die Versicherung − auch noch an meinem Banküberfall verdient hatte. So viel zu Kriminellen und zu Schuld und Sühne.

16. Knastzeit – Monotonie, Besuch, Arbeit und Wolkenträume

„Monday nothing, tuesday nothing, wednesday just a little more nothing, thursday nothing, friday one more nothing, saturday nothing, sunday only nada, rien, nothing, überhaupt nichts ...". Ich lag auf der Knastpritsche und improvisierte diesen genialisch messerscharfen Song der Fugs, dessen Geistesblitz sich höchstwahrscheinlich in irgendeiner Gefängniszelle entzündet hatte.

Im Gefängnis hatte man das im Übermaß, woran es in Freiheit häufig mangelt: Zeit. In der Strafhaft, also nachdem der Gefangene verurteilt ist, herrscht eine Arbeitspflicht und der Gefangene arbeitet, wenn denn ausreichend Arbeitsmöglichkeiten angeboten werden. In der Untersuchungshaft, in der die Unschuldsvermutung gilt, muss und kann der Gefangene nicht arbeiten und hat besonders viel Zeit. Ich war 4 1/3 Jahre in U-Haft und hatte somit außergewöhnlich viel Zeit. Die Tage in einer solchen vieljährigen Gefangenschaft zogen sich hin wie ein grauer leerer Raum, der langsam volltropfte mit toter Zeit, wie mit kaltem, schwarzem, alles erstickendem Teer. Wann immer ich kurz davorstand, vollständig in den dunklen Armen der Melancholie zu versinken, sprang ich auf, setzte mich an meine Texte, machte Sportübungen und träumte mich durch Mauern und Gitter hindurch zu Cheyenne und an die Strände und Dünen des portugiesischen Atlantiks.

Im portugiesischen Polizeigefängnis, in dem ich auf die Auslieferung wartete, waren ausschließlich Untersuchungshäftlinge, die täglich durch eine Verbindungstür zwischen Gefängnis und Polizeigebäude zu teils mehrstündigen Verhören aus den Massenzellen geholt wurden. Die Verhöre waren häufig so „kurzweilig", dass manche Gefangene mit sichtbaren Blessuren zurückkehrten. In der portugiesischen U-Haft, in der wir 26 Gefangene 23 Stunden in die überfüllte Massenzelle und 1 Stunde in den überfüllten Freistundenhof gesperrt waren, gab es weder Sport noch irgendwelche Beschäftigungsangebote. Da die Guardas sich nicht dafür interessierten, was in der Zelle geschah, und sich selbst bei lautem Aufruhr und wüsten Schlägereien gewöhnlich nicht an der Gittertür blicken ließen und der Alarmknopf, den ohnehin keiner gewagt hätte zu drücken, sowieso nicht funktionierte, waren wir der unkontrollierten Verwahrlosung überlassen.

Wenn die Gefangenen in der Massenzelle nicht aßen, schliefen, fernsahen, Karten spielten, sich stritten oder prügelten, erfanden sie einfallsreiche Techniken, einander zu überfallen, zu bestehlen und zu quälen (z. B. im Schlaf mit Toilettenpapier einwickeln und anzünden) oder entwickelten neckische Machtspiele wie folgende. Es war Februar, im Leben draußen war Karnevalszeit und so taumelten über die Mattscheibe ununterbrochen die in allen Ländern gleichsam sinnigen Karnevalssendungen. Die meisten Gefangenen

wurden von dem närrischen Treiben angesteckt und entwickelten, so inspiriert, ein neues aufregendes Spiel, das die
Abende der nächsten Tage dominieren sollte: Einer, der erste
war ein junger Junkie, der sich freiwillig meldete, wurde bis
auf die Unterhose ausgezogen und an das Kopfgestell des
mittleren, in die Zelle ragenden Bettenturms gefesselt. Da
sich der direkt in meinem Rücken befand, wechselte ich die
Tischseite und schrieb nun mit dem Gesicht zur Gitterfront
und den johlenden Gefangenen.

Zunächst beschmierten sie Gesicht und Körper des Gefesselten mit einer im Blechnapf verrußten Zahncreme, bevor sie ihm die schwarze Masse auch in die Haare rieben. Ein
Gefangener stieg auf die untere Pritsche des Bettenturms und
zog dem Gefesselten von hinten die Unterhose herunter und
begann genüsslich, ihm unter seinen Protesten die Hinter-
backen zu verkleistern. Nachdem ein anderer seinen Penis
mit der schwarzen Masse eingerieben hatte, fing ein dritter
an, ihm unter seinen nun ernster werdenden Protesten mit
einem Feuerzeug die Schamhaare abzubrennen.

„Sagt mal, seid ihr jetzt völlig durchgebrannt?!", schaute
ich von meinem nicht endenden Brief an Cheyenne auf.

„Warum, er mag es doch, nicht?!", schaute Frederico von
mir zu dem jungen Junkie.

„Ja, klar, macht nur weiter!", kam es von dem Gefesselten
zurück.

Ich sah, es war nicht nur die Mutprobe, als die er die Sache
verstand, und die er unbedingt vor den älteren Mitgefangenen
bestehen wollte. Ich konnte auf seinem Gesicht eine wider-

streitende Mischung aus abwehrendem Ekel und wollüstiger Hingabe erkennen, die miteinander zu ringen schienen. Als ihm Filipe nun auch noch von hinten langsam den Plastikstiel der Klobürste einführte und ihn aufmerksam hin und her bewegte, schien der Junge den Höhepunkt wollüstigen Ekels zu erklimmen, während er ein lachend stöhnendes „Ihr Schweine" ausstieß.

Nachdem sie ihn losgebunden hatten und sich mit Filipe, Frederico und Killer-Jao gleich drei Akteure darum stritten, sich an Stelle des jungen Junkies als Opfer fesseln zu lassen, unterbrach ich sie von meinem Tischchen aus:

„Sagt mal, Jungs, warum fickt ihr euch nicht gleich alle in den Arsch, blast euch gegenseitig einen, pisst euch ins Maul und scheißt euch am Ende alle zu?!"

„Boäh, Gringo", schauten sie mich angewidert an, „Das ist ja ekelhaft, du bist ja pervers!"

„Ach so", hob ich entschuldigend die Hände. „Tut mir leid. Macht was ihr wollt, stoßt nur bitte nicht gegen den Tisch", wandte ich mich wieder meinem Brief zu.

In der Lissabonner Auslieferungshaft schrieb ich in jedem möglichen Moment und lebte ansonsten von Besuch zu Besuch. Zum einen waren die Besuche Cheyennes der Lichtstrahl der Freiheit, der für einen Moment das Dunkel der Gefangenschaft erhellte, zum anderen drehten die Besuchstage Cheyenne und mich immer wieder durch eine seelische Knochenmühle, ohne dass wir es würden steuern können. Der explosiven Euphorie der Erwartung, Cheyenne im Besuch zu sehen, folgte die vergewaltigte Situation des Besuches selbst. In deren Spannung fühlten wir uns wie wenige Augenaufschläge voneinander entfernt festgemauert und verdammt, einander in die Augen schauend und den Atem des anderen aufsaugend, füreinander nicht fassbar zu sein. Auf die zerrissene Besuchssituation folgte die totale Niedergeschlagenheit, die in eine düstere ausweglose Melancholie mündete, um die sich wie ein eiserner Ring die Spannung des klaren scharfen Bewusstseins völliger Vergewaltigung legte. Es war eine Achterbahn manischer Depression, wie Cheyenne, meine kleine Doutora Psicologa, diagnostizieren würde. Und wie die ganze Gefangenschaft eine Achterbahn der unkontrollierbar schwankenden Gemütszustände ist, schlug die Fahrt darauf an den Besuchstagen die wildesten Loopings. Es brach mir bei jedem Besuch das Herz, Cheyenne in ihrer zerbrechlichen Schönheit so stark, tapfer und gleichzeitig voller Liebe zu sehen. Ich wusste, dass sie unter einem unermesslichen, einsam machenden seelischen Druck stand, wenn sie über Monate zweimal wöchentlich für den halbstündigen Besuch in der Pause ihrer Arbeit als Kinderpsychologin vom Hospital Santa Maria zu mir in den Knast hastete. Sie litt nicht nur an meiner Situation und der gewalttätigen Trennung von mir, sondern auch daran, dass ich Banken überfallen hatte. Sie wurde zu Hause in ihrer großbürgerlichen Familie als „Kriminelle" beschimpft und unter Druck gesetzt, mich zu verlassen, während sie sich in den einschnürenden Besuchen der antreibenden Kommandostimmen sadistischer Guardas erwehren musste und in körperlicher Bedrängnis durch vulgäre, asoziale andere Besucher stand: Hinter der Mauer mit den kleinen, mit engmaschigen Doppelgittern versehenen quadratischen Öffnungen, hinter derer beider Seiten wir standen, kamen bei Cheyenne von rechts und links rücksichtslos stoßende Ellenbogen ganzer schwarzer und weißer Großfamilien. Und ein einziges Geschrei, Geplärr und Gejammer hallte in dem kahlen grauen Raum wider, sodass wir uns kaum verständigen konnten.

So tapfer sie war und so wenig sie es sich vor mir ansehen lassen wollte, wusste ich, dass ich sie zu einer Mitgefangenen gemacht hatte. Durch ihre Liebe und ihr Mitgefühl für mich war auch sie in ihrem „Freiheitsleben" von einer imaginären Mauer umzogen, die sie auf jedem Schritt und selbst noch in ihren Träumen durchdrang.

Kurz vor meiner unangekündigten Auslieferung erhielten Cheyenne und ich überraschend die Genehmigung für eine „Visita Special" (Besonderer Besuch), mit der besonderen Erlaubnis, ihn in einer der gläsernen Anwaltskabinen vollziehen zu können. Die gläsernen und damit optisch kontrollierbaren Klausen befanden sich auf der anderen Seite der Treppenplattform zu beiden Seiten eines kurzen Ganges, der an der schweren Eisentür zum Reich der Kriminalpolizei endete.

Als mich ein Guarda in den Gang geleitete, wartete Cheyenne schon still aufgeregt in einem der Glaskästen. Es war sommerlich warm und das Goldkind trug zu schwarzen Lederschläppchen nur ihren langen blutroten Seidenrock und ein knappes schwarzes Top. In das lange indianische Haar, das ihr in einem dunkelseidigen Wildbach den Rücken hinunter-

floss, hatte sie an der rechten Seite ein feines Zöpfchen ge-
flochten, in das mit bunten Perlen eine lange und eine kleinere Wildfeder eingearbeitet waren. In hungriger Zärtlichkeit
nahm ich die kleine Kastanienstute in die Arme, fühlte in
meinen Händen ihren herb duftenden Mandelblütenleib und
spürte wie sie sich, leise Proteste ausstoßend, geschmeidig von
mir bog, um sich gleich darauf heftig an mich zu schmiegen.

Plötzlich wurden wir aus unserer Traumlandschaft gerissen.
Die Tür wurde aufgestoßen und schlug gegen Cheyennes
Knie. Hysterisch schreiend breitete sich die wutverzerrte Vi-
sage des Guarda Offiziers Fontes über uns aus,

„Sie halten sich im Arm! Ich breche den Besuch sofort ab!"

„Sie haben mein Mädchen angegriffen!", blitzte ich ihn
wutentbrannt an, während Cheyenne beruhigend ihre Hand
auf meinen Arm legte.

„Verlassen Sie sofort den Raum, Deutscher!", brüllte er mit
überschnappender Stimme weiter, „oder ich lasse Sie hinaus-
schaffen. Raus, raus, raus!"

Cheyenne hatte sich auf den Nachbarstuhl gesetzt und
meine Hand genommen. Ich stand auf und küsste sie ins
Haar:

„Ich gehe und spreche mit dem Educatore und bin sofort
wieder zurück."

Der Oberguarda Fontes stand noch immer napoleongleich,
mit ausgestrecktem Arm und Finger aus dem Glaskasten hinaus ins Nirwana weisend, in der Tür und hörte nicht auf „Vai,
vai, vai!" (Raus, raus, raus) zu brüllen. Mit der verzweifelt
unterdrückten Wut des Ausgelieferten ging ich konzentrier-

ten Schritts an ihm vorbei und blitzte ihm auf Deutsch zu „Spiel noch ein bisschen mit deinem Schlüsselbund, Scheißgesicht, ich bin gleich zurück." Auf der Treppenplattform stand die gehässige Pferdegebiss-Beamtin und grinste zufrieden. Ich stürmte in das Büro des Vorgesetzten General Guardas und schilderte ihm die Situation. Der General Guarda, völlig verunsichert, faselte etwas von Geduld und der Prüfung der Situation zu einem späteren Zeitpunkt. Auf mein Drängen hin kam er jedoch mit hinaus auf die Plattform, wo mittlerweile drei Guardas, unter ihnen die pferdegebissige Vogelscheuche, standen. Die beiden anderen Beamten nickten mir hilflos die Achseln zuckend zu, während die Vogelscheuche geiferte:

„Sie haben sich in den Arm genommen! Ich habe es genau gesehen! Das ist verboten! Das ist gegen die Vorschrift! Ich habe es genau gesehen!"

Der General Guarda beschloss, sich dem Problem zu entziehen, und verschwand wieder in seinem Büro, während ich mir den Kachelzellengang aufschließen ließ und zum Educatore hineinstürzte. Jener verbarrikadierte sich ebenfalls hinter leeren Floskeln, Gebirge von Arbeit und dem launigen Hinweis, doch eine Beschwerde zu schreiben. Ich hastete weiter zur Sozialarbeiterin, die mich mit abwehrend erhobenen Armen und dem schon vertrauten „Ich kann nichts machen, außerdem habe ich genug eigene Probleme" gleich wieder verabschiedete.

Als ich endlich die Sinnlosigkeit meiner Bemühungen erkannte und auf den Kachelzellengang trat, war die Gittertür zur Treppenplattform verschlossen. Keiner der Guardas, die nun im Kachelzellengang wie auf der Treppenplattform versammelt waren, wollte mir das Gitter öffnen. Es wagte auch keiner, mich aufzufordern, meine Zelle aufzusuchen. So stand ich, bebend vor Wut und mit den Händen die Stäbe umklammernd, an der Gittertür und hoffte, dass Cheyenne auftauchen würde.

Nach einer Weile erschien sie auf der Treppenplattform, schaute sich suchend um und kam direkten Schritts, durch die Guarda Ansammlung hindurch, auf mich zu.

„Reiner, ich habe auf dich gewartet. Sie haben mich einfach dort sitzen lassen und keiner hat mir etwas gesagt. Was ist passiert?! Haben sie dir etwas getan?!"

„Nein, Engelchen, mach dir keine Sorgen. Sie wollen den Abbruch nicht rückgängig machen und versuchen jetzt ihre Macht zu demonstrieren, obwohl sie alle völlig verunsichert sind und selbst dieser Salazar Guarda weiß, dass er zu weit gegangen ist."

In diesem Moment wurde Cheyenne von der Vogelscheuche aufgefordert, im Namen der Anstalt das Gefängnis zu verlassen. Bevor ich etwas sagen konnte, drehte sich meine kleine Lusitana um und ging geradewegs auf den Oberguarda Fontes zu.

„Ich möchte Ihren Namen und Dienstgrad", stellte sich die zierliche Prinzessin vor den vierschrötigen, zwei Köpfe größeren Beamten und zückte ihr schwarzes Notizbüchlein. Der Oberguarda Fontes wandte sich verunsichert ab und zeigte ihr seine Seite. Die lusitanische Prinzessin ließ sich nicht beirren, sondern ging um den verunsicherten Staatsbeamten herum, tippte in der Luft auf das Namensschild an der Uniform und buchstabierte laut „F-O-N-T-E-S", bevor sie den Namen sorgfältig in ihr Büchlein eintrug. Die meisten der umstehenden Beamten grinsten verstohlen.

„So, und jetzt Ihr Dienstgrad", forderte Cheyenne den Beamten auf, der weiterhin verstockt schwieg. Sie wandte sich an die rundum lauernden Guardas.

„Er ist doch verpflichtet mir seinen Dienstgrad zu nennen?!", fixierte sie einen der Schließer, der nach einem Moment des Zögerns widerstrebend nickte.

„Also", wandte sich Cheyenne wieder dem Oberguarda Fontes zu, „Ihren Dienstgrad bitte!"

Fontes, der sich flackernden Auges wieder abgewandt hatte, gleichzeitig aber wie gelähmt in der Mitte der Treppenplattform stehenblieb, schwieg beharrlich weiter.

„Also, Senhores, sein Dienstgrad", schaute das Engelchen hartnäckig in die Runde der ebenfalls in steifes Schweigen verfallenen Guardas, die zerrissen schienen zwischen Schadenfreude und einem Gefühl tiefen Unwohlseins.

„Hauptmann", erbarmte sich endlich einer der Schließer seines Vorgesetzten. Cheyenne notierte den Dienstgrad laut buchstabierend in ihr Notizbüchlein.

Daraufhin kam meine Wölfin des Himmels zu mir ans Gitter geeilt und küsste meine Hand, die den Gitterstab umklammerte, während ich mit der anderen Hand ihre Wange streichelte.

„Reiner, wir schaffen das alles, ja?!", küsste sie mich mit

warmen Fohlenlippen auf den Mund, „lass dich nicht von ihnen provozieren, am Ende haben wir doch gewonnen."

Ich nickte in stiller Zärtlichkeit. Sie drehte sich um und stieg aufrechten Gangs, ohne einen der noch immer wartenden Beamten eines Blickes zu würdigen, die Treppe hinunter. Ich schaute ihr mit träumerischem Lächeln nach, bis sie aus meinem Blickfeld verschwunden war. Dann drehte ich mich zu den wartenden Guardas im Kachelzellengang um.

„Ok, Jungs, gehen wir."

Beim nächsten „normalen" Besuch wartete ich mit düsterer Ahnung vor dem Gitterloch, hinter dem zwitschernd Cheyenne stand. Sie strahlte mich an und die Worte sprudelten aus ihr heraus, stolz und aufgeregt. Nachdem Cheyenne wie ich einen ausführlichen Beschwerdebrief geschrieben hatten, rief sie die Senhora Directora an. Sie führten ein halbstündiges Wortgefecht, in dem sich die Gefängnisdirektorin hinter Sarkasmen („Reiner ist doch ein großer Junge, ich denke, er kann sich selbst verteidigen") und Gefängnisregularien („Es wird eine Untersuchung geben, alle Seiten werden gehört werden und auf der Basis wird eine Entscheidung getroffen werden") verschanzte. Am Ende verlor die Direktorin dann doch die Contenance, als Cheyenne sie darauf ansprach, warum man mir, wenn denn alles so gründlich nach Vorschrift gehe, seit über vier Monaten den Kontakt zur deutschen Botschaft verweigere. Donna Directora, obwohl doch ein großes Mädchen, wurde nervös und beeilte zu versichern, dass sie sich des Problems sofort und persönlich annehmen würde.

Voll stolzer Zärtlichkeit schaute ich die Prinzessin an und

fühlte gleichzeitig wie unaufhaltsam eine dunkle Flut aus dumpfem Schmerz, verzweifelter Trauer und unentrinnbarer Vorahnung in mir aufstieg.

Am nächsten Morgen wurde ich zum Educatore gerufen: „Herr Laux, sie werden in einer Stunde zur Auslieferung an den Flughafen gebracht. Ich muss Sie bitten sich zu beeilen und Ihre Sachen zu packen."

Ich sollte Cheyenne drei Jahre nicht mehr sehen, da uns die deutschen Haftanstalten eine Besuchs- ebenso wie eine Telefongenehmigung verweigerten. Als wir nach drei Jahren endlich eine Besuchserlaubnis erhielten, kam Cheyenne aus Lissabon nach Köln, um mir im Besuchsraum von Angesicht zu Angesicht mitzuteilen, dass sie sich nicht mehr als meine Freundin sehen und sich nach einer neuen Liebe umschauen würde. Ich empfand alle Liebe und Achtung für sie, während es mir das Herz zerriss.

Erst Jahre später in Freiheit erzählte mir Cheyenne die Vorgeschichte des Besuchs (Sie hatte mich während des Besuchs nicht damit belasten wollen). Wie ich wusste, hatte mein Anwalt die Besuchserlaubnis beantragt. Obwohl Cheyenne die Genehmigung hatte, wies man sie am Gefängniseingang ab und schickte sie zurück zum Landgericht ins Zentrum Kölns, um eine schriftliche Bestätigung einzuholen. Im Landgericht erlebte sie überall Unfreundlichkeit, verbunden mit dem unausgesprochenen Vorwurf, dass sie zwar 5 Sprachen beherrsche, aber nicht die deutsche. Wieder zurück im Gefängnis ließ man sie zunächst im Eingangsbereich auf dem

Gang stehen. Auf ihre wiederholte Frage, wo lang sie gehen müsse, reagierten die Schließer mit aggressivem Geschnauze, ebenfalls empört darüber, dass sie der heiligen teutonischen Sprache nicht mächtig war, die sie selbst bekanntermaßen nur recht unzulänglich beherrschten. Das Goldkind, das ohnehin unter starkem Druck stand und sich behandelt fühlte wie eine verachtungswürdige Gefangene und nicht als Besucherin, ließ sich nicht aus der Fassung bringen.

„Ich verstehe kein Deutsch. Können Sie vielleicht in einer anderen Sprache – in Englisch, Französisch, Portugiesisch, Spanisch oder Italienisch – mit mir sprechen?", fragte sie auf Englisch.

Als Antwort erneutes Geschnauze, das mir Cheyenne lautmalerisch, in den kehligen, militaristisch aggressiven Stößen demonstrierte, wie sie schon der große Charly Chaplin im „Großen Diktator" so grandios umgesetzt hatte: „Rchzetz! Lchzrinkz! Chrzetheutz!"

„Ich verstehe Sie nicht", schaute Cheyenne die Gefängniswärter fest an. „Wenn Brüllen eine Sprache wäre, könnte ich Sie verstehen, aber Brüllen ist keine Sprache."

Damit marschierte das portugiesische Prinzesschen einfach los und öffnete noch so manche unzulässige Bürotür, bis sie endlich im Besuchsbereich angekommen war.

„Reiner", sagte sie mir in diesem Gespräch 2006 in Lissabon, „ich hasse dein Land, ich hasse die verbiesterte Mimik, ich hasse die Sprache, ich hasse alles was mich an dein Land erinnert. Ich habe seitdem ein Trauma und bin jedes Mal voller Beklemmung, wenn ich Deutschland zu den psychologischen Kongressen betrete." Diejenigen die sie so behandelten, seien auf ewig verflucht.

In den deutschen Gefängnissen, in denen Besuche natürlich viel seltener und in der U-Haft auch nur kontrolliert möglich waren, besuchte mich mein einzig verbliebener deutscher Freund Jonny unregelmäßig alle paar Monate.

So wie ich mich in der Lissabonner Massenzelle täglich gegen alle äußeren Widerstände viele Stunden „freizuschreiben" versuchte, nutzte ich auch in den deutschen Gefängnissen die Zeit dazu. Da ich in der deutschen Einzelzelle den unaufhörlichen Geräuschattacken von allen Seiten umso nackter ausgesetzt war, als ich als völlig Mitteloser weder Musik- noch Fernsehgerät hatte, begann ich mich dagegen zu wehren, indem ich beim Schreiben gegen den Lärm ansang („Death don`t have no mercy"/Gary Davis, „Chimes Of Freedom"/Bob Dylan, „Gimme Shelter"/Rolling Stones). Manchmal, wenn ich mit besonderer Hingabe schrieb und nicht merkte, dass einmal Ruhe um mich herum eingekehrt war, erhielt ich sogar Applaus und „Zugabe"-Rufe aus den Nachbarzellen, die jedoch meist schnell von Pfiffen und „Aufhören"-Gebrülle übertönt wurden. Als genuiner Bluesmann erlebte ich den Blues, der ja einst aus den Ketten der Gefangenschaft aufstieg, nie authentischer als an diesem Ort.

Ich war in meinem ersten deutschen Knast in Hessen in völliger Isolation, da ich in den ersten Monaten überhaupt keinen Besuch bekam. Dafür aber regelmäßig von den Schließern, die mich täglich unangekündigt, zwecks einer schikanös akribischen Zellen- und Körperkontrolle, aufsuchten. Außerdem wurde mir aufgrund der restriktiven Totalüberwachung („Aus Sicherheitsgründen") der Zugang zu den hier angebotenen Sport- und Kulturgruppen verwehrt. Vor allem aber aufgrund der Isolation vor Cheyenne, die ich in der Auslieferungshaft wenigstens zweimal wöchentlich beim Besuchstermin gesehen hatte und die ich auf Jahre nicht mehr sehen sollte, war ich in eine dumpfe kalte Leere gefallen und wusste, ich musste diese vergewaltigende Gefangenschaft organisieren, strukturieren und perspektivieren und die entwickelten Perspektiven konsequent umsetzen („Der längste Weg beginnt mit dem ersten Schritt", Konfuzius). Zunächst hörte ich mit dem Rauchen auf und betrieb täglich ein ausführliches Gymnastikprogramm. Neben den langen Briefen an Cheyenne begann ich, verschiedene literarische Ideen umzusetzen. Ich bestellte mir bei der wöchentlichen Bücherausgabe rund 50 Bücher und begann wieder zu lesen. Da das intellektuelle Interesse, wie in allen Gefängnissen, auch in dieser Anstalt gegen Null tendierte, konnte ich problemlos Lexika, Atlanten und Fotobände auf meiner Zelle horten. Zum einen zur Information, zum anderen zur Inspiration und Lebendighaltung sinnlicher Imagination. Zudem fing ich wieder an, an meinem Portugiesisch zu arbeiten. Vom Bücherwart, der auch Essensträger war, ließ ich mir täglich mit der Kostausgabe die „taz" und die „Süddeutsche Zeitung" in die Zelle liefern. Ich schrieb ihm dafür Liebesgedichte für sein Mädchen.

Nach sieben Monaten im Gießener Gefängnis bekam ich endlich Zugang zu den Sport- und Kulturgruppen. Ich spielte

Tischtennis, Volleyball und Fußball – Joggen konnte man während der täglichen Freistunde in dem engen, überfüllten Betonhof nicht – und nahm an allen Kulturgruppen teil. In der Seidenmalereigruppe gestaltete ich farbige Seidenschals, die ich Cheyenne nach Rio de Janeiro und Lissabon sandte, entwickelte in der Malgruppe kleine Plastiken und Collagen für sie und arrangierte mit der Kunst- und Theatergruppe für die von der Gruppe organisierte Weihnachtsfeier ein melancholisch satirisches Gorki-Stück, das ich für Cheyenne ausgesucht hatte. Bevor wir es an beiden Weihnachtsfeiertagen zu der Musik von Madre Deus im großen Bet- und Veranstaltungsraum zur Aufführung brachten, hatte ich, im Schneidersitz und einem „Leckt mich alle"-Zungen-Stones-Shirt auf dem Altar des Saales sitzend, der versammelten Gefangenenschaft ein sozialkritisch-sarkastisches Weihnachtsmärchen gegen den deutschen Rassismus vorgelesen und mir vorgestellt, ich würde es Cheyenne vorlesen.

Im Januar führten wir ein bitterböses Antikriegsstück auf, in einer Reihe vor dem Häftlingspublikum aufgestellt. Ich hatte sie als Parabel auf das Knastleben entwickelt und erweiterte während der Vorführung meinen Part zu einer improvisierten Publikumsbeschimpfung.

„Wollt ihr ewig Sklaven sein, die sich gegenseitig wie Kampfhunde das Rückgrat herausreißen, anstatt die Ketten zu zerfetzen und die anzufallen, die sie führen", schrie ich meinen lieben Mitgefangenen in die verblüfften Gesichter, was zu einer irritierten Unruhe auch unter den Beamten führte. Ein bis zum Hals hoch tätowierter Hüne sprang auf und rief in die Runde:

„Meint der Lutscher uns?! Hawwe se dem ins Gehirn geschisse?! Wes glaubt de, wer er iss?!"

„Alter", besänftigte ihn „Wiesel", ein schmächtiges, umtriebiges Bürschchen, das in fast allen im Knast laufenden Tauschgeschäften seine windigen Finger stecken hatte. „Alter, mach ruhig. Des iss Kunst! – Kunst, Alter. Des verstehste net."

„Na gut, Wiesel, aber ich lass misch net verarsche", setzte sich der Schrank wieder.

Im Kölner und Remscheider Knast lief ich in jeder Freistunde meine einsamen Joggingrunden. Ich liebte die innere Emigration und Einsamkeit des Langlaufs, liebte ihn als körperlichen und mentalen Befreiungsakt auf Zeit, in dem ich über die Bewegung und die physische Grenzerfahrung die ständig würgende innere Spannung des Gefangenseins für eine Zeit lang lösen konnte. So war es mir möglich, die Gedanken zu klären, zu ordnen und einen heilsamen Abstand zu mir und meiner Situation zu erlangen, wie ich ihn sonst nur im Akt des Schreibens erreichen konnte.

Ich lief in den 7 ½ Jahren Gefangenschaft hochgerechnet einige 10.000 Kilometer. Ich lief und lief und lief – durch Sonne, Regen, Hagel und Schnee, durch die Jahreszeiten und die Jahre, begleitet vom Gezwitscher der Singvögel, dem Geschnatter der Enten, dem Gekreisch der Möwen und dem Gegurre der Tauben wie den einsamen Winterschreien der Krähen.

Im Kölner Knast spielte ich in der Fußballgruppe und machte dort 1998 in einem einmaligen Pilotprojekt aus Gefangenen und externen Teilnehmern den DFB-Jugendtrainerschein. Ich leitete die dortige Volleyballhausmannschaft und wurde bald Spielführer der Tischtennis-Mannschaft des Kölner Gefängnisses, die wiederholt Vergleiche mit auswärtigen Mannschaften bestritt.

Nichts war endloser, nie hörte der Gefangene die Zeit langsamer, unerträglicher und sinnloser zwischen seinen Augen vertropfen wie an den Wochenenden und wenn die ersten wärmenden Sonnenstrahlen durch die Gitter krochen und den kommenden Frühling ankündeten. Im Frühling und Sommer, wenn natürlich auch im Knast die Hormone Kapriolen schlugen und die Gefühlsverwirrung schmerzhaft zunahm, ohne dass die Mauern ihr kaltes Schweigen unterbrachen, war die Gefangenschaft und der Verlust von unwiederbringlicher Lebenszeit am unerträglichsten. Ebenso an bestimmten Tagen, die für viele Menschen, und natürlich auch für Häftlinge eine besondere Bedeutung haben – an Weihnachts-, Geburts- oder besonderen Erinnerungstagen. Für mich war die Silvesternacht immer die qualvollste eines jeden Jahres im Knast, wobei meine erste in der Lissabonner Auslieferungshaft auch die Fürchterlichste war:

Ein feuchter bleierner Silvestermorgen quoll langsam durch die Gitterstäbe der portugiesischen Massenzelle und vereinigte sich mit den nackten Neonstrahlern zu einem fahlen Totenlicht, als mich nach kurzer Ruhe das schrille allmorgendliche Weckritual, welches aus dem auf Höchststärke gedrehten Fernseher bestand, aus traumlosem Schlaf schreckte. Während des Hofgangs begann es wieder leicht zu regnen. Ich genoss die Momente, allein in dieser bleiernen Himmelsschlucht durch die herabfallenden Tropfen zu laufen, das Gesicht dem eingepferchten Himmel entgegengestreckt, während sich die anderen Gefangenen am Eingang drängten und um Einlass pochten.

Zum Mittagessen wurde zur Feier des Tages der Napf Wein angeboten, den ich, wie schon an Heiligabend, wieder ablehnte. Der Nachmittag tropfte grau und zähflüssig durch die Zelle. Bis auf diejenigen, die Besuch bekamen, lagen alle Gefangenen auf den Betten, schauten Fernsehen, dösten oder schliefen. Ich lag wie gelähmt auf dem Bett, während Bilder, Stimmungen und Klänge meiner Jahre in Portugal wirr durch meine Erinnerung wirbelten und am Ende in Cheyenne, so wie in einem wild pochenden Herzen, zusammenflossen.

Ich sprang von der Pritsche, um nicht in lähmendem Selbstmitleid zu ersaufen, und setzte mich voll verbissener Wut an meinen Schreibtisch. Dort begann ich Cheyenne eine kleine Straßenerzählung zu schreiben; eine bizarr amüsante Episode aus dem reichen Geschichtenfüllhorn meiner langjährigen Trampfahrten. Nach dem Abendessen und der vorgezogenen Zellenputz- und Wasserschlacht schrieb ich weiter.

In der Zelle hatte sich eine brodelnde Unruhe ausgebreitet, die sich unaufhaltsam steigerte, angepeitscht durch dümmlich lärmende Silvesterabend-Sendungen, die auf die Jahresscheide zuzusteuern schienen wie auf einen noch nie erlebten Megaorgasmus. Um 23 Uhr musste ich mit dem Schreiben aufhören. Die Unruhe in der Zelle hatte sich zu einem Tumult entwickelt. Die Gefangenen schrien wild durcheinander in einem Portugiesisch, das ich, bis auf die allgemeingültigen Schimpfworte, glücklicherweise nicht mehr verstand. Sie stampften wirr wie orientierungslose Kampfstiere durch unsere 35-qm-Arena, rempelten einander an, begannen halbstarke Scharmützel und warfen dazu mit allem aufeinander, was ihnen in die Finger kam.

Ich hatte am Ende an meinem Schreibtisch gesessen, mit der Rechten schreibend und vorbeistolpernde Gefangene wegstoßend, mit der Linken den Wurfhagel abwehrend. Dazu zischte ich wie eine gereizte Klapperschlange und brüllte wie ein eingekreister Wikinger auf dem Weg zu Odin. Nun stand ich mit dem türkischen Aide und dem nigerianischen John an einem Bettenturm und betrachtete in dumpfer Unruhe die Szene. Immer mehr Gefangene brüllten nicht nur ziellos durcheinander, es brachen auch immer mehr in hysterische Lachanfälle aus, die letztendlich in einem beliebten Zellenkonzert gipfelten: Die Gefangenen begannen Tiere nachzuahmen. Der eine blökte wie ein Schaf, ein anderer krähte wie ein Hahn, ein dritter machte den Hengst, wieder ein anderer war ein Esel, der nächste grunzte wie ein Schwein, Porky, unser korrupter Zellenältester, brüllte den wilden ungezähmten Löwen. Auch dieses Konzert gewann immer mehr an hysterischer Fahrt, wurde immer lauter und schriller, bis die Affenschaukel überkippte und alles in einem unartikulierten Brüllen, Grunzen und Stöhnen endete, das ich auch den niedersten Tiergattungen nicht mehr zuordnen konnte. Auch die anderen Massenzellen hatten sich nicht lumpen lassen und waren in das Konzert eingestiegen, so das es von drei Seiten auf den leeren Hof hallte und an der dunklen Wand des Polizeigebäudes abprallte.

Als es nur noch wenige Minuten bis zur Jahreswende waren, stellte ich mich allein an das eine Gitterfenster und schaute hinaus in die nasse schwarze Nacht. Die dumpf wühlende Verzweiflung in mir, die keinen Ausgang fand, schien sich zu einem hungrig grinsenden Tier auszuweiten, das sich langsam durch mein Inneres fraß. Ich hatte das Gitter mit beiden Händen fest umklammert, meinen Kopf zwischen die Stäbe gedrängt und ihn dem kleinen schwarzen Fetzen Himmel entgegen gereckt. Ich konzentrierte alle meine Energie auf Cheyenne und sandte ihr all meine Energie, meine Kraft und Liebe, als der Sturm um mich herum losbrach. Die Gefangenen brüllten wie tobsüchtig durcheinander. Stühle wurden gegen Bettgestelle geschmettert, Tische durch den Raum getreten, Bettmatratzen, mit allem darauf, auf den Boden geschleudert, brennende Kleidungstücke und Bettwäsche in den Hof geworfen. Trauben brüllender Gefangener ratschten dazu klappernd, ebenso wie in allen anderen Zellen, mit dem metallenen Kochgeschirr an den Gittern der beiden anderen Fenster entlang.

Ich stand allein mit Cheyenne an meinem Eckfenster. Bob Dylan`s „Knocking On Heaven`s Door" hallte einsam durch die Stille meines Kopfes: „Angel, wipe the blood from my face, I can`t see through it anymore". So sehr ich das kleine Himmelsschwarz nach unserem Stern zu durchdringen suchte, blieb es doch nur ein dunkles wolkenverklebtes Loch in der Nacht. Von schwermütiger Sehnsucht zerrissen starrte ich durch die Gitter in die schwarze Leere. Ich hatte mich in meinem Leben, mehr oder weniger aufrecht, schon durch so manchen Kreuzweg geschleppt, doch diese Silvesternacht wurde, wie erwartet, die höllischste Nacht meines Lebens.

Aide kam zu mir und auch die anderen riefen mich. Alle hielten sich jetzt im Arm, schüttelten einander die Hand, klopften sich auf die Schulter, lachten und wünschten sich ein „Frohes Neues Jahr". Ich lächelte sie dankbar an, denn sie hatte mich am Eckfenster mit Cheyenne in Ruhe gelassen. Ich wünschte ihnen allen ein „Frohes Neues Jahr" und hätte mich am liebsten gleich wieder in die Gitter verkrochen. Doch wurde jetzt ein Neujahrsbuffet angerichtet, wie ich es an einer solchen Örtlichkeit nicht erwartet hätte. Alle Gefangenen, die etwas übrighatten, legten es auf die Tische. Ungefähr die Hälfte der Gefangenen konnte etwas beisteuern und tat das auch freigiebig, wobei Porky, der heute Nachmittag mit einem ganzen Container voller Lebensmittel vom Besuch zurückgekommen war, den bei weitem größten und auch kostbarsten Teil über die Tische ausbreitete. Neben Kuchen, Keksen, Chips und Obst von uns anderen stellte er eimergroße Schüsseln auf den Tisch, gefüllt mit sahnigen Shrimps, geröstetem Fisch, frittierten Tintenfischringen, rot gekochten Hummerstücken, zarten Schweinelendchen, pikanten Hähnchenschenkeln, gegrillten Rindersteaks, dazu die verschiedensten Salate, Soßen und Säfte. Alle waren eingeladen und für kurze Zeit legte sich eine fröhlich ausgelassene Harmonie über die Zelle, die mir das Herz nur noch schwerer machte.

Ich sah wie die Stimmung in der Zelle langsam wieder umkippte. Am frühen Abend erwacht aus einem lähmenden Dämmerzustand, hatte sie sich zu einer immer stärker anschwellenden trampelnden Unruhe hochgeputscht, die im Moment der Jahreswende in einer Stampede explodiert war. Nach dieser Entladung war sie eingeschwenkt in ein Fahrwasser entspannter gemeinschaftlicher Solidarität und Harmonie, die sich jetzt allmählich auflöste und in ein Stadium individueller Verinnerlichung überging. Die Gefangenen zogen sich langsam auf ihre Pritschen und auf sich selbst zurück und hingen ihren einsamen Gedanken an ihre Familien und die Freiheit nach. Ich war überrascht, da ich eine lange, laute Nacht befürchtet hatte, doch um 1.30 Uhr war die Zelle, ebenso wie die Nachbarzellen, still.

Ich sprang auf den Tisch, drehte die Neonleuchte aus der Fassung und stellte mich wieder an das nächtliche Gitterfenster. Die Schauer fielen in müder Schicksalsergebenheit in den Hof, durch das alles obszön ausleuchtende Kontrolllicht zu nackten, transparent gläsernen Fäden entblößt. Selbst der Regen schien in dieser anonymen Totenwelt von der totalen Kontrolle erfasst, seines poetischen Geheimnisses entkleidet und bis ins letzte durchdrungen. Ich steckte mir eine Zigarette an der anderen an und schaute dem Rauch nach, wie er sich im Neonlicht vor dem Gitter zu kalt glitzerndem Goldstaub verflüchtigte.

Die Bilder von Cheyenne, allein in dieser Silvesternacht, die unser großes Liebesfest werden sollte, zerschnitten mich und ließen mich in jämmerlichem Schmerz vor mich hin bluten, ohne dass ich mich dessen erwehren konnte. Eine wahnsinnige Wut und Beklemmung überkam mich und ich begann keuchend an den Gitterstäben zu reißen, ohne dass sie sich auch nur einen Nanometer rührten. Das wilde, verzweifelte „Horse Latitudes" der Doors, die wahnsinnige Angst ertrinkender Konquistadoren-Pferde tobte tief in meiner Magengrube. Gleichzeitig fühlte ich mich so elend wie ein herrenloser Straßenhund, der in einen vollen, stinkenden Hundefängerzwinger geworfen ist. Voll Ekel empfand ich meine vergewaltigte Existenz als nichts als eine entwürdigende Last. Beklommen dachte ich an Rilke Gedicht „Der Panther". Ich sollte noch oft daran denken.

Ich schloss die Augen und versuchte in das Regenrauschen einzutauchen. Das geliebte „Riders On The Storm" der Doors tauchte aus den Tiefen des Bewusstseins auf, brandete durch meinen Kopf und verebbte wieder. Der „Ship Song" von Nick Cave, Cheyennes und mein gemeinsames Liebeslied, schwoll langsam in mir an und summte wehmütig über meine Lippen. Ich legte mich in mein Pritschengrab und dämmerte in einem halbwachen Elendszustand voll brodelnd, dumpfer Unruhe auf der Schneide zwischen Albtraumtraum und Albtraumwirklichkeit dem Morgen entgegen.

So wie gerade der Frühling und besondere Jahrestage den Freiheitsentzug und den Verlust von Lebenszeit für den Gefangenen noch unerträglicher werden lassen, so wird dieser Freiheitsentzug auch in den Momenten noch schmerzhafter und bewusster wahrgenommen, in denen er einen unverstellten Blick auf die Freiheit und das Leben werfen darf, von dem er ausgeschlossen ist: Nach über 4 Monaten portugiesischer Auslieferungshaft wurde ich zum letzten Mal aus der geschlossenen Gefängniskapsel der Massenzelle geholt und zum Lissabonner Auslieferungsgericht gefahren. Welche kurzen Momente explosiver sinnlicher Entgrenzung in überwachter Handschellengefangenschaft. Im äußeren Gefängnishof wurde ich von zwei Guardas in einen blechgrauen, klapprigen Gefängnistransporter vom Format einer größeren Kastenente verfrachtet. Sie legten mir Handschellen an und ließen mich hinten in den Blechkasten steigen, während sie es sich im Führerhaus bequem machten. Der schmutzige Blechkarton hatte eine knappe Bank, einen stinkenden blechernen Urinier-Trichter und dünne Atemschlitze, durch die spärliches Licht in den fahrbaren Käfig fiel. Während der Fahrt verrenkte ich Kopf und Augen, um einen Blick auf mein geliebtes Lissabon und die Freiheit zu erhaschen. Gierig saugte ich Licht, Farben, Töne und Gerüche auf, die durch die engen Schlitze zu mir drangen.

Wie schon mit den Kripobeamten am ersten Tag der Auslieferungshaft hielten wir auf dem Parkplatz vor dem Lissabonner Rathaus. Wieder mussten wir über den Rathausvorplatz gehen und die stark frequentierte Rua do Arsenal überqueren, auf deren anderer Seite das Auslieferungsgericht lag. Als ich aus dem engen dunklen Gefangenentransporter stieg, stürzte ein blendender Schwall rotgoldblauen Lichts über mich herein, durch den ich mich erst einmal vorsichtig tasten musste. Ich stand in der Mitte des Platzes, die Handschellenhände vor dem Bauch wie zum Gebet gefaltet, und reckte mein Gesicht hoch in die blaue Lissabonner Luft, in der sich schon summend der Frühling ankündigte. Die Menschen eilten an mir vorüber und wieder schien niemand meine Fesselung wahrzunehmen.

Meine ausgehungerten Sinne explodierten als ich in die frühlingswarmen Gesichter der Portuguesas schaute und ihren grazilen Rehkörpern folgte, wie sie im Rhythmus ihrer Schritte vibrierten. Durch meinen Kopf brandete Blind Faith' „Sea of joy". Und ich hätte in heiliger Andacht niederknien können angesichts dunklen Locken-Geloders, das harmonisch mit heiteren Sommerkleidern und warmen Fetzen hellen Glockenlachens in der atlantischen Brise flatterte, die vom Tejo her durch die Straßenschluchten strich und auf ihren Schwingen salzigen Meergeruch mit sich führte. Meine Sinne waren so animalisch sensibilisiert, dass ich sogar glaubte, den verzaubernden, warm feuchten Duft aufnehmen zu können, der der Haut der Portuguesas entströmte. Doch gab mir dieses explosive Fest der Sinne nichts anderes als die sinnliche Idee von Cheyenne, nach der ich mich in diesem Moment nur noch mehr verzehrte.

Als wir die Straße überquerten, drang mir ein Schleier von Düften aus getrocknetem Stockfisch, von Röstkaffee, Datteln, Nüssen und Oliven in die Nase, der den dunklen, vollgestopften Ladenhöhlen der Rua do Arsenal entströmte und mich an glückliche Tage in Freiheit, auf aufregenden Streifzügen durch die durchdringende Helligkeit und besinnlich düstere Schattigkeit meiner weißen Stadt erinnerte. Dann verschwand ich in den schummrigen, nach poliertem antikem Holz riechenden Gerichtsräumen.

Arbeitszeit. Die Zeit im Knast soll der Gefangene nach offizieller Vorgabe nutzen, um auch über Arbeit und Ausbildung auf ein straftatenfreies, selbstbestimmtes Leben in Freiheit vorbereitet zu werden. Natürlich geschieht das nur in den wenigsten Fällen. In dem großen Strafhaftknast mit über 600 Häftlingen in Remscheid, in dem Arbeitspflicht herrschte, gab es einige wenige Ausbildungslehrstellen in einer Tischlerei und einer Schlosserei. Außerdem absolvierte ein Gefangener ein Fernstudium. Neben den üblichen Jobs in der Gefangenendienstleistung (als Hausarbeiter, in der Küche, der Bücherei, der Wäscherei, der Kammer, der Sanitätsabteilung) gab es hier mehrere Werkbetriebe, in denen Hunderte von Gefangenen in Akkordarbeit Kinderspielzeug herstellten. Außerdem gab es noch die Möglichkeit der Zellenarbeit, in der man im Akkord Umschläge falten konnte („Tüten kleben"). Selbst diese stumpfsinnigen Jobs machten allerdings Sinn. Viele Gefangene erlebten und lernten erstmals in ihrem Leben, morgens zu fester Zeit aufzustehen, in einem durchstrukturierten Tagesablauf zu arbeiten, damit Geld zu verdienen und abends die Befriedigung zu erfahren, die auch eine schlichte Arbeit auslöst.

Aufgrund meiner Fremdsprachkenntnisse und der Einschätzung meiner Persönlichkeit bekam ich einen der fünf begehrten Vertrauensjobs auf der Kammer, durch die alle Zu- und Abgänge gingen. Dort war nicht nur die verplombte Habe deponiert, die die Häftlinge nicht mit auf die Zelle nehmen durften. Hier waren alle für das Gefängnisleben notwendigen Gebrauchsgegenstände gelagert, von der Knastkleidung über Geschirr bis zu Reinigungs- und Toilettenartikeln, und warteten auf ihre Ausgabe durch uns Kammergefangene. Als Kammergefangener gehörte man im Knast zur Elite und war bei Häftlingen wie Beamten äußerst beliebt, da jeder irgendwann mal etwas von der Kammer haben wollte. Außerdem versuchten immer wieder Gefangene, uns Kammerarbeiter zu bestechen, Dinge aus der verplombten Habe herauszuschmuggeln oder alte abgetragene Kleidungsstücke gegen neue an den Beamten vorbei auszutauschen. Zurückkehrende Hafturlauber versuchten zudem uns zum Hereinschmuggeln verbotener Gegenstände (Handys, Drogen, Geld) zu „überreden". Manche Kammergefangene ließen sich bestechen, ich hatte das Prinzip, Bedürftigen gerne mal ein paar neue Sportschuhe, Unterhosen oder ein ungeflicktes Sweatshirt gegen ihre verschlissenen auszutauschen, ohne je etwas dafür zu nehmen. Die Kammerbeamten wussten natürlich von solch harmlosen Unterstützungen und tolerierten sie in wohlwollender Souveränität, während sie jeden Kammerarbeiter bei entdeckten wirklichen Schmuggeleien und eigennützigen Geschäften gefeuert hätten. Ich ließ mich darüber hinaus auf nichts ein, da es immer illegale Luxuswünsche waren, die mich sinnloserweise auch noch meinen Job kosten konnten. Beamte wiederum waren ganz scharf auf die hochwertigen Reinigungsmittel, Fensterleder oder auch mal ein paar kostenlose Arbeitsschuhe für den Hausgebrauch, wofür sie sich fast immer an unsere „Hausratte", den korrupten Kammerarbeiter Röschenheide, wandten.

Ich versuchte nicht nur aus Prinzip korrekt zu sein, sondern auch, weil ich die Souveränität unserer beiden leitenden Kammerbeamten nicht missbrauchen wollte. Beide Beamte sorgten für eine entspannte Atmosphäre und unterstützten uns fünf Kammergefangenen in allen auftretenden technischen Gefängnisalltagsproblemen engagiert und unbürokratisch. Besonders mochte ich den Kammerleiter, einen graumelierten, abgeklärten Grandseigneur, ausgestattet mit spitzer Zunge und einem entwaffnenden Humor, den sich ein jeder Arbeiter auch in Freiheit nur als Boss wünschen konnte. Auch zogen unsere Kammerbeamten eine klare, unantastbare Linie zwischen sich und den Gefangenen, was im Gefängnis nicht immer der Fall ist.

Ich versuchte die verlorene Gefängniszeit zu nutzen: Literarische Selbstvergewisserung, Sport, Einsatz für Mitgefangene oder Kampf gegen die Anstaltsleitungen füllten die Zeit mit Sinn und positiver Energie, hielten mir Mitgefangene und Beamte auf Distanz und mich davon ab, mich in der Knastalltagsmonotonie zu verlieren. Es stärkte mich, indem es mir Bodenhaftung und einen Bezug zu meinen früheren Leben in Freiheit gab, stabilisierte mein Selbstwertgefühl und bewahrte mich davor irrezuwerden, vor allem auch über den unwiederbringlichen Verlust von Lebenszeit.

Hier im Gefängnis, von allem Ballast, allen Banalitäten und künstlichen Ablenkungen befreit, die unsere Seele in

„Freiheit" zuschütten, klärt sich der Blick, wenn man es denn zuließ und die Kapazitäten hatte. Im Gefängnis, wo das Leben stehen bleibt, wurde mir meine eigene Geschichte bewusst. Ich sah, ich bestehe fort nicht nur in dem, was ich bin, sondern vor allem in dem, was ich gewesen bin, worin ich gescheitert bin und was ich verloren habe. Hier im Gefängnis, wo der ewige innere Seiltanz zwischen Licht und Dunkel klarer und ungesicherter war, hier wo man viel nackter die menschliche Natur als den Abgrund begreift zwischen instinktivem Tier und vergeistigtem Menschen, hier wo man sich in aller Vergänglichkeit in der Sisyphos-Sinnlosigkeit einer Sanduhr sieht, in der man nichts gewinnt außer Verfall und dem Verlust der begrenzten Lebenszeit, erinnerte ich mich an die großen Gefangenen (Schalamow, Mandela, Aung San Suu Kyi), die darüber hinausstrebten und zugleich Zeugen der Dunkelheit wie Boten des Lichts wurden. Nun, ich wollte es zumindest für mich sein.

Der Rückzug in die eigenen Traumlandschaften war dabei eine starke Kraft gegen den alles zersetzenden Gefängnisgeist. Zogen die Gedanken, die Sehnsüchte und Traumbilder mit den Wolken, den Heißluftballons und den Kondensstreifen der Flugzeuge, die ich im Kölner Knast durch den Gitterausschnitt verfolgen konnte, wie Schiffe in vertraute Fernen, so blieb mir in den in sich völlig verschlossenen Verliesen in Lissabon, Gießen und Hagen nur der Blick in die eigene Fantasie und Imagination, sowie die Hoffnung auf die Unberührbarkeit meiner wenigen Schlafträume mit Cheyenne in den kurzen Knastnächten.

Als ich ein Kind war, stieß mein 10 Jahre älterer Bruder, der sich gern als unvollständiges Abbild meines zerstörerischen Vaters verstand, gerne mal gehässig auf mich hinunter: „Wenn du die Augen zumachst, siehst du was du bist und hast: nichts!" Er selbst sah mit geschlossenen Augen offensichtlich in ein schwarzes Loch und nahm wohl an, dass es mir genauso ergehen würde. Doch schloss ich die Augen und ich schloss sie in diesen Kindertagen, eingeschlossen in die Zellenödnis einer strangulierenden spießigen Bürgerlichkeit gerne und oft, so stürzten ganze Kaskaden flackernder Bilder und Geschichten in allen erdenklichen Farben und Tönen durch die grenzenlosen Landschaften, die sich hinter meinen geschlossenen Augen auftaten.

So tauchte ich im Gefängnis wieder ein in die inneren Traumlandschaften, Reisen und Abenteuer, die keine Mauern beschränken konnten, und gab ihnen im Schreiben eine Stimme. Außerdem versank ich in den seltenen, sinnlich Schlafträumen mit Cheyenne. Diese zarten Schlafträume, die immer wieder durch das Chaos der Albtraumlabyrinthe brachen, dem man als Gefangener unausweichlich ausgesetzt ist, durchwehten mich wie eine sanfte atlantische Brise, brachten die tiefsten Saiten in mir auf wundersame Weise zum Klingen und ließen alles leuchtender erscheinen, denn sie ließen mich ganz und unangreifbar in mir selbst verweilen.

Eine andere Kraft in diesen betonenen Zellenlandschaften der Gefangenschaft, in denen man den Reizen der Natur fast völlig entzogen war, lag für mich in der verstärkten kreatürlichen Beziehung zu Tieren; war es das Vogelgezwitscher, das an einem Frühlingsmorgen heiter in die Zelle drang, war es ein vor Lebenslust taumelnder bunter Schmetterling, der sich in die Zelle verirrt hatte, waren es die Wildenten, die schliddernd auf dem morgentaunassen Rasen des Kölner Gefängnishofs landeten und sich dabei aufgeregt schnatternd überschlugen oder aber nur die Scheißhausfliege, die wohlig schnurrend über dem Zellenklosett kreiste.

Schon als Kind hatte ich mich vor grobschlächtiger Familie und sadistischen Mit-Kindern in meine Tagträumereien und eine kreatürliche Liebe zu Tieren geflüchtet und sie vor den Sadismen von Familie wie Spielgefährten zu schützen versucht. Tiere, ob nun eine Kuh, ein Grashüpfer oder ein Igel kannten keine Berechnung, keine Niedertracht, keine sadistische Grobschlächtigkeit und waren nicht gewalttätig. Sie waren schön, unschuldig und von einer kreatürlichen Wärme und Vertrautheit, die ich selten bei Menschen empfand (Maxim Gorki: „Nach manchem Gespräch mit einem Menschen hat man das Verlangen, einen Hund zu streicheln, einem Affen zuzuwinken und vor einem Elefanten den Hut zu ziehen.“). Diese kreatürliche Verbundenheit, die ich nie verloren hatte, lebte im Knast, verstärkt noch durch den Entzug von natürlichen Reizen, wieder auf (Francois Villon: „Es ist kein Tier zu klein, als es nicht dein Bruder könnte sein“), zumal an diesem Ort auch noch bedeutend mehr unsympathische Mitmenschen anzutreffen waren als im Leben draußen.

An einem Abend in der Lissabonner Massenzelle stand ich lange am Gitterfenster und starrte schwermütig in den schwarzen Regen, ohne durch die Betonfassaden um mich herum auch nur ein Stückchen Himmel sehen zu können. In der Zelle herrschte relative Ruhe. Hinter mir starrten die Gefangenen größtenteils mit Wagenrad-Augen auf die Mattscheibe. Es waren mal wieder Drogen im Übermaß in die Zelle gelangt. Plötzlich kam ein Vögelchen aus dem nassen Dunkel herangeflogen und setzte sich direkt vor mir auf die Querstreben in das Gitter. Sein Gefieder schillerte in schwarzem Blau und seine Augen leuchteten wie zwei winzige schwarze Perlen. Ich lächelte den Gast an und legte meinen Kopf sanft zur Seite. Der nasse Freund folgte meiner Bewegung und wir schauten uns still an. Ich begann langsam und leise Leonard Cohens „Bird On The Wire" zu singen. Der Piepmatz hörte einen Moment zu, schüttelte fröstelnd sein Vogelgefieder, sodass es einen kleinen Diamantenregen versprühte, machte „chirp" und flog zurück in die Freiheit der nassen endlosen Dunkelheit.

In einer trostlosen Samstagnacht in der Gießener Einzelzelle, in der ich durch Doppelvergitterung und blinde Scheiben überhaupt keinen Blick nach draußen hatte, lehnte ich traurig meinen Kopf in den Tejo-Fluss auf der Lissabonner Stadtkarte an der Wand und schrieb voll inbrünstiger Sehnsucht an Cheyenne, als ein kleines Mäuschen zum Fensterspalt hereingeschlüpft kam. Es balancierte mit vibrierend tastenden Barthärchen über mir auf einer Gitterstrebe und machte sich nach langem Vor- und Zurückwagen über die Brotkrumen her, die ich ihm auf eine Strebe gelegt hatte. Nach einiger Zeit verschwand es wieder in die frische Nachtluft, doch es besuchte mich von nun an regelmäßig. Ich hatte immer ein paar Brotkrumen und Käsestückchen bereitgelegt und bald wurde das Mäuschen zutraulicher, saß auf der Strebe in meiner Augenhöhe und ich unterhielt mich mit ihm über Hölderlin oder las ihm besonders gelungene Formulierungen für Cheyenne vor.

17. Hoffnung, Fantasie und das Wetterleuchten der Liebe vor den Gittern

Es war die verschneite Silvesternacht 2002/2003, mein 7. Silvester in Gefangenschaft. Noch war es früher Abend und ich wartete auf die Nacht der Jahreswende, die immer die fürchterlichste eines jeden verlorenen Jahres war. Am Vormittag hatte ich noch gearbeitet und die Gefangenen, die in den Silvesterurlaub gingen, auf der Gefängniskammer umgekleidet und verabschiedet.

Ich hatte die Zelle schon nach dem Mittagessen, als die anderen Gefangenen ihren Nachmittagsumschluss machten, zum sogenannten Nachtverschluss (bis zum nächsten Morgen) sicherheitsverschließen lassen. Mehrere Stunden hatte ich an einer großen Collage für Cheyenne gearbeitet, die ich ihr niemals schicken würde. Die Winterdämmerung legte sich über das Land. Ich schaute hoch zum Gitterloch. Um die mächtige Gefängnisburg tanzten dicke Schneeflocken. Auf sanften Böen wehten seidig weiße Vorhänge durch das offene Fenster in meinen Kerker unter den Wolken. Ich hockte mit angezogenen Knien auf der Gefängnispritsche, Dylans „Blood On The Tracks" schnarrte vom Band und ich summte und spielte die Mundharmonika dazu, während wilde Bildersplitter von Cheyenne, Portugal und der langen Gefangenschaft durch mein Bewusstsein wirbelten. Unwillkürlich machte ich eine Bestandsaufnahme.

In der Lissabonner Auslieferungshaft hatte ich meine Situation und Möglichkeiten gänzlich verkannt. Ich hatte die Allmacht dieser monströsen Justiz- und Gefängnismaschinerie unter- und meinen und den Einfluss der normativen Kraft des Faktischen und Beweisbaren in dieser Maschinerie völlig überschätzt. Ich hatte alles auf eine Karte gesetzt, jedoch ohne die Regeln des Spiels kontrollieren zu können, hatte alles verloren und drehte mich nun seit vielen Jahren wenig sinnvoll und vom Leben kaum noch erinnert in einer 7 qm-Zelle.

Wie in Lissabon schrieb ich auch aus der deutschen Gefangenschaft vom ersten Tag an täglich viele Stunden Briefe an Cheyenne; offizielle über die Briefkontrolle, die mindestens vier Wochen brauchten und bis zu 2 Monate in der totalen Briefzensur steckenbleiben konnten; und andere, „Piratenbriefe", die ich über Strafhäftlinge beim Besuch hinausschmuggeln ließ. – Es kam kein Kontakt zustande. Ich hatte die Befürchtung, dass meine Briefe von der Mutter abgefangen würden, doch schrieb ich trotzig weiter. Nach 2 ½ Monaten in deutscher Haft kam Anfang Juli 1996 der lang ersehnte Brief von Cheyenne. Sie war über Umwege an die Gießener Gefängnisadresse gelangt. Cheyenne hatte mir die Anschrift ihres besten Freundes Miguel in Lissabon aufgeschrieben, an die ich meine zukünftigen Briefe sandte.

Sie schrieb mir, dass ihre Eltern seit dem ersten Tag der Auslieferungshaft Bescheid wüssten. Ein hoher portugiesischer Polizeibeamter, der mit ihren Eltern befreundet war, hatte jene schon zu Beginn der Auslieferungshaftzeit über meine Inhaftierung und Cheyennes Gefängnisbesuche informiert, infolgedessen ihre Mutter alle meine Briefe, damals in Lissabon wie später aus Deutschland, abgefangen hatte.

Um zu erfahren wohin man mich in Deutschland gebracht hatte, war Cheyenne in Lissabon direkt zur Gefängnisdirektion gegangen und hatte nach meiner deutschen Gefängnisanschrift gefragt. Ebenso wie darauf auch bei der portugiesischen Kriminalpolizei, im portugiesischen Justiz- und Innenministerium und in der deutschen Botschaft hatte man ihr bedauernd mitgeteilt, dass man ihr meine Adresse nicht geben könne, da keine Einverständniserklärung meinerseits dafür vorläge.

Cheyenne und ich schrieben uns von nun an in dem Wissen, dass die Briefe unsere letzte verbliebene sinnliche Nabelschnur waren, die wir mit dem frischen Blut unserer Gefühle, Gedanken, Erlebnisse und Imaginationen füllen mussten, um sie und uns als Liebende am Leben zu erhalten. Natürlich war das Geschriebene oft schon längst wieder überholt, weil die Briefe durch den Zensurstau viele Wochen brauchten, während sich gleichzeitig die fortschreitende Zeit und das Leben draußen nicht aufhalten ließ.

In den folgenden Jahren war der lusitanische Engel immer wieder weltweit unterwegs zu internationalen Kongressen und Workshops. Das lusitanische Engelchen schwebte um den Erdball und mir flatterten immer wieder bunte Karten und Briefe aus ganz Europa, aus Südamerika, Afrika und Asien zum Zellenloch herein, die mich schmerzhaft den Geruch der großen weiten Welt erahnen ließen. Vor allem war ich aber einfach froh, dass es Cheyenne gab und sie in aller sinnlichen Vielfältigkeit des Lebens lebte, so sehr mich ihre Sehnsucht und einsame Trauer um mich auch bedrückte.

Cheyenne war eine 23-jährige Wölfin des Himmels, die ja nicht nur an meiner Lage litt, sondern auch daran dass ich wirklich Banken überfallen hatte. Der Outlaw, der als Zorro-Bankräuber eine Reihe von Kreditinstituten attackiert und somit in meinem augenzwinkernden Verständnis die Zweigstellen kafkaesker multinationaler Ausbeutungszentren angegriffen und eine, wenn auch minimal gerechtere Umverteilung ungerecht verteilter Besitzverhältnisse bewirkt hatte, weckte bei Cheyenne keinerlei romantische Sympathie oder gar Verständnis. Im Gegenteil, sie litt daran, ohne es mir zeigen zu wollen, und stand doch ungeteilt zu mir. Dass ihr Vertrauen in mich ungebrochen war, lag daran dass ich ihr vor meinem Abflug zu meinem letzten Banküberfall gesagt hatte, dass ich ihr nach meiner Rückkehr mein zweites Gesicht (als Bankräuber) mitteilen und es damit hinter mir lassen würde. Das war der Grund gewesen, weswegen sie mich nicht verlassen hatte.

Die weitaus meisten Frauen, und auch jene die den Zorro-Bankräuber zunächst idealisiert hätten, wären verständlicherweise sehr bald gegangen, denn was kann ein hilflos gefangener Mann einer Frau anderes geben als Schmerz, Einsamkeit und unerfüllte Träume.

In Lissabon hatte ich die Gefahr gesehen, dass der Weg der Gefangenschaft, der die einzige Chance für Cheyenne und mich als Liebende gewesen war, uns nach einer zu langen Zeit gerade als Liebende zerstören musste. Und mich sah ich unter dem hohnlachenden Echo shakespearescher Tragikomik, ganz banal und ohne allzu viele Spuren zu hinterlassen, lebendig begraben, während Cheyenne in Freiheit eine andere Liebe und ein anderes Leben finden würde.

All meine Befürchtungen waren eingetreten und hatten selbst meine düstersten Ängste und Vorstellungen übertroffen. Dennoch hatte ich nicht einen Moment einen Zweifel: Die Entscheidung gegen eine Flucht und für Cheyenne und diesen Weg war im Moment ihrer Fällung richtig gewesen, und somit war sie, mit allen Konsequenzen, auch jetzt noch richtig. Es gab nichts zu bereuen.

Ich hockte auf dem Bett und starrte durch den Kerzenschein hinaus in das glitzernde Flockenballett, das im Scheinwerferlicht der Gefängnisstrahler schwerelos an meinem Gitterloch vorübertanzte wie ein endloser Schwarm weißer Schmetterlinge. Ich dachte an die Jahre totalen sinnlichen Entzugs von Cheyenne, während Neil Youngs „Pocahontas" wie ein zerbrechlich-melancholischer Vogel durch die Zelle schwebte.

Oft flackerte die Erinnerung an Cheyenne in mir nur noch fahl und ohne sinnliches Blut – und manchmal fühlte ich sie nur noch als eine ferne verschleierte Glut. Doch dann loderte sie wieder ungestüm in mir auf und brannte sich wie ein entfesselter Feuersturm durch meine Seele.

Wie befürchtet war die Zeit in dieser Gefangenschaft schon bald mein gefährlichster Gegner geworden. In der Gefangenschaft war die Zeit zudem für mich keine Heilsschwester gewesen, die Linderung verschafft, sondern eine Totengräberin. Da der Gefangene vom Leben ausgeschlossen, ist der leere Gefangenenraum nur mit Erinnerungen aus der Zeit vor der Gefangenschaft gefüllt. Kein neues, frisches Leben, und damit keine neuen Erinnerungen können die alten überlagern. Dem Gefangenen bleibt nichts als sich verzweifelt an die in immer weitere Ferne rückenden Erinnerungen aus der Zeit vor der Gefangenschaft zu klammern, die ihm so schleichend entgleiten wie seine Lebenszeit.

Also ist die Zeit für einen Gefangenen eine Totengräberin. Ihr Grab sind die leeren, uniformen Gefangenentage. Und die Erde, mit der sie die Seele des Gefangenen zuzuschütten versucht, sind die Abstumpfung und Verdrängung in eine entsinnlichte, bodenlose Leere; eine Leere, die die sinnlichen Bilder der Vergangenheit in Freiheit, und damit die sinnlichen Spuren der Liebe und der Erinnerung an das Leben, auf der Seele verwehen, ihre Konturen und Farben zerbröckeln lässt, ohne sie völlig aufzulösen. – Wie stark mussten andererseits für Cheyenne die Spuren der Liebe und der Erinnerung an mich – nach so vielen Jahren – auf ihrer Seele verwehen, da sie hinweggeschwemmt wurden vom weitläufigen ewigen Strom des Lebens, in dem sie, mit täglich neuen, frischen Bildern, Möglichkeiten und Richtungen, trieb.

Für den Gefangenen heilt die Zeit nicht alle Wunden, im Gegenteil, sie verkrustet sie nur und lässt sie trotzdem immer wieder schmerzhaft aufbrechen. Lebendig begraben unter der Friedhofserde der Zeit keucht und regt sich der Körper des Lebens und der Liebe und drängt umso verzweifelter ans Licht, als es unerreichbar ist.

Vom ersten Gefangenentag an hatte ich gewusst, dass der einzige Weg der Abwehr des langsamen Todes in der Gefängniszelle darin besteht, unaufhörlich um die Lebendighaltung der Imaginationskraft der inneren sinnlichen Bilder und Gedankenströme zu kämpfen.

Wie auch heute, in dieser Silvesternacht 2002/2003, legten sich dichte undurchdringliche Nebel über die drängenden Bilderkaskaden der Erinnerung und hinterließen in mir nur noch eine bohrende Leere und Unruhe. Ich hetzte dann durch meine eigenen verwüsteten Seelenlandschaften – über verdorrte Weiden, Steppen und Savannen, ohne Leben und Horizont, über verbrannte Hügel und Täler, durch ausgetrocknete Flüsse und Seen, scheinbar abgestorben bis auf den Grund; irrte durch die Wüsten und Ruinen dieser Gefangenschaft und meiner Erinnerungen auf der Suche nach dem Nachhall des vergangenen, heiligen blutigen Körpergefühl des Lebens – von Cheyenne, von Lissabon, vom Meer – und konnte die Bilder und die Erinnerung nicht mehr fassen, die mir entglitten wie farblose Fische, sodass mich eine verzweifelte, irrsinnige Angst packte.

Seit Langem weiß ich, dass ich immer wieder diese leeren Räume, die undurchdringlichen Nebel durchschreiten werde.

Obwohl im Laufe der Gefangenschaft die leeren Räume weiter, die Nebel dichter wurden, würde ich mich immer wieder durch sie hindurchkämpfen. Die Räume würden sich füllen, die Nebel sich lichten, hinweggefegt durch den Sturm meiner eigenen Seele, und ich würde wieder die sonnenüberfluteten Ländereien und Strände Cheyennes, Lissabons und des Meeres, mit all seinen leuchtenden Bilderkaskaden meiner Erinnerungen, Hoffnungen und Fata Morganen erreichen.

Manchmal, und in besonders ungestümer Intensität nach Zeiten der blinden Dürre und Leere, überfallen mich die Bilder der Erinnerung wie ein Meeressturm, wie ein Brausen, wie ein Rauschen und Wetterleuchten aus einem fernen Land, ausgelöst durch eine Assoziation, einen Klang, ein Licht, einen Geruch, ein Wort, ein Bild. – Und so habe ich gelernt, auch dieser Leere und diesen Nebeln mit spöttischem Trotz ins hohlwangige Antlitz zu grinsen.

Ich betrachtete die Schneeflocken, die durch die Gitter zum Fenster herein tanzten und langsam auf das Bett und meine ausgestreckte Hand schwebten. Janis Joplin sang gerade „Break Just Another Piece Of My heart". Das lusitanische Prinzesschen war in all den Jahren mein Stern gewesen, auch in der völligen Verwüstung, die sie oft in mir ausgelöst hatte, die Glut und das Licht, welches mich immer wieder aufstehen ließ, um nur noch nackter um meine Freiheit und sie zu kämpfen.

Ein Gefängnisautor bezeichnete einmal die Hoffnung im Gefängnis als „Hure: Sie ist für jeden da, aber gibt nichts."

Ich erlebte das völlig anders. Die Bedeutung und der Sinn der Hoffnung liegen in ihr selber, nicht in ihrer Erfüllung oder Nichterfüllung. Wie „Die Liebe" oder „Das Schöne" ist sie eine von jeder pragmatischen Effizienz unabhängige Dimension der Freiheit und Befreiung. Sie ist die stärkste Antriebskraft menschlichen Seins und Schaffens, selbst wenn sie sich auch nie erfüllen und eine nicht enden wollende Kette von Enttäuschungen nach sich ziehen sollte.

Die Gefängnisburg lag, nach der silvestertypischen Unruhe und Mitternachtsgeschrei, in dunkler Stille. Es hatte aufgehört zu schneien. Der Mond hing so dünn und gekrümmt in der kalt schimmernden Winternacht, als hätte er einen Faustschlag in den Magen bekommen. Lange stand ich in der dunklen Zelle am Fenster und versuchte verzweifelt, vergangene Erinnerungsbilder zu fassen. Sie zersplitterten mir im Kopf wie dünnes Glas, glitten durch die Maschen meines Bewusstseins gleich hohnlachenden glitschigen Fischen und lösten sich am Ende so vollständig auf, dass von mir nur noch ein tumbes, unruhiges Loch blieb.

Langsam zogen zerfledderte Wolkengefieder über die kalt glitzernde Ewigkeit. Dichte Nebel wallten auf und hüllten die Gefängnisburg in einen riesigen undurchdringlichen Wattebausch. Im Morgengrauen rollte ich mich, müde und leer, zu den melancholisch poetischen Klängen von Sandy Denny (Fairport Convention) zusammen, langsam in einen schweren Traumschlaf versinkend.

18. Der Rausch des Hafturlaubs und die Entlassung in die Wirklichkeit

Ich hatte zum wiederholten Mal einen Antrag auf Urlaub gestellt. Diesem musste angesichts der wenigen Monate verbleibender Reststrafe stattgegeben werden, da ich ihn ansonsten beim Oberlandesgericht Düsseldorf erzwungen hätte. Nach über 7 Jahren verließ ich erstmals als vorübergehend freier Mann das Gefängnis. Abstrich: Der sogenannte Hafturlaub begrenzt sich auf das Hoheitsgebiet der Bundesrepublik Deutschland. Er unterliegt zudem der Einschränkung, dass sich der Hafturlauber nur in einem Radius von 50 km um die angegebene und kontrollierte Urlaubsadresse aufhalten darf, von der das verantwortliche Landeskriminalamt und die zuständige Polizeidienststelle vor Ort informiert sind, die jedoch äußerst selten Kontrollen durchführen.

Alle Urlaubsgefangenen, die ich sprach, waren von der Reizüberflutung in der ersten Urlaubsfreiheit so erschlagen, dass sie erleichtert aufatmeten, in die vertraute Eintönigkeit und durchorganisierte Starre des Gefängnisses zurückkehren zu dürfen. Ich erlebte es anders. Ich trat nach über 7 Jahren aus dem Gefängnis und hatte das Gefühl, mich am Tag zuvor das letzte Mal frei bewegt zu haben, mit dem einzigen Unterschied, dass sich meine sinnliche Wahrnehmung nach all den Jahren des Lebendigbegrabenseins im sensuellen Reizentzug animalisch intensiviert hatte. Schmiegsam und hungrig wie eine Wildkatze bewegte ich mich durch einen vor Fruchtbarkeit flirrenden Dschungel aus wechselnden Farben, Lichtern, Gerüchen, Geräuschen, Formen und Bewegungen, in dessen Herz der sinnlich erotische Lebensquell pochte, in den ich mich kopfüber stürzte und meine Zähne in die Flanken eines jeden begehrlichen Frauentiers schlagen wollte.

Was mich, vor allem in den Menschenmassen in Köln, ein wenig befremdete war, dass ein jeder zweite Passant Selbstgespräche führte und Ohrenschmerzen zu haben schien. Bis ich entdeckte, dass ihnen ein mobiles Telefon am Ohr klebte. Ich erlebte ein einziges, künstlich überdrehtes, beziehungslos aneinander vorbeirauschendes Stimmengewirr, wobei sich die Menschen auf der Straße gar nicht mehr anzuschauen schienen. Da es aber zumeist weibliche Telefonierer waren und auch in den Cafés die Mädels ununterbrochen quasselten, ohne dazu auch nur ein Thema zu benötigen, war ich diesbezüglich beruhigt: Es war alles wie es immer gewesen war. Ich war im Handyzeitalter angekommen.

Auffällig war auch, dass viele Mädchen tätowiert waren, und den etwas weniger edel wirkenden Vertreterinnen ihrer Spezies hinten, über die zur Schau gestellten Speckrollen, sogenannte „Arschgeweihe" aus den Jeans wuchsen. Den Jungen dagegen hingen die Hosen oft debil in den Kniekehlen. Beide Geschlechter hatten zudem häufig ihre Gesichter, und die Mädchen, wie ich noch erfahren sollte, häufig auch Zungen, Bauchnabel und manchmal sogar ihre Geschlechtsorgane mit allerlei Metall vernietet. Ein weiterer Schock traf mich, als ich erleben musste, dass die meisten jungen Venusblüten ihrer magischen, geheimnisvollen Nester beraubt, schneckennackt rasiert waren, sodass vielleicht für Päderasten das Paradies ausgebrochen, ich jedoch zutiefst enttäuscht war.

Nach 5 Tagen kehrte ich aus meinem ersten Hafturlaub zurück. Obwohl ich mich mental auf die Perversion der „freiwilligen" Rückkehr ins Gefängnis vorbereitet hatte, würgte mich doch ein Gefühl der Scham, als ich an dem geschlossenen Gefängnistor um Einlass klingelte. Gemischt hatte sich diese Scham mit ohnmächtiger Wut auf diejenigen, die in der letzten Phase der Gefangenschaft diesen Schritt gegen jede freie Natur und Selbstachtung verlangten. So sehr vollzugstechnisch für die meisten Gefangenen, im Zuge der stückweisen Rückführung in das gesellschaftliche Leben, sinnvoll und notwendig, so sehr verabscheute ich die Modalität des Hafturlaubs für mich als letzte Machtdemonstration und Fremdbestimmung über mein Leben – zumal ich schon seit zwei Jahren in vollständiger Freiheit hätte sein müssen.

Nachdem ein Schließer uns Urlaubsgefangene in den Kammervorraum geführt hatte, ging ich direkt zu meinem Arbeitsplatz durch, zog mich in die Gefängniskluft um und half dem diensthabenden Kammergefangenen unter den flachsenden Bemerkungen des Kammerleiters bei der Umkleidung der anderen Hafturlauber. Meine traurigen Augen waren wieder nichts als undurchdringliches blaues Eis.

Dann doch noch ein erheiternder Moment. Elke, unser Haustransvestit, kam als verspäteter letzter Urlaubsgefangener – „Hallo Mädels, alles klar?" – hereingerauscht. Giftgrünes Lederminikleid, zerrissene schwarze Netzstrümpfe, abgeschabte rotlackierte Pumps, seine Standardurlaubskampfkleidung, die er sich gegen den murrenden Widerstand der Anstalt über seinen Anwalt erkämpft hatte.

Wie gewöhnlich, wenn er aus dem Urlaub in Köln zurückkam, stank Elke wie 850.000 multigeschlechtliche Virusschleudern nach drei Tagen Rudelbumsen auf dem Christopher Street Day, eingehüllt in einen Atompilz, der sich aus Litern getrockneten Parfums, Schweiß und Spermas, sowie teppichdicker Schminke zusammensetzte. Wer im Remscheider Gefängnis einen Blowjob brauchte, Elke war stets für ein Päckchen Tabak oder ein Glas Kaffee zu haben. Die schwulen Gefangenen im Haus schauten zwar auf ihn hinab und nannten ihn nur „Die Schlampe", insgeheim ließen sie sich aber alle von ihm bedienen. Elke, zumeist mit einem einladenden Lachen und einem seiner geliebten Zara-Leander-Chansons auf den Lippen, hatte den Grad innerer Freiheit erreicht, dass es ihm schlicht egal war, wie man ihn ansah oder welchem zahlenden Arschloch er die Zunge in selbiges steckte. Er war ein erhabener Einzelkämpfer und er ließ die immer wieder aufflammenden, so wütend aggressiven wie demütigenden Angriffe von Mitgefangenen nicht nur in provokativ passivem Stolz über sich ergehen, sondern sie schienen ihn in seinem Selbstverständnis sogar noch zu stärken. Dabei war er so cool, diesen Machofaschisten auch noch augenzwinkernd mitzuteilen, dass die meisten von ihnen eigentlich – jammerschaderweise unterdrückt – schwul seien, was ihm so manchen blauen Fleck einbrachte. Ich mochte Elke und brachte ihm gern mal ein paar gewünschte Extras, wie ein Päckchen Damenbinden, von der Kammer mit.

Neben der eigenverantwortlichen Selbstentlassung, der Flucht, erstreckte sich das Spektrum der von der Anstalt entschiedenen Vollzugslockerungen von der bewachten mehrstündigen Ausführung bis zum unkontrollierten mehrtägigen Urlaub, der bei erfolgreicher Handhabung gewöhnlich in die Überführung in den offenen Vollzug mündete. Obwohl die Lockerungen der Aufrechterhaltung sozialer Bindungen, dem Erledigen persönlicher Angelegenheiten und der Entlassungsvorbereitung dienen sollten, stürzten sich die meisten „Urlaubsgefangenen" – ausgehungert, desorientiert und mit turmhohen Erwartungen ausgestattet – in den Hafturlaub wie in eine einmalige Endzeitparty (Wer wollte es ihnen verdenken?!). Von dieser Party kehrten sie zumeist zum „Urlaubsende" völlig ausgelaugt zurück, dankbar wieder in den sicheren Schoß des Gefängnisses aufgenommen zu werden, in dem sie behütet ihre Wunden lecken und gleichzeitig mit ihren Urlaubsheldentaten prahlen konnten.

Natürlich ist der Urlaub wichtig und es sollten noch früher begleitete Ausführungen zur Vorbereitung auf die Entlassung, aber auch auf einen eigenverantwortlichen Hafturlaub eröffnet werden. Diejenigen Gefangenen, die noch in eine Beziehung oder ein familiäres Umfeld eingebunden waren, nutzten ihn häufig auch für die angestrebten Zwecke, all die anderen konnten eine Annäherung an die aktuellen gesellschaftlichen Wirklichkeiten proben – und wenn sie nur darin lag, einen Vollrausch ohne Gitter zu stehen oder zu erfahren, ob man noch in der Lage war, halbwegs charmant auf eine Frau zuzugehen.

Zusammengefasst ist zu sagen: So wie die meisten Gefangenen während ihrer Hafturlaube von der Reizüberflutung wie der zeitweiligen Unabhängigkeit und Selbstbestimmung überfordert waren, so erlebten sie die irgendwann kommende Entlassung und Freiheit oft nicht als einen schillernden Strauß von Möglichkeiten, sondern als eine übermächtige Flut von Auflagen, Verpflichtungen und sozialen Erwartungen, die sie fesselte und häufig bald wieder scheitern und straffällig werden ließ. Hatten sie jene Erwartungen vor ihrer Inhaftierung handhaben können, hatten sie das in langer Entmündigung, Isolierung und Rundumversorgung in Gefangenschaft verlernt; hatten sie es vorher nicht gekonnt, so konnten sie es jetzt noch weniger. – Ganz abgesehen davon, dass sie als Vorbestrafte stigmatisiert und in ihren Möglichkeiten auch noch erheblich eingeschränkt waren.

In unregelmäßigen Abständen ging ich 3 Monate lang in den Hafturlaub, bevor ich den sogenannten Reststrafenantrag zur Entlassung stellte. Am 26. Mai 2003, über 2 Jahre nach meinem eigentlichen 2/3-Entlassungszeitpunkt, öffneten sich endlich die Freiheitstore. Von niemandem abgeholt oder erwartet, doch klarer und gestärkter als zum Antritt der Gefangenschaft siebeneinhalb Jahre zuvor, atmete ich unter einem leuchtend weiten Frühlingshimmel tief durch und tauchte wieder in das Leben mit all seinen Verheißungen ein.

19. Prominenzgefangenschaft: Middelhoff und Hoeneß

Wenn ein Prominenter trotz all seiner Machtmittel doch einmal in den Knast muss, da er allzu sehr über die Stränge geschlagen hat, so wird dieser Prominenzgefangene, ob nun Herr Hoeneß oder Herr Middelhoff, um zwei aktuelle Fälle zu nennen, meist vorzeitig, zum frühestmöglichen Termin, wieder freigelassen. Zudem erhalten sie beschützten Luxusvollzug (Schutz vor der die wahre Qual einer Haft ausmachenden Angst- und Gewaltkultur) als auch kostbare Privilegien (Einzelzelle, zusätzliche Besuche und Telefonate, ein größerer materieller Verfügungsrahmen, medizinische Luxusversorgung durch externe Spezialisten).

Daran ändert sich auch nichts, wenn einer dieser prominenten Gefangenen wie Herr Middelhoff zum Zeitpunkt der Gerichtsentscheidung über die vorzeitige Entlassung ein unredliches Buch veröffentlicht, in dem er seine Richter verhöhnt und weder seine Taten noch seine Strafe anerkennt. Ebenso wenig wie bei Herrn Hoeneß, der im Nachhinein, nach seiner vorzeitigen Entlassung nach nur der Hälfte der verurteilten Zeit, sich während der Bewährungszeit öffentlich darüber mokiert, dass seine Strafe viel zu hoch gewesen sei. Um die Farce vollkommen zu machen nimmt Middelhoff in einer Talkshow zur Buchbewerbung Hoeneß als Beispiel um aufzuzeigen, dass im Verhältnis zu dessen seine Strafe viel zu hoch gewesen sei. Und da wundern sich noch viele (Privilegierte) über die Gerechtigkeitsdiskussion und dass ein Großteil der Normalbürger in diesem Land Recht und Gerechtigkeit für käuflich hält.

Um diese Situation anhand von Middelhoffs Fall nochmals verständlich zu machen: Sie, Herr Middelhoff, haben weder das Gericht als legitime Instanz, noch ihre kriminellen Vergehen, noch das Urteil, noch die Strafe anerkannt. Sie bringen zu dem Zeitpunkt, an dem das Gericht über ihre 2/3-Entlassung aus dem offenen Vollzug entscheidet, ein Buch heraus, das das nochmals unterstreicht und in dem sie offen das entscheidende Gericht verhöhnen. Dennoch erhalten Sie eine vorzeitige 2/3-Entlassung, die aufgrund einer Weihnachtsamnestie sogar noch vordatiert wird.

Es widerspricht allen Rechtsgrundsätzen und ich habe es in all meinen Gefängnisjahren auch nie erlebt, dass ein Gefangener, der weder sein Urteil anerkennt noch Reue zeigt und zusätzlich die staatlichen Organe auch noch in narzisstischer Selbstüberhöhung verhöhnt, zur Belohnung eine vorzeitige und hier sogar eine 2/3-Entlassung erhält. Unschuldig Verurteilte sitzen ihre Strafe ja gerade deshalb immer bis zum letzten Tag ab, weil Sie eine Tat abstreiten, die Sie nicht begangen haben. Und der Rechtsgrundsatz ist: ohne Eingeständnis der Tat, ohne Reue, ohne positive Sozialprognose keine vorzeitige Entlassung, wobei das Hauptgewicht auf die ersteren beiden Elemente gelegt werden. Ohne Eingeständnis der Tat und ohne Reue ist die positive Sozialprognose bedeutungslos, außer bei einem bevorzugten Prominenz-Gefangenen wie Ihnen, der zusätzlich noch das Gericht und dessen Urteil der Lächerlichkeit preisgeben kann und dessen Anklagen über die eigene Haftwirklichkeit unredlich sind.

Die Gefängnisanstalt in der ich einsaß, gewährte mir als sogenanntem Ersttäter aber auch rebellischem Gefangenen, bei dem das verurteilende Gericht sich beim Strafmaß explizit an einer 2/3-Entlassung orientiert hatte, trotz guter Führung, Anerkennung der verurteilten Taten und positiver Sozialprognose erst Jahre nach dem 2/3-Entlassungstermin den ersten Hafturlaub (Aber auch nur, weil ich jenen mit 100%iger Sicherheit ansonsten über das Oberlandesgericht eingeklagt hätte). Als meine Urlaubsadresse, mein einziger verbliebener deutscher Freund, kontaktiert wurde und er voller Ahnungslosigkeit auf die Frage der Anstaltsleitung nach meinem Schuldeingeständnis erwiderte, ich sei doch unschuldig, wurde der Urlaub sofort widerrufen. Ich musste dem Anstaltsleiter in einem längeren Gespräch wahrheitsgemäß erklären, dass mein Freund nicht auf dem aktuellen Stand war. Die Taten hatte ich ihm gegenüber schon drei Jahre zuvor eingeräumt. Da wir in den 2 Besuchen im Jahr über Wichtigeres sprachen als über das Haftprozedere, war er nicht darüber informiert, dass ich auch der Anstalt gegenüber die verurteilten Banküberfälle schon längst eingeräumt hatte. Auf dieses Gespräch hin wurde der Urlaub genehmigt. Ich will damit nochmals deutlich machen – der eigentliche

Rechtsgrundsatz für den nichtprominenten Normalbürger ist: ohne Anerkennung der verurteilten Taten und des Strafmaßes keine vorzeitigen Lockerungen und keine vorzeitige Entlassung.

Und um dem ganzen die zynische Krone aufzusetzen, Herr Middelhoff, schwingen sie sich in Ihrem Buch auch noch in großmäuliger Selbstbrüstung auf als „Sprecher aller Häftlinge, denn Häftlinge haben niemanden der sich für sie einsetzt". Das ist nicht nur eine unverschämte Anmaßung, sie ist aus mehreren Gründen verlogen und damit kontraproduktiv: Erst einmal können Sie als Luxusgefangener, der sich nach fünfmonatiger bevorzugter U-Haft aus dem geschlossenen Gefängnis freikaufen konnte, nicht einen Strafvollzug anprangern den Sie selbst nie erlebt haben.

Sie haben außerordentlich viel Empathie – für sich selbst. Ihre Anklagen gegen einen wirklich fundamental anzuprangernden Strafvollzug erschöpfen sich in einer so narzisstisch wehleidigen wie pathetisch übertriebenen Jammerei über ihre eigene kurzmonatige bevorzugte Haftsituation, die Ihnen den Blick auf das Ganze verstellt, das Sie, glaube ich, letztlich auch gar nicht interessiert. Zudem ist ihre Kritik unredlich, weil Sie in ihrer pathetischen Leidensschilderung entscheidende Fakten unterschlagen: vor allem die, dass Sie selbst die Suizidkontrolle, die im Zentrum ihrer Kritik steht, aus eigener Entscheidung heraus hätten aufheben können. Damit ist ihre ganze Anklage kontraproduktiv und Sie erweisen den Häftlingen, die Sie vorgeben zu vertreten, einen „Bärendienst".

Ich nehme Ihnen Ihre Wandlung vom Saulus zum Paulus, vom gierigen Wolf zum geläuterten Schäfchen und „Widerstandskämpfer" für die sprachlosen Entrechteten des deutschen Strafvollzugs nicht ab. Diese Attitude die Sie in jeder Talkshow ausbreiteten, durch die Sie infolge ihrer Buchveröffentlichung tingelten, erscheint mir nur eine Marketingmasche zu sein, um Ihr Buch zu verkaufen. Sie waren immer ein Star(-schauspieler) und sind auch in ihrer neuen Rolle äußerst überzeugend, wenn man nicht genau hinschaut. Ich bin ein ehemaliger Gefangener und schaue genau hin und weiß vor allem genau, wovon Sie (und ich) sprechen.

Ich habe mich während meiner Haft völlig auf mich zurückgezogen, mich aber dennoch für Mithäftlinge eingesetzt und sie unterstützt, wenn es auch manchmal anstrengend und zeitaufwendig war. Wie Sie in einer Talkshow, nachdem Sie sich auch dort wieder einmal als Sprecher aller Häftlinge aufschwangen, auf Nachfrage zugaben, haben Sie sich niemals während ihrer kurzen Haft für einen Mithäftling eingesetzt, einem Schreibundkundigen einen der überlebensnotwendigen Anträge geschrieben oder jemanden bei seiner Gerichtspost beraten. Sie schildern stattdessen im Buch genüsslich, wie sie mit Wärtern Skat gespielt und natürlich gewonnen haben (Ich habe in 7 ½ Jahren Haft nie einen Gefangenen gesehen, der mit einem Wärter Skat gespielt hätte).

Durch ihre ganze Selbstbeschreibung zieht sich ein völliges Unverständnis dafür, dass für sie dieselben Regeln und Gesetze gelten sollen wie für einen Normalbürger. Es erscheint für Sie und Ihr Leben selbstverständlich mit Macht, Geld und Privilegien, mit denen Sie selbst als Pleitier geschickt jonglieren, die Presse und gewichtige Personen des öffentlichen Lebens für sich einzuspannen und Druck auf Ihr Gericht auszuüben um eine bevorzugte Behandlung wie eine vorzeitige Freistellung aus der U-Haft sowie eine frühzeitige Entlassung zu erwirken. Gleichzeitig verhöhnen Sie Ihr Gericht, die kritische Presse und ehemalige Geschäftsfreunde damit, dass Sie mit einer unredlichen „literarischen" Abrechnung einen Bestseller landen, dessen Erlöse sie vermutlich auch noch vor den berechtigten Ansprüchen Ihrer Gläubiger gut zu schützen verstehen.

Wenn Sie sich lächerlicherweise als aufrechten „Widerstandskämpfer" stilisieren, sind Sie zum einen schon deshalb nicht ernst zu nehmen, weil Sie sich in der Auseinandersetzung mit ihren Gegnern auf Seiten der Justiz unverlangt und würdelos erniedrigten. Vor allem aber weil Sie nicht nur Ihre Mithäftlinge, die die ganze Härte des deutschen Strafvollzugs erfahren, verhöhnen, sondern auch die Opfer von gewalttätigem Willkürvollzug in den Gefängnissen der NS-Diktatur, mit deren Schicksal Sie die Zeit ihrer fünfmonatigen bevorzugten bundesdeutschen U-Haft dreisterweise in Beziehung setzen. Und um in ihrer selbstmitleidigen Monstrosität ihre Leidenserfahrung in deutscher Haft auch in einem aktuellen Vergleich zu überhöhen, behaupten Sie, nicht einmal Guantanamo-Häftlinge müssten solche Folter erleiden. In narzisstischer Selbstmitleidigkeit, die das Schicksal anderer Menschen nicht sieht, behaupten Sie heute selbstkritisch, dass Sie früher narzisstisch und arrogant gewesen seien. Das erinnert mich stark an das Wort von Herta Müller, der Literaturnobelpreisträgerin: „Selbstmitleid ist immer abgrenzend – es ist eine Art umgekehrte Arroganz".

Werden wir ganz konkret und kommen wir zum Hauptpunkt Ihrer Anklage gegen das Justizsystem, der gefühlt weit über die Hälfte Ihres Buches einnimmt – die Suizidkontrolle und ihre Folgen. Auch zu meiner Zeit gab es dieses Prozedere der Suizidkontrolle und es hat sich daran bis heute nichts geändert. Suizidgefährdete Häftlinge werden auf eine B-Zelle, eine Beobachtungszelle, gelegt. Alle 15 Minuten wird – auch während der nächtlichen Schlafphase – von außen das Licht angestellt und bei dem Gefangenen eine sogenannte Lebendkontrolle durchgeführt. Natürlich ist das eine archaische Form der Folter, die physisch und psychisch zerstörerisch und zudem völlig sinnlos ist. Jeder suizidwillige Gefangene wird sich direkt nach einem gerade erfolgten Kontrollgang seinem Suizidvorhaben widmen, für das bei der in Haft am häufigsten verwandten Form des Erhängens 15 Minuten – bis zum nächsten Kontrollgang – vollkommen ausreichend sind. Natürlich haben diese Kontrollschikanen nur Alibifunktion. Die Anstaltsleitung sichert sich damit im Falle eines erfolgreichen Suizids bei Politik und Öffentlichkeit ab, alles „Menschenmögliche" getan zu haben.

Die Suizidkontrolle ist auch deswegen eine sinnlose Tortur, weil bei den heutigen technischen Möglichkeiten dem Gefangenen die Anlegung eines elektronischen Vitalmessers in Taschenuhrformat angeboten werden könnte. Diese Form der Überwachung wäre sicherer als bei der 15-minütigen

Suizidkontrolle (oder der Verlegung auf eine Mehrfachzelle), der Gefangene könnte sich ungestört seinem Schlaf widmen und es würden zudem auch noch Beamtenkapazitäten frei, die durch die 15-minütigen Kontrollgänge gebunden sind.

Das Unredliche ihrer Kritik, Herr Middelhoff, ist, dass Sie unterschlagen, dass dem Häftling als Alternative zur 15-minütigen Suizidkontrolle – damals wie heute – die Verlegung auf eine Mehrfachzelle angeboten wird. Ihnen wurde wiederholt eine Verlegung auf eine Zweierzelle angeboten, die Sie jedes Mal abgelehnt haben. Diese Möglichkeit der Entscheidung kenne ich auch aus meiner Haftzeit. Im Gegensatz zu einfachen suizidgefährdeten Gefangenen, die manchmal mit Mithäftlingen zusammengesperrt wurden, die die Suizidgefährdung noch erhöhten – es waren immer Mehrfach- nie Zweierzellen – hätte man Sie in der wiederholt angebotenen Zweierzelle mit Sicherheit mit einem friedlichen, zivilisierten Mitgefangenen zusammengelegt, da der Schutz und die Sicherheit eines solchermaßen im öffentlichen Rampenlicht stehenden Häftlings wie Sie einer waren, die oberste Priorität jeder Anstaltsleitung ist. Sie haben also die Suizidkontrolle in freier Entscheidung gewählt, weil Sie das Privileg einer Einzelzelle nicht verlieren wollten. Und genau deswegen ist Ihre Kritik unredlich.

Ihr Beispiel zeigt auch exemplarisch, mit welchen Machtmitteln ein Prominenter ausgestattet ist, um sich nicht nur eine bevorzugte Qualität von Haft zu verschaffen, sondern sogar eine Aufhebung der U-Haft zu erreichen. Ihr Fall ist ein Paradebeispiel dafür, mit welch präziser Effizienz von Seiten Ihrer Anwälte eine sogenannte *Litigation-PR*, eine gezielte öffentliche Kampagne zu ihrer Freilassung aus der Haft organisiert wurde, die letztlich die Aufhebung Ihrer U-Haft zur Folge hatte. Mit derselben Unredlichkeit, mit der Sie Ihre Haftsituation in Ihrem Buch schildern, lancierten Ihre Anwälte in der Presse Berichte darüber. Sie traten eine zunehmend weitere Kreise ziehende Kampagne los, in die sich immer mehr maßgebliche Persönlichkeiten des öffentlichen Lebens einspannen ließen. Es wurde ein solcher öffentlicher Druck aufgebaut, dass sich der NRW-Landtag veranlasst fühlte, zu Ihrer „Leidens-Causa" einen Untersuchungsausschuss einzuberufen, vor dem sich der NRW-Justizminister rechtfertigen musste. Dieser rückte die wahren Zusammenhänge zurecht und beschrieb das übliche Haftprozedere, doch die Tatsachen waren bedeutungslos geworden. Die öffentliche Stimmung war zu Ihren Gunsten gekippt worden und der Druck auf die Behörden führte letztlich zur Aussetzung des Haftbefehls und Sie kamen gegen Auflagen in Freiheit.

(Drei Beispiele wie sich öffentliche Persönlichkeiten für Middelhoffs Kampagne instrumentalisieren ließen: Der *Bild*-redakteur Wagner schreibt in seinem Kommentar an den *„lieben Thomas"*: *„Wenn nur die Hälfte stimmt, was Ihre Anwälte sagen – Schlaffolter etc. – haben Sie mein Mitgefühl. Ich mag nicht, wenn Menschen leiden ... Er büßt nicht nur, er leidet."* – Heribert Prantl, Angehöriger der Chefredaktion der Süddeutschen Zeitung: *„Es ist nicht Haftzweck, einen Menschen zu brechen ... Fürsorge darf nicht zur Schikane werden. Haft ist als solche hart genug; sie darf nicht so* *gestaltet werden, dass sie einen Menschen mehr als unvermeidbar drang-salier und malträtiert."* – Der Direktor der Stasi-Gedenkstätte Berlin-Hohenschönenhausen, Hubertus Knabe, gegenüber Spiegel-Online-Journalisten: *„Was über die Behandlung von Thomas Middelhoff in der Justizvollzugsanstalt Essen bekannt geworden ist, erinnert mich an die Methoden des DDR-Staatssicherheitsdienstes")*

Für mich ist es insbesondere bei Herrn Prantl und Herrn Knabe völlig unverständlich, dass sie sich, ohne offensichtlich seriös recherchiert zu haben, für eine unredliche Kampagne missbrauchen lassen. Mir ist unbegreiflich, wie Sie, Herr Knabe, als offizieller Erinnerer der Stasiverbrechen und ihrer Opfer, diese Opfer verhöhnen können, indem Sie deren qualvolle Situation mit dem bevorzugten Haftalltag eines bundesdeutschen Prominenzgefangenen auf eine Stufe stellen. Und ich frage mich dann warum Sie und Herr Prantl sich nicht für gewöhnliche namenlose Gefangene einsetzen, die in wirklich verzweifelten Situationen sind und weder Schutz durch Prominentenstatus noch Absicherung und Obhut durch eine Phalanx von Staranwälten genießen.

Herr Middelhoff, diese Abrechnung ist weder eine Verhöhnung ihrer Lage noch ein Frohlocken über Ihren Absturz. Sie interessieren mich nicht, mich interessieren die Verlorenen und wirklich Gequälten unseres Strafvollzuges. Was mich antreibt, ist eine unbändige Wut über Ihre aufgeblasene, selbstgefällige Verlogenheit, wie Ihre pathetische Selbstmitleidigkeit, mit der sie auch noch alles erreicht haben, was Sie wollten, und letztlich doch noch über Gericht, Politik,

Presse und alte Freunde triumphiert haben. Während Sie sich großspurig als Fürsprecher aller Gefangenen aufschwangen, verkündeten Sie auch, andere Häftlinge schrieben keine Bücher, in der Annahme, dass niemand ihre Schilderungen in die verdienten Relationen rückt. – Sie haben Pech gehabt. Sollten ihre pathetischen Leidensschilderungen und meine Anmerkungen zur Suizidkontrolle allerdings zu einer grundsätzlichen Überprüfung und Abschaffung derselben führen, hat die ganze Sache doch noch etwas Gutes gehabt.

Nicht nur einmal beschlich mich bei der Lektüre das Gefühl, dass Ihr Buch von einem Satiriker geschrieben wurde, um Ihre und die mitmenschenverachtende Machtarroganz Ihrer Clique zu entlarven, wie zum Beispiel auch bei der Passage, in der Sie fordern, spezielle Gefängnisse für „Wirtschaftskriminelle, die sich überwiegend durch ihren Intellekt, ihre Persönlichkeit und ihren sozialen Hintergrund von anderen Straftätern unterscheiden", einzurichten. Natürlich, Herr Middelhoff, sind Sie, der ein Unternehmen mit in den Ruin führte und gleichzeitig dafür Millionenboni einforderte, mehr wert als ein vormaliger einfacher Angestellter dieses Unternehmens, der auch durch Sie in die Arbeitslosigkeit geführt wurde und, nun in der Armutsfalle sitzend, vielleicht beim wiederholten Schwarzfahren erwischt wurde und diese Geldstrafe auch noch im selben Knast absitzt, aus dem Sie sich problemlos rauskaufen können.

Wie stellen Sie sich übrigens so einen Wirtschaftskriminellen-Knast vor? – Ein beschütztes Villenareal am Starnberger See?

Epilog:
realisierbare Verbesserungs-
ideen für den Strafvollzug

Wie kann man nun eine Form der Resozialisierung entwickeln, die dem Straftäter eine erfolgversprechende straffreie
Eingliederung in die Gesellschaft ermöglicht, gleichzeitig
aber auch das legitime Bedürfnis der Opfer nach Sühne wie
das Sicherheitsinteresse der Gesellschaft berücksichtigt? –
Das Ei des Kolumbus gibt es in diesem Interessenswider-
streit natürlich nicht. Erwiesen ist jedoch, dass einfaches
Wegsperren in die Gefängnisse hohe Inhaftierungsraten mit
entsprechend hohen Rückfallquoten zeitigt. Wohingegen
die Rückfallquoten bei ambulanten Resozialisierungsmaßnahmen außerhalb des Knastes bedeutend niedriger liegen.
Natürlich müssen Straftäter auch in Gefängnisverwahrung
genommen werden, doch nach meiner und gleichermaßen
der Auffassung maßgeblicher Vollzugsexperten sind mehr als
die Hälfte der Gefängnisinnsassen nicht gefährlich. Sie haben
somit im begleiteten und kontrollierenden offenen Vollzug
größere Resozialisierungschancen als in der Schule des Verbrechens, dem geschlossenen Vollzug.

Ich möchte hier noch einmal ganz bewusst an die Law-and-
Order-Fraktion appellieren: Innere Sicherheit bedeutet nicht

nur eine Aufstockung der Polizei, bessere behördliche Vernetzung, eine wirkungsvollere Gerichtsbarkeit, sondern auch eine effizientere Gefahrenabwehr in den Gefängnissen wie im offenen Vollzug. Eine solche kann nur durch Aufstockung des hoffnungslos unterbesetzten Gefängnispersonals (Wärter, Sozialarbeiter, Psychologen), aber auch der Bewährungshelfer erreicht werden, die eine individuell abgestimmte Resozialisierung ermöglichen, die für die Gesellschaft letztlich die nachhaltigste und preiswerteste Gefahrenabwehr ist. Bessere Resozialisierung führt zudem zu früherer Entlassung aus dem Knast, was Überbelegungen, Kriminalisierungen wie auch Kosten mindert. Man hat die Wahl: Man kann die Gefangenen weiterhin der kriminellen Verwahrlosung in den Gefängnissen überlassen und durch die Haft gut geschulte, bestens vernetzte und gefährlichere Straftäter und potentielle Terroristen, gleich tickenden Zeitbomben, entlassen oder aber vehement gegensteuern. Das heißt, Geld investieren, Personal einstellen, die Arbeit im Knast attraktiver gestalten und nicht nur den Gefangenen, sondern auch dem Knastpersonal eine sinnvolle Perspektive bieten. („Uns fehlen nicht nur Kräfte im allgemeinen Vollzugsdienst, sondern auch im medizinischen Bereich, im Werk-und Aufsichtsdienst, in der Verwaltung, im Abteilungsleiterbereich, Dolmetscher, Sozialarbeiter, Pädagogen und Psychologen, um nur einige zu nennen." (René Müller, Vorsitzender des Bundes der Strafvollzugsbediensteten Deutschlands 2018))

Notwendig wäre bei einer gebotenen personellen Aufstockung eine Verzahnung von stationären Resozialisierungs-

maßnahmen innerhalb des Knastes mit ambulanten Maßnahmen in Freiheit. Schon jetzt kann eine unterbesetzte und
überforderte Bewährungshilfe ihren Auftrag nur flickenhaft
nachkommen. Andererseits werden 70 % aller Gefangenen
in Deutschland nach der Endstrafe und damit ohne an-
schließende Bewährung entlassen. Dadurch werden sie in
ein Entlassungsloch gestoßen, das viele wieder zu ihren alten
Kontakten und Gewohnheiten und damit in die Straffälligkeit zurückfallen lässt.

Bei einem in Pilotversuchen äußerst erfolgreich prakti-
zierten Übergangsmanagement würde der Gefangene bereits im Knast auf die Entlassung vorbereitet und sein Übergang in die Freiheit von einem Resozialisierungsnetzwerk
intensiv begleitet und kontrolliert. Sozialarbeiter-Lotsen, Bewährungshelfer aber auch freiwillige Straffälligen-Helfer,
Sucht-, Schulden- und Jobcenterberater müssten in diesem
Netzwerk zusammenarbeiten und eine steuernde Kontrolle
ausüben. Teil dieser anleitenden Begleitung müsste der bis-
lang vernachlässigte Täter-Opfer-Ausgleich sein.

Wenn Strafe sich nicht nur auf staatliche Vergeltung und
Abschreckung beschränkt, sondern mit Aussöhnung, sozialer Integration und Prävention einhergeht, ist letztlich allen –
dem Opfer, der Gesellschaft und dem Täter – geholfen. Das
äußerst erfolgreiche Kölner Modellprojekt „Resozialisierung
und Soziale Integration" (RESI) erfüllte diesen Anspruch.
In diesem Projekt des intensiven Übergangsmanagements erfuhr der jugendliche Straftäter gleichsam während und nach

dem Strafvollzug eine durchgehende individuelle und lebensnahe Intensivbetreuung durch einen auf ihn abgestimmten Sozialarbeiter (Lotsen). Ein wichtiger Aspekt der intensiven Begleitung war der praktizierte Täter-Opfer Ausgleich, der dem Straftäter seine Tat und die Folgen für das Opfer deutlich machte. Und damit dem Jugendlichen wirkliche, ungeheuchelte Reue, ein Wiedergutmachungsverlangen, ein Verständnis für die erfahrene Strafe und eine Einsicht ermöglichte, die ihn im besten Fall vor weiteren Straftaten bewahrte.

Die Rückfallquoten von Teilnehmern am Kölner RESI-Projekt, die bei unbegleiteten Straftätern bei 60 – 70 % lagen, wurden auf 13 – 15 % gesenkt. Das Kölner Projekt erforderte einen jährlichen Aufwand pro Jugendlichen von ungefähr 8300 Euro, während der Haftplatz im Jahr rund 40.000 Euro kostete. Das Projekt wurde von einer kurzsichtigen Politik aus Kostengründen eingestellt.

Besonders auch denjenigen, die gerne von Kosten sprechen, möchte ich sagen, dass erhöhte Kosten für jugendliche Straftäter um ein Vielfaches höhere Kosten verhindern, wenn eine kriminelle Lebenskarriere abgewehrt werden kann. Den „Einsperren"-Rufern möchte ich zudem sagen, selbst der oft als Abschreckung propagierte Jugendarrest, bei dem der Jugendliche durch den Weckruf des sogenannten „short-sharp-shock" vor einer kriminellen Karriere bewahrt werden soll, Rückfallquoten von über 80 % zeitigt.

Um den Sicherheitsinteressen der Gesellschaft, aber auch, um dem Sühnebedürfnis der Opfer nachzukommen, müssen manche Straftäter natürlich auch in Gefängnisverwahrung genommen werden. Gefängnishaft oder Unterbringung in geschlossener Psychiatrie ist bei gefährlichen Straftätern auch nach dem Gebot von humanistischer Vernunft geboten. Bei den meisten Straftätern, die ihre verordnete Zeit im Knast absitzen, sehe ich sie jedoch als sinnlos und kontraproduktiv an. Die Grenze, wo Strafhaft geboten ist und wo nicht, ist jedoch nicht immer eine schwierige Frage des Abwägens. Ein großer Teil der Insassen der Gefängnisse verbüßt Ersatzfreiheitstrafen, das heißt, sie sind in Haft weil sie eine Geldstrafe, z. B. wegen wiederholten Schwarzfahrens mit der Straßenbahn, nicht bezahlen konnten (Worin sich meistens eher ein Armuts- als ein Kriminalitätsproblem ausdrückt). Ein Knastaufenthalt ist nicht nur eine Bestrafung, die in keinem Verhältnis zum Delikt steht, sondern das, was vom verurteilenden Gericht gerade nicht gewollt wurde. Der Verurteilte ist ja gerade deswegen zu einer Geldstrafe und nicht zu einer Gefängnisstrafe verurteilt worden, da das Gericht eine solche nicht für angemessen hielt.

Wenn die Vollstreckung der Ersatzfreiheitsstrafe den Steuerzahler pro Tag und Häftling 96,10 Euro (Sachsen) bis zu 174,00 Euro (Mecklenburg-Vorpommern) kostet (variiert je nach Bundesland, Stand 2017), wobei mit einem Tag beschäftigungsloser Haft 10 oder 15 Euro (ebenfalls variabel) der Geldstrafe abgegolten werden, ist das eine extreme Kosten- wie Personalbelastung für die Haftanstalten, während es für den Häftling sinnlos gestohlene Lebenszeit bedeutet, in der er zudem den zerstörerischen Wirkungen von Haft ausgesetzt ist. Wie in Schweden und Dänemark praktiziert könnten alle Verurteilten die Geldstrafe in Form von gemeinnütziger Arbeit abbüßen, was eine aktive Sühne und eine gleichsam für sie wie die Gesellschaft bereichernde Erfahrung bedeuten würde.

Jährlich sitzen in Deutschland rund 50.000 Menschen im Knast eine Ersatzfreiheitsstrafe ab, die dort dem Gefängnisgeist der Asozialisierung und Kriminalisierung ausgesetzt sind.

Eine weitere, noch umfassendere Entlastung der Gefängnisse könnte man erreichen, wenn man die Drogenpolitik ändern würde. Der Krieg gegen die Drogen ist verloren, wie die Experten der Verfolgungsbehörden und einsichtige Politik freimütig zugeben. Wie bei der Alkohol-Prohibition hält die Drogen-Prohibition niemanden vom Konsum von Drogen ab, sondern erhöht eher den Reiz zum Gebrauch. Die Kriminalisierung begünstigt die Ausbreitung mächtiger Drogenkartelle, die sich weltweit wie ein Krebsgeschwür in die befallenen Gesellschaften und die Knäste fressen und alle anderen maßgeblichen Bereiche der Kriminalität durchdringen. Die Kriminalisierung bewirkt, dass unkontrolliert gepanschte Drogen im Umlauf sind, die Tod, Krankenhaus- und Psychiatrieaufenthalte zur Folge haben, und sie generiert Strafverfolgung und unverhältnismäßig hohe Preise, was bei Süchtigen wiederum zu Beschaffungs- und anderer Folgekriminalität und damit zu Straffälligkeit und Knastaufenthalt führt.

In den überlasteten Knästen wiederum bestimmt das Drogenproblem den Knastalltag: Von Anstaltsseite werden die größten Ressourcen gebunden für die ständigen Kontrollen, für die beständigen vergeblichen Versuche der Unterbindung des Handels, für Therapieprüfungen und -vorbereitungen. Auf der anderen Seite bestimmen die Drogen den brutalen Charakter und die Machtstrukturen der gefängnisinternen Subkultur der Gefangenen, von denen ein Großteil Drogen konsumiert.

Eine Entkriminalisierung des Drogenkonsums würde einhergehen mit der Anerkennung der Sucht als Krankheit und nicht als zu bestrafendes Delikt. Sie würde zu einer medizinisch begleiteten Ausgabe von unverpanschten Drogen (in Apotheken) führen. Ebenso zu einem repressionslosen Hinweisen auf die Gefahren der einzelnen Drogen, deren kontrollierter Preis wie bei Alkohol zudem erschwinglich wäre und dem Staat zusätzliche Steuereinnahmen bescheren würde. Diese wiederum könnte man in Präventions- und Therapiemaßnahmen stecken. Mit dem Herausziehen des Drogenkonsums aus dem Dunkel der Illegalität würde man also nicht nur die Macht der kriminellen Drogenkartelle brechen, sondern den Konsumenten eine Perspektive bieten und die Knäste entlasten. Süchtige Konsumenten würden sich bei einer Entkriminalisierung viel eher freiwillig zu einer Therapie anmelden. Die Therapien, die verurteilte Drogenkonsumenten antreten, um einer Gefängnisstrafe zu entgehen, oder jene die aus dem Gefängnis dazu überstellt werden, sind vor allem deswegen selten erfolgreich und führen zum Drehtürknastaufenthalt, weil sie die Konsumenten nicht aus selbst entwickelter Überzeugung antreten, sondern weil sie verständlicherweise dem Knast entkommen wollen.

Die Doppelmoral unserer Drogenpolitik ist jedermann bekannt: Im Gegensatz zu illegalen Drogen sind Nikotin und Alkohol nicht nur gesellschaftlich, sondern auch staatlich anerkannte Rauschmittel, die dem Staat Milliarden an Steuergeldern in die Kasse spülen. Fakt ist, dass in Deutschland jährlich 800-1000 Menschen an illegalen Drogen sterben, wogegen um die 75.000 Opfer (2017) allein infolge der legalen Droge Alkohol zu beklagen sind. Die Auswirkungen und Kosten für das Gesundheitssystem sind infolge Alkohol- und Nikotinmissbrauchs um ein Vielfaches höher als durch den Missbrauch illegaler Drogen.

Im Gegensatz zum gerne behaupteten Mythos, Cannabis sei die Einstiegsdroge, deren Konsum letztlich mit einer Spritze im Arm auf einer Bahnhofstoilette ende, ist es erwiesen, dass es die Einstiegsdrogen Nikotin und Alkohol sind. Die sich am lautesten ereifernden Drogenverdammer und „Wegsperren"-Brüller sind oft die, die sich regelmäßig am Stammtisch volllaufen lassen und mit ihrer Alkoholsucht als Trinkfestigkeit prahlen.

So wenig die Welt alkoholfrei zu machen ist (siehe Prohibitionszeit in den USA), so wenig ist sie drogenfrei zu machen. In Portugal hat man daraus schon lange die Konsequenz gezogen und praktiziert dort bereits seit 2001 eine erfolgreiche Politik der Entkriminalisierung und der begleiteten Freigabe von Drogen.

In Deutschland fußt die Drogenpolitik auf drei Säulen: Auf Repression, auf Prävention und Behandlung; wobei die Repression die Prävention wie die Behandlung behindert.

In Portugal werden Konsumenten nicht als Kriminelle gesehen, sie kommen zur Therapie und nicht vor den Richter. Statt auf Strafverfolger, Richter und Knast wird auf Streetworker, Vorbeuge-, Aufklärungs- und Behandlungsprogramme gesetzt.

Die Entkriminalisierung, wie in Portugal praktiziert, erleichtert weniger den Zugang zu Drogen als den Zugang zu den Konsumenten. Statt auf verstärkte Polizeipräsenz wird auf zielgerichtete Sozialarbeit in Problemvierteln gesetzt, statt auf Ausgrenzung und Verfolgung auf die Verbesserung von Therapieangeboten und die Einführung von Substitutions- und Reintegrationsprogrammen für Süchtige. Die Prävention wird durch Aufklärungskampagnen in Schulen und Medien unterstützt. Das Ergebnis: weniger Drogentote, weniger, vor allem auch jugendliche Drogenkonsumenten, weniger Kriminalität, die Austrocknung des kriminellen Drogenmarktes. Die Knäste, die früher wie in Deutschland, mit Drogenabhängigen überfüllt waren, sind entlastet, auch weil eine rapide Abnahme der Beschaffungskriminalität zu verzeichnen ist. Die portugiesische Polizei verschwendet ihre Ressourcen nicht mehr darauf, die kleinen Fische, die Drogenkonsumenten, zu verfolgen, sondern kann sich auf die großen Fische, die organisierten Drogenhändler, fokussieren. Das Resultat sind um ein Vielfaches größere Erfolge in Portugal gegen den organisierten Drogenhandel als in Deutschland. Die Zahl der Heroinsüchtigen hat sich auf weniger als ein Drittel reduziert, wobei die meisten Süchtigen in staatliche Programme eingebunden sind. Die Zahl der Drogentoten ist um mehr als 75 % gesunken. Da Spritzen gratis verteilt werden und nicht mehr mehrfach verwandt werden müssen, ist die Rate der durch Spritzentausch übertragenen schwerwiegenden Krankheiten wie Aids und Hepatitis auf ein Fünftel gesenkt worden. Die Kritiker der liberalen Drogenpolitik, die einen explodierenden Anstieg des Drogenkonsums und der Drogentouristen befürchteten, sind verstummt. Portugal hat mit seiner Entkriminalisierungspolitik den Drogenkonsum reduziert und die Folgen für Konsumenten und Gesellschaft gemindert.

Nicht nur linke Haschischköpfe, sondern auch maßgebliche deutsche Polizisten, die die globale Niederlage im Drogenkrieg anerkennen, sympathisieren mit dem portugiesischen Modell und plädieren für einen Wahrnehmungswechsel in der Drogenpolitik auch in unserem Land.

Grundsätzlich ist zu sagen, dass viele Häftlinge, die in den Knästen schmoren, keine Gefahr für die Öffentlichkeit darstellen, die vor ihnen geschützt werden müsste. Neben der Überstellung in den offenen Vollzug könnte man häufiger verurteilte Straftäter auch mit einer elektronischen Fußfessel strafen. Sie dürften sich nur in einem kontrollierten Radius bewegen, würden nicht ihre Arbeit, Wohnung und sozialen Kontakte verlieren, und könnten, anstatt von Frau und Kind verlassen zu werden, weiterhin für sie sorgen. Wo nötig, wäre eine therapeutische Begleitung Pflicht. Bei Zuwiderhandlung gegen die fest umrissenen Auflagen würde die Verbringung in den geschlossenen Vollzug drohen.

Für Schwerverbrecher gäbe es die Möglichkeit, in sich geschlossener Gefängnisstädte, in denen sie sich frei bewegen könnten und ihr Leben unter fest umrissenen Auflagen eigenverantwortlich gestalten könnten. Wo sie einer Ausbildung, einem Studium oder einer Arbeit nachgehen und auch ansonsten ein an der Gesellschaft in Freiheit orientiertes soziales gesellschaftliches Leben führen könnten, das ihnen den kommenden Wiedereinstieg in die gesellschaftliche Freiheit in Selbstverantwortung erleichtern würde. Voraussetzung wäre eine Bewährung im geschlossenen wie im offenen Vollzug. Als Sanktion bei Regelverletzung würde ebenfalls die Rückführung in den geschlossenen Vollzug drohen. Erfolgreich durchgeführt wurde ein solches Experiment der Hinführung des Verurteilten zu einem eigenverantwortlichen straffreien Leben in Norwegen. Dort wurde eine Insel für „schwere Jungs" nach den geschilderten Vorgaben organisiert. Die Rückfallquote der vormals dort internierten Straftäter lag bei traumhaften 16 %.

Im Sinne erfolgreicher Resozialisierung sollte, wie eingangs ausgeführt, viel stärker und früher auf entlassungsvorbereitende Maßnahmen und Bewährung im offenen Vollzug gesetzt werden (So wie man es bei verhätschelten Luxusgefangenen wie Ulli Hoeneß ja bereits praktiziert, der im Nachhinein die Dreistigkeit besaß, sich über seine vermeintlich zu hohe Strafe zu echauffieren.). All die vorgeschlagenen Maßnahmen wären im Hinblick auf eine aussichtsreiche Resozialisierung effizienter als dumpfes Wegsperren und gleichzeitig mit geringeren Kosten verbunden.

Zudem könnte man alternative Strafformen einbringen und weiterentwickeln die den Straffälligen darin unterstützen, sich über sich, seine Tat und die maßgeblichen Entwicklungen in seinem Leben bewusst zu werden und an sich und einer Lebensperspektive ohne Straffälligkeit zu arbeiten. Gerade im Jugendstrafrecht hat sich in bayrischen Pilotprojekten neben Weisungen zu Antiaggressionstraining oder Sozialstunden ein Leseprojekt bewährt, bei dem jugendliche Kleindelinquenten, die oftmals noch nie ein Buch von innen gesehen haben, die Auflage erhalten, ausgewählte Bücher zu lesen. Ziel ist es über neue Sichtweisen Zusammenhänge auch der eigenen Straffälligkeit zu verstehen und neue Perspektiven zu entwickeln, worüber nach der Lektüre in gruppendynamischer Runde mit einem Sozialarbeiter diskutiert wird.

Ich führe all diese alternativen Möglichkeiten der Sanktionierung und Begleitung an, weil sie in Praxisversuchen überraschend erfolgreich waren, wie die empirischen Daten belegen.

Insbesondere auch nach meiner langjährigen Knasterfahrung glaube ich nicht wie viele Idealisten, dass der Mensch eigentlich gut ist, ich weiß aber, dass die spätmittelalterliche Gefängnishaft als einzige Bestrafungsform ihn nicht besser, sondern zumeist schlechter macht. Was die Straftäter am Ende einer Haft noch desolater und kriminalitätsanfälliger dastehen lässt, was den Opfern keine Genugtuung geben kann und was das gesellschaftliche Zusammenleben noch unsicherer macht. Die „Wegsperren"-Forderer mögen nie vergessen, dass die Verhaftung und Verurteilung meist nicht das Ende, sondern häufig den Anfang, bzw. die Vertiefung einer Täterbiographie bedeutet, die sich in der Gefängnisschule des Verbrechens weiterentwickelt. Und irgendwann kommt fast jeder Inhaftierte wieder in Freiheit. Also kann einfaches Wegsperren nie die Lösung sein, sondern muss der Schwerpunkt immer auf einem möglichst effektiven Behandlungsvollzug liegen, wenn denn ambulante Behandlungsmaßnahmen nicht vertretbar sind.

Zusammenfassung der Veränderungsvorschläge:

- Vereinheitlichung des Strafvollzugs. Einheitliche Standards, kein Flickenteppich unterschiedlicher, oftmals widerstreitender Ländervollzugsgesetze
- Aufstockung des Gefängnispersonals (Wärter, Sozialarbeiter, Pädagogen, Psychologen, Dolmetscher), einhergehend mit einer Attraktivergestaltung des Jobprofils (höhere Bezahlung), um dem Resozialisierungsauftrag, aber auch der Fürsorgepflicht den Gefangenen gegenüber stärker nachkommen zu können
- Abschaffung von „Notgemeinschaften" in den Knästen (die Unterbringung mehrerer Gefangener in einer Einzelzelle)
- Übergangsmanagement. Eine intensive Begleitung der Straffälligen schon im Gefängnis, im Übergang und in Freiheit durch ein stützendes und kontrollierendes Re-

sozialisierungsnetzwerk (Sozialarbeiter-Lotsen, Frei-
willigengefangenenhelfer, Bewährungshelfer, Sucht-,
Schulden- und Jobcenterberater)

- Umwandlung der Ersatzfreiheitsstrafe (zu einer Geld-
strafe Verurteilter) zu einer Verpflichtung zu einem
Sozialdienst
- Entkriminalisierung und radikale Neuausrichtung der
Drogenpolitik (1. Schritt: anonymes Angebot von sau-
beren Spritzen in den Knästen)
- Strafalternativen wie das oben aufgeführte Leseprojekt
- alternative Anstaltsformen (nordisches Inselmodel)
- stärkerer Schwerpunkt auf Ausbildungsmaßnahmen,
Schulung und Fernstudium, weniger auf stumpfsinnige
Akkordarbeit
- Patenschaften von Unternehmen (staatlich bezuschusste
Übernahmezusagen bei Bewährung schon während
der Einsitzzeit)
- mehr Sport- und Kulturangebote für Gefangene (Theater, Musik, bildende Kunst), in denen der Gefangene
sich und seine Möglichkeiten und Talente entdecken
und entwickeln kann
- präventive Besuchsprojekte wie der Besuch externer
Schulklassen, die sich mit den Gefangenen über deren
kriminelle Entwicklungen wie auch über die Folgen
von hartem Drogenkonsum aus erster Hand aus-
tauschen können
- Besuch von Holocaust-Opfern und jüdischen Persönlichkeiten im Gefängnis, um durch einen offenen Aus-

tausch mit den Gefangenen gegen den grassierenden Antisemitismus im Knast vorzugehen

- Zweit- und Drittgutachter bei Kriminalprognosen, sodass der Gefangene nicht der Allmacht eines einzigen Gutachters ausgeliefert ist
- Antidepressionslampen, unterschiedliche Wandfarben nach psychologischen Erkenntnissen für die Zellen und Gemeinschaftsräume, die den Serotoninspiegel erhöhen und krankmachenden Depressionen entgegenwirken
- Abschaffung der Folter der schlafunterbrechenden Suizidkontrolle bei selbstötungsgefährdeten Gefangenen; stattdessen Einsatz von elektronischen Vitalmessern

**Eine ironische
Breitseite gegen
Überheblichkeit
und Standes-
dünkel im
Management**

RALF LISCH

INKOMPETENZ-
KOMPENSATIONS-
KOMPETENZ

WIE MANAGER WIRKLICH TICKEN

UNSINKBAR II

solibro

Spätestens seit der TV-
Serie *Stromberg* ahnt
auch das gemeine Volk,
dass es sich bei der
glorreichen Welt des
Managements um eine
Mogelpackung handelt.
Wenn sich Manager auf
rationale Entscheidungen
berufen und auf Be-
triebswirtschaftslehre
oder gar Logik ver-
weisen, folgt das Ge-
schehen in Wahrheit
meist den Regeln von
Psychologie und
Soziologie.

Ralf Lisch:
**Inkompetenzkompensations-
kompetenz. Wie Manager
wirklich ticken. Geschichten**
Münster: Solibro Verlag 2016
[Klarschiff Bd. 8]
ISBN 978-3-96079-013-6
Broschur • 224 Seiten
E-Book: eISBN 978-3-96079-014-3

mehr **Infos & Leseproben:**
www.solibro.de

Die äußere Grenze ist das Fundament für die Entstehung der Kulturen.

„Gerade als Arzt und Humanist weiß ich, wie empfänglich Menschen für verheißungsvolle Ideen sein können. Umso wichtiger ist das vorliegende Buch, das zeigt, was Entgrenzung tatsächlich ist: eine zurechtgedachte Idee, die an der Mauer der Realität zerbrechen wird."

Joe Bausch
(Gefängnisarzt und Schauspieler (u. a. in „Tatort")

Burkhard Voß:
Albtraum Grenzenlosigkeit. Vom Urknall bis zur Flüchtlingskrise. Mit einem Vorwort von **Joe Bausch**
Münster: Solibro Verlag 2017
[Klarschiff Bd. 11]
ISBN 978-3-96079-031-0
Broschur • 160 Seiten
eISBN 978-3-96079-032-7 (epub)

mehr Infos & Leseproben:
www.solibro.de

**Moral ist etwas
für die Bürger.
Politiker bevorzu-
gen Macchiavelli.**

Dieses Buch ist Pflicht-
lektüre für Politiker, Jour-
nalisten und besonders
natürlich für Sie, den
vergessenen Souverän,
den (Wahl-)Bürger. Denn
es enthüllt, wie Politiker
Macht erlangen, festhalten,
Konkurrenten ausbremsen
und vor allem die Bürger
derart dreist über den Tisch
ziehen, dass diese es meist
nicht einmal bemerken.

Florian Willet:
**Mir nach, ich folge Euch!
Wie uns die Parteien über
den Tisch ziehen**
Münster: Solibro Verlag 2018
[Klarschiff Bd. 12]
ISBN 978-3-96079-045-7
Broschur • 240 Seiten
eISBN 978-3-96079-046-4 (epub)

mehr **Infos** & **Leseproben**:
www.solibro.de

Der erste Ratgeber, der zeigt, dass Weisheit erlernbar ist.

Eine weit verbreitete Ansicht geht davon aus, dass Weisheit etwas sei, das sich zwar mühsam, aber automatisch mit zunehmendem Alter einstelle. Diese Ansicht ist in zweierlei Hinsicht falsch.

Zum einen ist nicht jeder Greis zwangsläufig weise. Und zum anderen lässt sich Weisheit kultivieren und auch schon in jüngeren Jahren praktizieren.

Dieses Buch zeigt konkret, welche Blockaden im Denken gelöst werden müssen, um weise zu werden. In 10 Schritten. Ohne Vorkenntnisse, für jeden Bildungsgrad.

Guido Eckert:
Der Verstand ist ein durchtriebener Schuft. Wie Sie garantiert weise werden
Münster: Solibro Verlag 2010
[Klarschiff Bd. 3]
ISBN 978-3-932927-47-8
Broschur • 256 Seiten
eISBN 978-3-932927-60-7 (epub)

mehr **Infos & Leseproben**:
www.solibro.de

**Das Buch für
alle, die spüren,
dass hierzulande
etwas gewaltig
schiefläuft.**

Für die, die etwas ganz
anderes wahrnehmen, als
die von Medien, Wissen-
schaft und Politik konstru-
ierte „Realität". Es zeigt,
dass bisher alle Versuche,
das Paradies auf Erden zu
installieren, sowie das „ab-
solut Gute" zu tun, immer
zu Terror und Zerstörung
geführt haben. Es ruft
dazu auf, Freiheit auszu-
halten und sich nicht Ideologien wie der politischen
Korrektheit zu unterwerfen.

Maternus Millett:
**Das Schlechte am Guten.
Weshalb die politische
Korrektheit scheitern muss.**
Münster: Solibro Verlag 2011
[Klarschiff Bd. 4]
ISBN 978-3-932927-46-1
Broschur • 256 Seiten
E-Book: eISBN 978-3-932927-61-4

mehr **Infos & Leseproben**:
www.solibro.de

So sind die partnerschaftlichen Beziehungen, in denen am meisten psychologisiert und reflektiert wird, erfahrungsgemäß die schlechtesten.

Dabei ist Reflexivität nicht grundsätzlich schlecht. Doch wird sie in unserer postmodernen Gesellschaft maßlos übertrieben. Deshalb fordert der Arzt für Neurologie und Psychiatrie Burkhard Voß: **Schluss mit der Therapiegesellschaft!** Er schildert wie systematisch eine ganze Gesellschaft erst durchpsychologisiert und dann psychopathologisiert wird.

Burkhard Voß:
Deutschland auf dem Weg in die Anstalt. Wie wir uns kaputtpsychologisieren
Münster: Solibro Verlag 2015
[Klarschiff Bd. 6]
ISBN 978-3-932927-90-4
Broschur • 160 Seiten
E-Book: eISBN 978-3-932927-91-1

mehr **Infos & Leseproben:**
www.solibro.de

Was haben Hundertjährige
zu erzählen? Ganz viel. Ein
so langes Leben bringt einen
großen Schatz an Erfahrungen
mit sich. Rei Gesing hat mit
„Methusalems" aus ganz
Deutschland gesprochen und
ihnen die großen Fragen des
Lebens gestellt. Entstanden
sind einzigartige Gespräche
über Glück, Träume und den
Sinn des Lebens, die nachdenken lassen – über das, was
im Leben wirklich wichtig ist.

Rei Gesing: **Die Weisheit der
100-Jährigen. 7 Fragen
an die ältesten Menschen
Deutschlands.** Mit einem Vorwort von **Simone Rethel-Hees-
ters.** Münster: Solibro Verlag
2018. [MonoLit Bd. 1]
ISBN 978-3-96079-061-7
geb. • 41 Zeichnungen • 160 Seiten

mehr **Infos & Leseproben:**
www.solibro.de